上海市“十三五”
重点出版物出版规划项目

上海高校智库
上海财经大学公共政策与治理研究院

财政政治学译丛

刘守刚 魏 陆 主编

Tax Philosophers

Two Hundred Years of Thought in Great Britain and the United States

税收哲人

英美税收思想史二百年

哈罗德·M. 格罗夫斯（Harold M. Groves） 著
唐纳德·J. 柯伦（Donald J. Curran） 编
刘守刚 刘雪梅 译

上海财经大学出版社

图书在版编目(CIP)数据

税收哲人:英美税收思想史二百年．哈罗德·M. 格罗夫斯(Harold M. Groves)著;唐纳德·J. 柯伦(Donald J. Curran)编;刘守刚,刘雪梅译. —上海:上海财经大学出版社,2018. 8
上海市"十三五"重点出版物出版规划项目
财政政治学译丛
书名原文:Tax Philosophers: Two Hundred Years of Thought in Great Britain and the United States
ISBN 978-7-5642-3026-5/F·3026

Ⅰ. ①税… Ⅱ. ①哈… ②唐… ③刘… ④刘… Ⅲ. ①税收管理-研究
Ⅳ. ①F810. 423

中国版本图书馆 CIP 数据核字(2018)第 095383 号

图字:09—2018—706 号

Tax Philosophers

Two Hundred Years of Thought in Great Britain and the United States

Harold M. Groves

□ 责任编辑　温　涌　　　　□ 封面设计　张克瑶

税收哲人
——英美税收思想史二百年

哈罗德·M. 格罗夫斯(Harold M. Groves)　著
唐纳德·J. 柯伦(Donald J. Curran)　编
刘守刚　刘雪梅　译

上海财经大学出版社出版发行
(上海市中山北一路 369 号　邮编 200083)
网　址:http://www.sufep.com
电子邮箱:webmaster @ sufep.com
全国新华书店经销
上海宝山译文印刷厂印刷装订
2018 年 8 月第 1 版　2018 年 8 月第 1 次印刷

710mm×1000mm　1/16　14.75 印张　226 千字
印数:0 001—3 000　定价:49.00 元

编者序

在其72年的生命历程里，哈罗德·M.格罗夫斯(1897—1969)教授深深地影响了他周围的世界。尽管他本人已于1969年12月逝世，但其影响在本书出版后将延续下去。

自20世纪50年代晚期起，格罗夫斯教授就开始写作本书，但他从未将其付诸出版。在1971年的某一天，我到麦迪逊市拜访了格罗夫斯太太，得知从她先生去世后这本书的手稿就处于无人整理的状态。自1960年选修格罗夫斯教授的研究生课程“税收中的哲人与哲思”后，我就一直对这本书感兴趣；此后数年，我又与格罗夫斯教授无数次地讨论过一般哲学以及他的这部手稿，兴趣愈加浓厚。在1971年的这次拜访后，经格罗夫斯太太的鼓励，我从26个盒子中找到了所有与手稿相关的材料，包括本书的各章节草稿、格罗夫斯教授的课堂手记，以及无数种能够幸运地帮助到编辑出版工作的其他笔记。

本书的内容包含了各种令人愉悦的和珍贵的要素。作为所在领域公认的领袖，格罗夫斯教授坐了40年的冷板凳，不停地学习和研究在财政领域中他自己称为“巨著”(the Great Books)的著作。为他的研究提供知识背景的，不仅有他在威斯康星大学长期的学术工作，还有他分别在三个时期的实践经验(在威斯康星州立法机构工作、在该州任税务专员、在华盛顿为联邦政府工作等)，另外还有他为州政府和市政府从事财政研究所奠定的基础。

虽然年轻的学者(一个人或一组人)也能概览财政学的文献，基于这种概览而作出的文献综述当然也自有其价值，但如此形成的文献综述很难像格罗夫斯教授著作那样包含了明智的平衡与引人入胜的趣味。在这本书中，格罗夫斯先生不时地插入一些评论，在第一章中他称这些评论为“我个人观点的表达(有时是暗示性的)”。在编者眼中，这些个人观点的表达很重要，本书也许会因为作者在评论中所包含的智慧、平衡和人性而成为经典。

格罗夫斯教授常常重申这样一个信念，即在税收领域只存在少数几个中心议题，但这几个议题是超越时间的，原因仅仅在于它们不可能得到最终的解答。这个信念主导了他在后续章节中对将要阐述的人物与观念的选择。因此，在内容上本书并未打算无所不包。我们这些熟知并跟随哈罗德·M. 格罗夫斯教授学习的人曾经获益良多，我希望其他人通过阅读本书也能像我们一样受益。

唐纳德·J. 柯伦

目　录

第三部分　个人支出税支持者

第四部分　功能税和定性税

第一章　导　论

本书事实上是探讨财政学文献的一系列论述，而这些论述又来自本人对财政领域中一些"巨著"所进行的批判性阅读。对于这些巨著的作者，本书进行了分类，依据的是他们自己表达的观点以及我个人持有的观点(有时是隐含性质的)。为了让读者能更好地理解这些作者和作品，本书描述了一些税收制度的历史和"巨著"作者的个人传记，以此作为叙述的背景。不过需要交代的是，本书的内容是选择性的而非无所不包的，笔者也没有装作自己已展现了经济思想史的全貌。此外，本书只选择英美作家来叙述实属无奈之举且颇为遗憾，其部分原因在于，我个人的语言能力有限。另外还要交代的是，本书将重点放在税收思想的哲思层面而非经济学层面上。

本书的主线在于，我尝试着将不同的学者划分到四个思想流派之中；不过，在本书第四部分的最后，即讨论凯恩斯和宏观目标税时，脱离了这一主线。接下来，我将分别介绍这四个思想流派。

第一个流派，我们将其称为"理性主义者"(rationalists)。这个流派将思想重点放在税收负担的分配上，学者们根据某种指标[其中最受欢迎的指标是收入(income)①]来衡量纳税人的经济能力并据此分配税负。这一流派特别强调税收的伦理层面，认为直接税是达到伦理目标的最佳措施(至少在原则上)。总体上，他们赞成累进税制，并致力于研究税收与收入不平等之间的关

① income这个词既可译为"收入"，又可译为"所得"。从上下文看，如果一律译为"收入"或一律译为"所得"，在行文上要么不符合习惯，要么显得呆板。因此，本书译者多数时候将其译为"收入"，只有遇到"所得税"这种固定说法时才译为"所得"。——译者注

系。不过，一位学者是否支持累进原则，并非我们考虑是否将其归入理性主义者流派的标准。

第二个流派，我们称其为“机会至上主义者”(opportunists)[①]。这一流派的学者最为重视的是，在征税实践中应尽可能不影响经济活动的积极性。在政治层面上，这一流派的偏好暗含在那个著名的比喻中，即征税就是“尽可能多地拔鹅毛，尽可能少地让鹅叫”。该流派偏爱的税种，是针对非个人的(impersonal)消费税。

第三个流派是一个人数少得多的流派，或许我们可以用“直接支出税支持者”(direct-expenditure tax proponents)来称呼他们。该流派的学者同意第一个流派的观点，即税收应该针对个人、应该直接征收，或许也应该累进。他们近年来的提法是，政府征税不应该忽略掉那些靠以往财富积累过活的人，这些人的支出依靠的是存量财富而不是流量的收入。与此同时他们也认为，征税时应该考虑人们用自己的收入去干什么事情，这远比收入的来源或者收入量的大小要重要。这个流派大力推崇储蓄，认为在征税时应该将储蓄的代价与税收的牺牲同等加以考虑。

第四个流派，在有些方面像第三个流派，也许我们可以给它贴一个“功能主义者”流派(functional school)的标签。该流派建议，我们在设计税制时应使其尽可能不影响生产，而要这样做，就必须对“倘来利得收入”(windfall income)征收具有打击性质的税收；而所谓“倘来利得收入”，即无须努力就能获得的、对共同体没什么好处的那种收入。该流派强调的重点在于经济层面而不是道德层面，尽管在此处这两个目标基本上是一致的。一般来说，“倘来利得收入”主要来源于私人拥有的自然资源或大自然所赐予的天赋。这一流派的某些支持者可能会把遗产并入“倘来利得收入”。需要注意的是，该流派对收入和财富征税的区分根据定性的而非定量的方法，或者可能在定性方法基础上再加上定量方法。

---

① 这一英文单词直接的中译名是“机会主义者”。但在现代汉语中，“机会主义者”似乎包含了强烈的贬义，而本书作者在使用这个词时并不含有贬义(虽然英文原词也带有贬义)。因此，本书译者将其勉强译为“机会至上主义者”，以便在保持该名词表面含义的同时，强调该流派的主要政策主张是：经济机会优先，税收不得(或者尽可能不)影响经济机会。——译者注

笔者[1]承认，自己在这里所做的分类，特别是所贴的标签，是不能免于批评的。在某种意义上而且在一定程度上，对税制展开研究都是基于理性进行的，因此第一个流派“理性主义者”中所包含的理性并不见得多于其他流派；特别地，它并不比第三个流派所包含的理性多。此外，标签化确实包含了一定的情感意义，可能会在引导读者考察这个流派所主张的思想内容之前先行误导他们。例如，本书中所使用的术语“机会至上主义者”(the opportunists)对应的 opportunism，在“韦氏词典”(Webster's dictionary)的一个版本中定义如下，“利用机会或者环境来获得好处的艺术、政策或实践”；或者可以替代性地定义如下，“寻求直接的好处，几乎不考虑原则或者不考虑最终后果”。对我们将使用的标签，意料之中的一些批评并非一点道理都没有；但即使考虑到这些批评，笔者也还是觉得，使用这些标签能带来足够的好处，因此值得将它们予以保留。

国家的本质

财政学从政治学中生根，就像它也从经济学中生根一样。税收与国家的概念及决策方式紧紧地联系在一起，因此，我们的讨论要从有关国家起源的古老理论开始。当然，在处理方式上我们不得不非常概括，而且在内容选择上也仅限于本书的目的，即用来支持我们对于税收思想史的描述。

国家应该在理念上被构想为公民之间的一个契约[2]，这样的想法至少可以追溯到 17 世纪英国哲学家托马斯·霍布斯(Thomas Hobbes，1588—1679)。(严格来说，是社会而不是政府经由第一个契约形成，但我们在这里要忽略掉这些细微差别。)

霍布斯是一个热忱的王党分子，但由于他敌视宗教，因而并不希望援引神罚来反对当时的国会并为国王提供辩护。于是，他将思考的起点落在下面这一点上：在自然状态中，事情应该是什么样子？他有关这一问题的想法，反映在他的作品《利维坦》(*Leviathan*)中。自然状态作为历史是否曾经存在过，这

① 本书作者通篇自称为 the reviewer，原意是将自己作为“评论者”，即在叙述相关税收思想后再加以评论。但这个名称似乎在中文著作中显得过于陌生，所以本书在翻译时一律改为中国读者熟悉的“笔者”一词。——译者注

② 本书原文中使用 covenent 一词，现代英语词典中没有这个词，估计可能是 covenant(即“契约”)一词的笔误。此处及本段接下来出现的 covenent 一词，都译为“契约”。——译者注

并不重要——如果有人坚持的话，霍布斯宁可将自然状态设想为一种修辞性的或者解释性的神话。在自然状态中，所有的人都只受自身利益的驱使；而所谓的自身利益，主要是指对安全和权力的追求，而追求权力又服务于追求安全。人类同时具有本能和理性，前者主导着人与人之间的侵略行为，后者主导着人与人之间的和解行为（源自人所具有的开明的自利动机）。对霍布斯而言，自然状态是充满暴力和欺诈的状态——“一个人反对其他所有人的战争”。可以肯定的是，确实存在由理性主导的自然法则，但这些法则常常与人的激情相反。在自然状态中，最终事情变得如此难以忍受，以至于人们不得不聚集在一起，挑选出一个领导者来维护秩序。在专制和无政府这两种状态之间，人们选择了前者。契约就是这样建立起来的，它不仅给国王以垄断暴力的地位，还授予国王相对于个人而言几乎不受限制的权力。

不过，更能迎合英格兰人正处于上升进程中的民主情感的，是约翰·洛克(John Locke，1632－1704)。他的《政府论二篇》(*Two Treatises of Government*)出版于1690年，即仅仅在1688年“光荣革命”发生两年之后。不过，需要注意的是，《政府论二篇》以及洛克的其他几本重要著作实际上都写作于洛克早前流亡荷兰时期。

洛克是一名医生，也是一位哲学家。他之所以进入政治学界，缘自他曾给沙夫茨伯里伯爵(Earl of Shaftsbury)当私人医生。当伯爵被指控严重叛国时，洛克跟随他流亡到荷兰。洛克把自己彻底浸润在清教传统思想中，这其中包括自然法、个人权利、宗教宽容以及限制国家权力等理念。洛克的工作，是用严密的推理与有说服力的言辞，将这些理念传达给公众。在他的一生中，洛克也曾经担任过几个低级的政府职位，并为卡罗来纳州起草了宪法（未得到采用）。他对美国革命、《独立宣言》和《美国联邦宪法》的影响特别深远。总体上，洛克是一位拥有极高常识天赋的学者，很少让逻辑压倒常识。也正因此，他的作品中存在一些含糊不清之处以及前后矛盾的地方。

洛克所著《政府论二篇》中的第一篇，毁灭性地攻击了罗伯特·菲尔默爵士(Sir Robert Filmer)所著的《父权论》(*Patriarcha*，1680年)一书，该书在其去世后出版。在他的书中，菲尔默捍卫国王权利的神圣性，认为国王的权威不能受到挑战或质疑，因为国王权利来自人类始祖亚当。洛克争辩道，被统治者的同意才是政府存在的基本理由。

像霍布斯一样，洛克也将政府的起源寄托于社会契约；不过对洛克来说，自然状态是在自然法则支配下的一种幸福状态。洛克坚持认为，他所说的自然状态是一个历史事实；不过他描述的人，是理性支配下应然的人。当然，洛克承认，在自然状态中确实有人不服从自然法，因此需要制定某种“公约”(compact)来提供必要的制裁措施。不过此时就会出现种种不便之处，因为每个人都充当自己案件的法官。

洛克设想了一个分权的等级结构：社会由其成员构成，其中的多数成员建立了一个基于信托权力而提供服务的政府。政府主要由立法机关和国王构成，它们相互制约；而个人除了交出去的权利之外，保留了剩余的自然权利。虽然洛克的理论不可能完全是原创，但它描述出来的画面却注定要有一个伟大的未来。

像霍布斯和洛克一样，让·雅克·卢梭(Jean Jacques Rousseau，1712—1778)也运用产生于自然状态的社会契约来寻找政府的起源。卢梭以对自然人的赞美而特别出名，在他看来，人在自然意义上是善的，但后来之所以产生恶行，是因为受到社会制度(包括财产)的腐化。但他承认社会契约确有其必要性，以便建立“公意”(the general will)的主权地位。“公意”高于个人意志，也与“众意”(the will of all)不同。在其所著《社会契约论》(*The Social Contract*)一书中的一段话表明，如果所有的人都充分知情，并可以在免受压力、不受他人影响的前提下形成自己的意见，那么在此时形成的就是共识(众意)。卢梭说，人们在投票的时候，他们表达的只是自身的利益以及对共同利益的个人看法；不过，个人相互冲突的利益会彼此抵消，这样剩下的就是公意的纯粹表达。① 在这一段卢梭还说明，普遍意图(the general intention)(或许是应该被称作普遍意图的东西)可以通过一个单一的个体来表达，比如完美的立法者。② 卢梭并不反对纯粹的民主，只是有一些保留，但代议制民主或议会制民

① Jean Jacques Rousseau, *The Social Contract*, trans. Gerard Hopkins, in Sir Ernest Barker, *Social Contract* (New York: Oxford University Press, 1948), pp. 193—194.

② Jean Jacques Rousseau, *The Social Contract*, trans. Gerard Hopkins, in Sir Ernest Barker, *Social Contract* (New York: Oxford University Press, 1948), pp. 204—209.

主对他来说就没有吸引力了。而且，他还认为不存在个人对抗国家的权利。①

上述这些说法有很多听起来实在天真，甚至有些神秘。在卢梭后来的追随者（如黑格尔）中，这些看法发展为这样一种哲学，它颂扬领袖和极度的民族主义，宣称在战争中发现美德，并将国家视为目的本身并藐视组成国家的个人。这样的哲学观点有时被称为有机的国家观。②

在检查上述概括性的文字时，笔者注意到一个很多人曾经指出来的问题，那就是，无论是在人类学中还是在其他学科中，都找不到证据来证明，社会和政府真的是由契约演变而来的。霍布斯、洛克、卢梭构想的契约，是社会契约而不是政府契约（至少在契约发展的第一阶段不是）。有人可能会举出某个现实的例子说，宪法就是社会契约；但他说不清楚，经由多数人同意而通过的宪法，是怎样以及为什么能将那些居于少数的人结合进共同体的。在“自然权利”方面，唯一自然的事情是，经验似乎验证了这样的格言：“因为行得通，所以该继续。”政府机构及制度的运行基础，似乎在相当大程度上就是如此。不过，在这些没有事实基础的虚构中，有一部分（以洛克所说的为典型）可能是非常有益的。与此相反，有机论的国家观虽然看起来很炫，却有危险的后果，比如强调国家是目的本身等。

对政府角色的看法

对政府表示出极端的反对并对个人表示出极为夸张的关心的，是无政府主义者。大体上，无政府主义者赞成这样一种观点，即政府就等同于腐败、剥削，当然还有强制。即使是民主制度，也不能例外于这一通则，因为它意味着

---

① 此处作者对卢梭思想的概括稍有偏差。卢梭并非一味地否定像英国那样的代议制民主，只是觉得它还不够好，因为在代议制民主下，民众只有在选举国会议员时才是自由的，而在平时却是奴隶。另外，卢梭认为，人应该服从的是由全体个人结合形成的公共人格（理想国家或称主权者）而不是现实的国家，由于理想的国家（主权者）是公意的化身，因此服从公意即服从公民自己（人依然享有权利）。读者在阅读时请注意鉴别，具体可参见卢梭著：《社会契约论》，商务印书馆 1980 年版，第一卷第六、七章及第三卷第十五章。——译者注

② 此处作者对黑格尔等人思想的概括也是比较偏颇的，当然这也反映了英美思想家对德国思想一贯的误解。至少在黑格尔思想中，是高度肯定个人自由的，并认为由精神自我实现的理想的国家（而非现存的国家）是个人实现真正自由的条件。可参见黑格尔著：《法哲学原理》，商务印书馆 1961 年版，第三章。——译者注

多数人对少数人的强制。进一步地，他们认为，政府是不必要的，人的自由联合只要依靠相互尊重来约束即可，互助可以带来足够的利益。如果有一种政府能够得到容忍的话，那一定是高度分散的、地方层次的政府。财产是劳动者努力的结果，应该予以尊重；但除此之外，被政府重点关注并当作主要目标的财产权，代表的则是剥削。契约（包括婚姻契约）的实施，只能基于双方的善意并以便利的方式来进行。无政府主义者的理想与社会主义者的理想构成了有意思的对比：无政府主义者的激情是为了追求自由，而社会主义者的激情则是源于解决生存和温饱问题。对社会主义者而言，最大的邪恶是贪婪；对无政府主义者而言，最大的邪恶是权力。

对无政府主义者以及那些并非无政府主义者的个人主义者来说，下面的观点是没有吸引力的：国家自身就是处于行动中的人民，是一种伟大的联合体。事实上，只要有国家，就意味着个人对自身及其命运的控制减弱；虽然个人就集合而言仍控制着自己的命运，但这实际上并没什么大用。美国人在谈论政府时，往往认为政府完全外在于民众；当政府对民众征税或者为了某种主观目的而施加管理时，民众并没有参与其中。这样的政府形象，在过去比现在更深入人心。

马克思主义社会主义者与无政府主义者看起来处于相反的两个极端，但二者还是有一些共识的，他们至少都同意现存的国家是剥削的手段、是资本家的工具。二者在政党路线上，似乎都隐约包含了这样的思想，即国家是人类发展某些阶段的制度，正像列宁所创造的经典语句——“国家正在消亡”——中隐含的意思。有关“平等”的术语的确可以在马克思的文献中发现，《共产党宣言》确实也支持累进税制。如果将这些文献作为一个整体来解读，就可以发现，它们的主要兴趣在于将我们今天称为“生产函数”的那些东西实行政府所有制。如果这样做能够带来不平等减少的后果，那也是附带的。苏联对待所得税和遗产税的态度，就可以证实这一说法。一旦政府掌握了可用于大规模生产的机器的所有权，那的确可以夺走私人的大量权力，但并不能保证政治权力会分散，也不能保证政府会负责任。事实上，可持续的生产管理活动所必需的连续性，导致雄心勃勃的社会主义措施与民主制度做不到并行不悖（unlikely bedfellows）。

实用主义者(如制度主义者)不喜欢也不相信马克思主义中含有的决定论(宿命论)因素。实用主义者更喜欢这样的观点,即没有多少东西是不可避免的,人类的未来依赖于现在他做什么。在马克思之后,有一些历史证据支持他的看法;不过要看到,他的预言是基于19世纪早期的经验而作出的。更有意义的是,正如约翰·梅纳德·凯恩斯所认识到的,将不列颠铁路国有化这样的措施并不是治疗资本主义疾病的好方法。今天的私人企业和政府不必再像过去那样,在同一条道路上争先抢后,而是完全走在不同的道路上。即使政府完全遵从下面的原则,即私人企业能做的事情不再属于国家的责任范围,它也能找到足够的空间来扩张自己的权力。

古典学派学者

总体而言,可以大致公平地说,古典经济学家作为一个群体,在他们那个时代都是热忱的自由派,甚至直到今天都可以把他们这样来归类。在他们之中,大多数人支持普遍的(带有一定限制的)选举权;在他们所处的时代,有产者仍将普选权视为不祥之物,因而此时是否支持普选权是检验自由派的终极标准。这些古典经济学家既赞成生育控制、工厂立法(至少在安全、卫生和儿童劳动时间等方面),也支持公共的和私立的教育。当然,在他们中间也有一些分歧,表现在诸如人道主义的济贫措施以及工会组织等方面。(在商业周期理论方面,这些古典经济学家的贡献极少,不过马尔萨斯是个例外。)至关重要的是,他们对政府的职能有相当务实的理论:在他们看来,不存在基于先验自然权利理论的"神圣制度"(institutions sacrosanct)。他们反对自上而下的集体主义和整体性计划(over-all planning),坚决支持一个多元化的社会。对这些古典经济学家而言,个人可以做的也会为自己去做的事情,不在政府活动范围之内。他们反对重商主义实施的很多管制措施,比如对学徒工的限制。在他们看来,这些管制措施是愚蠢的,其目的不过是为生产者团体树立特权。在今天,自由主义者也会采取类似的立场。不过,这些古典经济学家赞成的是渐进的变革,他们反对急切的革命。

然而,处于古典主义学者上述观点对立面的一些看法,不能说就没有一点真理的成分。总体而言,对古典学者的下述批判观点也是有道理的:对人性及政府所具有的局限性，古典学者（密尔除外）持有一种不适当的、刻板的看法；根据他们的人口理论，似乎对早期工业革命的经济环境进行任何改善都属无用；古典学者歌颂利润和资本，认为对劳动人群地位的任何改进都必须以保障资本积累为前提（即工资基金理论[①]）；他们的理论可用来为抵制亟须改革的那些行为辩护。

一些新古典学派学者

在那些可被命名为新古典学派的学者中，最为极端的人是赫伯特·斯宾塞，正是因为他而诞生了在今天以"社会达尔文主义"为名的奇特而短暂的运动。[②] 达尔文曾经承认，他受到了经济学家马尔萨斯的启发；而斯宾塞则想要将达尔文的思想运用到分析社会制度和历史上去。斯宾塞的结论被很多人描述为一种适者生存的理论。它的意思是说，扮演英雄般角色的成功资本家就是达尔文描述的优胜物种；或者说，该理论是在用生物学证据来加强自由放任理论的正确性。

在他的《社会静力学》(*Social Statics*)以及其他几本著作[包括《个人与国家》(*Man Versus the State*)]中，斯宾塞提出了这样一个观点：社会就像生物界，是一个有机体，逐渐从缺乏内聚力的一元体(incoherent homogeneity)进化到具有内聚力的多元体(coherent heterogeneity)。像马克思一样，斯宾塞也认为这种进化以至善为目标而且不可避免，只要政府能够克制住自己不去干预。国家唯一的职能是，确保私人手段不会妨碍个人自由。甚至对一些传统的政府职能，如公立教育、救济穷人甚至打击江湖游医等，斯宾塞都加以反对。在他看来，即使是江湖游医，也可能在消除身体不适方面发挥点意料之外的作用，并因此对某些人来说有效用。斯宾塞基于进化论研究路径而主张的个人主义，毫无疑问大大超过了古典经济学家的主张。在美国，那些不断遭受批评的大企业发现，可以用斯宾塞的学说来为自己辩护，于是它们热情地拥抱

---

① 这是19世纪中期的一种理论，认为工资总额来自资本总额的一个固定比例，工人的平均工资水平取决于资本总额的大小和劳动力人口的多少。因此，要提高工人平均工资水平，就必须增加资本额并减少人口数量。——译者注

② 参见 Richard Hofstadter, *Social Darwinism in American Thought*, *1860 — 1915* (Philadelphia: University of Pennsylvania Press, 1944)。

了社会达尔文主义。

在更接近当代的文献中，我们可以选用奈特的《自由与改革》(*Freedom and Reform*)一书作为代表。该书雄辩地呼吁，应该把政府的职能限制在保护和扩大个人自由方面。[①] 在书中，奈特认为，政府的力量极其有限，因此应该珍惜这种力量并把它用到最重要的职能上。在该书中，奈特进一步认为，自由是不可分割的，经济自由是其他自由的基础，因此自由企业对公民权利来说不可缺少。

此处暂停行文来作一些评论。在当今美国，我们在制度上通过大大地分散权力，已经将政府约束至无法实行暴政。首先，我们有联邦制度，在全国政府与州政府之间实行分权。其次，在两个层级的政府中，我们实行行政机关与立法机关的分权。再次，在立法机关中，我们有相互协调的参议院和众议院两院；在两院中，我们将权力分散到各个委员会，而每个委员会又只根据在职年限来选出一个有权力的主席。最后，司法机关与上述机关不断地协调互动，并主要依靠法官的判决和自由裁量权来制衡立法机关与行政机关。上述所有的机关，其权力基础都来自绝对的主权，即民众。很明显，民众对许多复杂的事务并不了解，因而需要由代表来表达自己；代表们为了竞争职位，不得不去努力熟悉这些复杂的事务。为了上述显得累赘的机制的运行，我们将三分之一的国民收入转化为预算支出，而这笔预算自身还不完善。不过令人感到奇妙的是，虽然有种种缺陷，但这样的制度却运转起来了；而且我们颇有把握地说，它运转得比奈特承认的还要好。

奈特对自由不可分割的严肃断言，似乎也未被历史证实。同一个联邦最高法院，一方面不再更多地限制立法机构去控制财产和商业，另一方面又加强了对个人人权的关注。就像奈特所认识到的，“按自己的喜好去做事”的自由与“可以如此做事”的能力是相互竞争的关系，这种关系有时被表述为消极自由与积极自由的关系。如果社会保障制度在某种程度上约束了消极的自由，它也给积极的自由增添了内容。在自由与自由之间，确实存在着许多冲突。用托尼的一句话来说就是，“大鱼的自由可能意味着小鱼的死亡”。[②]

---

① New York: Harper and Brothers, 1947.

② R. H. Tawney, *Equality* (London: George Allen & Unwin, 1931), p. 238.

第一部分

直接税（所得税与财产税）支持者

第二章　亚当·斯密

我们将从亚当·斯密及其于1776年出版的《国富论》(*Wealth of Nations*)开始研究,不过有必要先了解在斯密之前的税制发展情况与文献背景。

我们知道,绝大多数税收形式很古老,现代税收的很多基本征收方法早在古代就已被构想出来。因此,尽管我们知道罗马人没有汽油税,但他们确实有针对双轮马车课征的车轮税;他们没有汽车牌照税,但对在阿庇安大道(Appian Way)上通行的人们要征收通行费;他们也没有香烟税,却征收很多种国内货物税(excises),其中以对食盐征税最为常见。没有一种负担沉重的税收制度是现代独有的。早在基督诞生之前,古希伯来人所缴纳的税收就占民众收入的40%,其中绝大部分献给了罗马。因此希伯来人有理由梦想,有救世主能来帮他们卸下这一重负。在著名的法国大革命时期,法国人的税负甚至更重——有历史学家指出,当时他们的税收占收入的81%。

"在大约600年时间里,"有一个历史学家说,"人类通过最聪慧的头脑,一直在寻找既能最有效地筹集资金又能让人痛苦最小的征税方法。但没有一种方法能够隐瞒这样一个事实,即税收只能直接地或间接地来自人们挣到手的收入。"①对无负担的税收方法的探索,还会在下述方式的基础上继续进行下去:政府印制钞票、设计巧妙的方案将税负转给外国人、想方设法隐瞒本国国民所承受的负担等。但就一般情况而言,政府和个人一样,想不付出代价就有收获,都很难获得成功。

---

① Louis H. Cook,"Background of Modern Taxation,"*Taxes* 30 (August, 1952):627.

自17世纪内战开始，英国的税制形态开始了长达一个半世纪的变化过程。一开始，国家财政收入主要来源于我们现在称为"消费税"的税收，其中包括关税和国内货物税。在此期间，几乎所有进入英国人消费预算的东西都要被征税，无论它是来自国内还是国外：盐、蜡烛、煤、玻璃、砖块、糖、纸、报纸、烟草等，以及让人上瘾的饮品（如啤酒、葡萄酒、烈酒，还有茶、咖啡、巧克力等）。在那时，有一个爱尔兰人在他的估税单上写下这样一段话："请注意，我已割断了我所有马匹的喉咙，射杀了我所有的狗，烧掉了我所有的马车，遣散了我所有的仆人，只留下我的妻子，这样一来我敢说，你们就没办法再向我征税了。"①

在这一时期的大多数时间里，英国处于战争状态，急需更多的财力支持，财政大臣也因此几乎总是处在压力之下。偶尔会有某几种税降低了税率或者被废止了，但这样的情况极少见到。在英国与拿破仑领导下的法国进行生死决战之时，所得税作为最后的手段和无奈之举而在实践中得以采用。

最早在17世纪中期，就有以税收为主题的大量英语文献出现；不过此时的多数文献，是那些倡议或反对税收改革的人临时写出来的小册子。重商主义者，正如其名称所显示的，极为重视英国在国际商业竞争中的成功，关心如何鼓励出口并追求贸易的顺差。公众也纷纷期待，政治家们能够用才智和技巧引导经济朝着这一方向发展。由此，在实践中逐渐形成了一套精密的用以调节和激励生产的控制体系。那时有大量的争论集中在以下问题上：在国际竞争中，为了获得胜利，更有利的经济策略是实行高工资还是低工资？

这是税收受益理论（the benefit theory of taxation）的鼎盛时期。按照该理论的说法，一个人应该根据自己从政府服务获益的大小来纳税；衡量政府给某人带来的益处的最好方法是此人的消费。托马斯·霍布斯在他的《利维坦》一书中就是这样表述的："征税的平等性，体现在对消费品征税而不是对人群中消费同样消费品的富人征税；原因在于，如果对富人征税，不就意味着对一个拼命劳动、节约劳动收入、很少消费的人多征税，而对那些懒惰的、收入少的并将所有收入都消费掉的人少征税吗？前者并没有比后者从国家保护中获益

① 引自 Randolph E. Paul, *Taxation in the United States* (Boston: Little Brown and Company, 1954), p. 77。

更多啊！”[1]

威廉·配第爵士(Sir William Petty)也表达了与霍布斯相似的观点："一个人是不是真正的富裕，取决于他吃的、喝的、穿的或任何其他方式的实际享受。其他人，即便有更大的能力，但如果很少使用，那也只是潜在的或想象上的富裕。”[2]

绝大部分作家(包括配第在内)更倾向于对奢侈品征税，尤其是进口的奢侈品。但是，也有些学者建议对生活必需品征税，他们觉得这样可以促进纳税人在消费时节约、谨慎，并提高他们的劳动效率。在威廉·坦普尔(William Temple)的著作中，有这样一段颇具启发性的文字可作为例证："让穷人更加勤勉的唯一方法，就是让他们为了获取一般生活必需品而不断地劳动，当然吃饭、睡觉的时间除外。”[3]这个观点看起来像是在公然合理化富人的利益，但此观点常被人提及，可见其受人重视的程度。在经济思想史上，也有不少追随此类理性化观点者。他们的看法是，政府对穷人什么都不要做，原因大致如下：首先，政府无论为他们做什么，都只会鼓励他们挥霍；其次，政府即便为他们做了什么，其效果也会被过高的出生率抵消；再次，这样做会违背适者生存的规则；最后，这样做会伤害已经在帮助穷人的那些人的积极性。

托马斯·孟(Thomas Mun)在其1664年出版的《英国得自对外贸易的财富》(*England's Treasure by Foreign Trade*)一书中，表达了大为不同的观点。他认为，穷人缴纳的第一手(或第二手)税收，最后肯定会被转嫁给富人。不过在税负归宿(也就是税负的最终承担者)方面，最为激烈的主张并非来自孟，而是来自弗兰西斯·福基尔(Francis Fauquier)，他在《路径与方法的论文集》一书中总结到："穷人没有——从不——也不可能负担任何税收。政府无论采用自己喜欢的什么手段强迫他们纳税，结果都是这样，因为一无所有的人

---

① Thomas Hobbes, *Leviathan*, 3d. ed. (London: George Routledge & Sons, 1887), p. 158.(在本书中作者引用了不少经典著作，大多已有中译本。为了语言风格的一致，本书在部分参考这些引文现有中译文的基础上进行了重译。——译者注)

② 参见 *The Economic Writings of Sir William Petty*, ed. Charles Henry Halk (Cambridge: At the University Press, 1899), vol. 1。

③ William Temple, *A Vindication of Commerce and the Arts* (1758)；转引自 William Green, *The Theory and Practice of Modern Taxation* (Chicago: Commerce Clearing House, 1933), p. 24。

没有什么东西可用来纳税。"[1]这种说法也许可贴上"不能从裸体者身上剥衣服理论"的标签。

亚当·斯密(Adam Smith,1732—1790)作为所谓的古典经济学学派的奠基人,被一些人奉为"最伟大的政治经济学家"。[2] 人们曾经频繁地讲述他的生平,以至于后人无论怎么说都会有抄袭的风险。斯密出生于苏格兰,是个遗腹子,并作为独子由慈母抚养长大。他的体质较弱,从小就喜爱读书,而且记忆力超群。他先后受教于格拉斯哥大学和牛津大学,并在1748年到爱丁堡大学担任修辞学和文学的讲师。在那里,斯密结识了大卫·休谟(David Hume),二人成为知己,并建立了长久的友谊。1751年,他在格拉斯哥大学被选举为伦理学教授。1759年,他出版了《道德情操论》(*Theory of Moral Sentiments*)一书,其主要内容是讲授伦理学和心理学,并阐明我们的道德倾向根源于同情这一观点。

今天我们之所以对《道德情操论》有兴趣,主要是因为它阐明了经济学和伦理学这两门学科之间存在着紧密的关系。随着时间的推移,这样的关系可能会有所弱化,但直至今日仍令人瞩目,尤其是在财政方面。尽管斯密是传播经济自由的伟大使者,但他同样认为,人在运用这种自由时要受到法律和众多道德准则的约束。斯密认为,普遍的行为规范是必要的,这些规范必须具有即使是中立者也赞同的性质。行为规范的力量可以借助宗教的帮助而变得更强大,但它必须独立存在。人们认为,斯密在后来的著作中提出以下看法,即幻觉常常是有益的;同样地,追求财富的人所拥有的贪婪品性也是有益的。追求巨额财富的人,在获得财富时很少会感到满足;但在此过程中,他不经意间带给了别人真正的满足。斯密经济学的宇宙观,可以从《道德情操论》一书中看出萌芽。在那本书里,他被经济世界的秩序及其与自然之间的内在统一深深

---

① 转引自 E. R. A. Seligman, *The Shifting and Incidence of Taxation*, 4th ed. rev. (New York: Columbia University Press, 1921), p. 28。

② 对许多评价经济学和经济学家的著作来说,这一观点并非毫无异议。比如,熊彼特就认为,斯密在许多方面逊于同时代的詹姆斯·斯图尔特爵士(Sir James Steuart),只不过詹姆斯·斯图尔特爵士在政治上不太受欢迎,而且他的学说也与时代不适应。由此看来,时机巧合往往是一本书能否成功的主要因素。Joseph A. Schumpeter, *History of Economic Analysis* (New York: Oxford University Press, 1954), p. 176.

打动。不过，要注意的是，斯密看到的这一秩序，也是由同时遵循道德行为准则的人创造出来的。[①]

1763 年，斯密成为一名年轻公爵的私人教师，这为他提供了一次出国旅行的机会。特别是在法国的旅行中，斯密结识了几位重农学派的领袖，并与他们交流了观点。在 1766 年回到英国后，他花了 10 年时间来撰写《国富论》，并大获成功。在他那个时代以及后世，英国正期待着这样一本书。1788 年，斯密担任苏格兰的海关专员(Commissioner of Customs)，成为常被他贬低的官僚队伍中的一员。他终身未婚，有点不可思议的是，据说他的母亲是对他职业生涯有重大影响的唯一女性。斯密对人既友好又慷慨，处处受欢迎。

在《国富论》涉及的众多普遍性问题中，我们可以先来看看自利动机的问题，它与我们此处关心的话题相关，也被人讨论得最多。斯密认为，顾客们从面包师那里得到面包，并不是因为面包师关心顾客的胃口，而是因为他对自身利益的关切。有一些批评者认为，斯密是从伯纳德·德·曼德维尔(Bernard de Mandeville)那首著名的诗歌《蜜蜂的寓言》(*The Fable of the Bees*)中获得启示的。这首诗写于 18 世纪初，它提出了这样的主题，即人类的进步应归因于“恶”。无论是奢侈还是贫穷都是有意义的；如果没有贫穷，还有谁会为社会承担艰苦的工作呢？该诗对奢华的认可，在那个时代令英国的清教徒格外震惊，曼德维尔也因此被认为是酒厂的代理人。斯密并没有为曼德维尔说过好话，但因为顺手用了他的一些观点而被人指责。

斯密对人的行为动机的论述，无疑引起了很大的争议。要知道，他的文章撰写于工业革命之前，因而不可能预见到工厂制度的恶行，比如不受约束的竞争迫使(或者说允许)工厂主对工人(尤其是对妇女和儿童)进行没有良心的剥削。有证据表明，斯密是个极具同情心的人，在书中他总是不吝支持受压迫者反抗那些成功的商人和工厂主。与此同时，他也认识到了人作为经济资源的重要性。一个例证就是，他建议扩大教育机会，以此来抵消劳动分工发展所带

---

① 可参见以下著作：Lionel Robbins, *The Theory of Economic Policy in English Classical Political Economy* (London: Macmillan and Co., 1952); Warren G. Samuels, “The Classical Theory of Economic Policy: Non-Legal Social Control,” *Southern Economic Journal* 31, no. 1 (July 1964): 1—20.

来的“窒息效应”(stifling effects)。此外,他从未提出或认为利己之心是人类行为的唯一动机。如果他在著作中只说每个人都有照顾自己和家人的道德义务,除此之外动机可以是混合的,那么他就可以让自己免受大量的责备。

以下说法并不正确:

个体总是或者也许主要是:(1)知道他们的自我利益所在;(2)受他们的自我利益驱使而服务于公共利益;(3)因为受他们的自我利益驱使而遵循一种根源于自我利益的固定模式。

有人曾说,让美国农民追求自我利益的唯一方法,就是将他们彻底打倒,然后给他们提供服务而不用管他们。集团利益甚至国家利益常常是激励个体行为的动机,更不必说对全人类的热爱了。斯密即使认识到了这一点,他显然也像其他的古典哲学家们那样低估了这一观点的力量,其中杰里米·边沁(Jeremy Bentham)尤为低估。当然,自我利益无论如何都是一种强有力的动机,政府在过去和现在都要致力于衡量自我利益的程度,以便让自我利益能和公共利益统一。例如,我们惩罚强盗,部分原因就是要确保犯罪行为得不偿失。在此方面已有相当多的文献,我们有机会再来引用它们。进一步说,就长期而言,开明的自我利益与公共利益很可能是一致的。

斯密不仅激烈地反对重商主义时期政府对经济的高度管控行为,而且大力赞成最小政府的理念。对于他那个时代官僚机构的能力和潜能,斯密感到极为不满。例如,他说道,“世界上再也没有像当权者和商人那样不同的人物了”①,“政府毫无例外地是社会中最大的败家子”。② 政府节约能力不足的原因并不难找,那就是它在花别人的钱而非受到自我利益的驱动。(政府和自由企业在经营方面的相对效率已成为深度讨论的主题。我们无疑能找到证据表明,具有最好状态的政府也能得到人们最大限度的奉献。)

不过,斯密绝非无政府主义者。他承认,在提供安全、司法和公共工程等方面,政府不可或缺。除此之外,他还表现出强烈的古典经济学家的倾向,如

① Adam Smith, *An Inquiry into the Nature and Causes of the Wealth of Nations*, bk. 5, chap. 2, pt. 1.

② Adam Smith, *An Inquiry into the Nature and Causes of the Wealth of Nations*, bk. 2, chap. 3.

将自由放任政策(laissez faire)推崇为普遍原则,而只列出少数一些例外。这些例外包括邮政、受政府支持的强制教育、利息的立法限制、银行监管等。可以为古典学派做些辩护的是,尽管他们对政府的作用表示怀疑,但还是以实用主义的态度对待它;而这样的态度实际上贯穿了英美国家的历史,从未有明显的中断。不过,古典学派对政府存在着相当大的偏见,这也是不争的事实。

斯密在《国富论》中的研究重点在于详细阐述生产函数,而对价值理论和分配理论的贡献较小。专注于分配理论研究的学者是李嘉图(David Ricardo,1772—1823),但即使是他,也对个人分配问题不感兴趣;而如果他研究个人分配的话,本来是可以用来阐明税收政策的。因此,古典学派经济学家们经常被人批评说,他们感兴趣的是过程而不是人。

斯密在《国富论》的第五部分专注于探讨财政问题,他以相当长的篇幅来回顾英国和其他国家在财政方面的实践。对于此类议题,他提供了大量的建议,而这些建议受到了大臣们和国会的高度重视。

斯密教义[①]

斯密最广为人知的事情,是他提出了著名的税收准则(maxims of taxation)[②];很明显,他想以此给政治家们提供指路的星辰。虽然这些准则的理念(以及其中特定的表述)并非完全由斯密首创,但他系统性的阐述让这些理念流传至今。

第一,斯密指出,落在每个人身上的税收应该是平等的(equal)或公平的(equitable),"就像一大块共有地产的管理费用中每个人承担的份额,应当与各自从这块地产中所获利益成比例"。进一步地,斯密说:"每个国家的国民上缴给政府的捐税,要尽可能地与他们各自的能力成比例;换言之,就是要与他们在国家保护下各自取得的收入成比例。"

---

① 原文:The Smith Canons。canon 一词原指宗教的教规、宗规,地位高于接下来本书作者所用的 principle 或 maxim。若将这三个词一律译为"原则"或"准则",显然辜负了作者对这些词语有意识地选择;可若将 cannon 译为"教规、宗规",则带有过多的宗教色彩;而译为"教条",又给这个词增添了一些现代汉语中暗含的"教条主义"的含义。最终译者在此处将 cannon 勉强译为"教义",将 principle 译为"原则",将 maxim 译为"准则",以示区别。——译者注

② Adam Smith, *An Inquiry into the Nature and Causes of the Wealth of Nations*, bk. 5, chap. 2, pt. 2.

第二，税收应该是确定的而非任意的，"对纳税人和其他任何人来说，它都是清晰、明白的"。否则，纳税人就会遭受横征暴敛。

第三，就征税的时间和方式而言，税收应该是便利的。

第四，税收应该是经济的；也就是说，征收成本不能太高，对纳税人不得有不恰当的妨碍和刁难。

斯密可以凭借上述准则中的第一项而被归入下面的思想流派，该流派在评价税收时突出公平性，并且主要以净收入作为衡量纳税能力大小的指标。不过，斯密的这一教义的确有些含糊，它事实上同时建议以量能原则和受益原则为主导原则，而且可被同时用来支持毛收入和净收入作为所得税的税基。的确，斯密也强调了他的第二项教义，他说："每个人应缴纳的税收，在确定性与公平性方面，都是非常重要的问题。我相信，从世界各国的经验来看，程度大的不公平性比起程度小的不确定性带来的祸患要少。"[①]更进一步地，斯密拒绝了净所得税，主因是认为它存在着无法克服的征管难题。

我们如果整体性地阅读亚当·斯密《国富论》一书的第五部分，就可以得出这样一个结论：他是比例课税的坚定信奉者。斯密早期在伦理学方面的兴趣和基础，让他高度重视税收主题的道德层面。尽管出于实践的考虑，斯密不得不向反对比例课税的观点妥协，但他显然对此并不感到高兴。有一个佐证是，他倾向于基于实际租金价值来征收房产税，尽管他也承认在征管上有困难。对于税收中不确定性的关注，似乎与斯密对专横行政行为的了解有关。专横行政行为，在当时的英国并不鲜见，而在法国则更是臭名昭著、随处可见。在此处，斯密陷入一个两难境地：作为一个名副其实的个人主义者，他憎恨官僚窥探私人事务这样的念头；可出于对道德价值的高度敏感，他感到，至少在理想上应该对税收进行必要的理性划分。将确定性作为税收的教义，其重要性在今天看来也许没有当时那么大。但政府是由人组成的而非由法律组成，在纳税人感知到的政府活动中，人的行为比成文法规定还重要。类似于这样的看法，即使在现代世界也不会让人感到怪异。

后世有很多财政著作，尝试着对斯密的税收教义进行修正或者补充。在

---

① Adam Smith, *An Inquiry into the Nature and Causes of the Wealth of Nations*, bk. 5, chap. 2, pt. 2.

增补的建议中有以下几种：征管的可行性、收入的稳定性或弹性，理所当然地，还有充分性。斯密提出来的经济准则，在现代常被解释为促进经济增长。接下来我们再对斯密教义进行一些简略的和初步的讨论，这仍然是非常有益的。

斯密著名的第一项准则虽然看起来表明斯密赞同比例课税，但他在书中至少有一段又显示出自己中意的是累进课税。在讨论对房租课税时，斯密注意到，富人（在他那个时代）比穷人在住房方面花费更多，然后他补充说："富人对公共支出的贡献，不仅要和他们的收入成比例，而且应该承担更大的比例，这并非不合理。"[①]斯密在此处所做的补充说明，在今天看来应被视为一种附带的偶然评论。不过，有些学者却对此极为重视。[②] 仅此而言，斯密的著作如同《圣经》一般，不同的人都可在其中找出为自己观点辩护的依据。[③]

像之前某些重商主义者一样，斯密也主张对最低收入额免税，因此可以认为他赞成超额比例课税（degressive taxation）（即对超出基本免征额的部分按比例课税）。但在很多重商主义者看来，这样的做法是出于经济的而非伦理的考虑。（斯密在这里再次没有尽力做好解释，有人怀疑他可能是出于对穷人的怜悯之心而得到这一结论。）斯密的分析是以第四项准则而非第一项准则为基础的；也就是说，课税时要考虑它对经济的影响。因此，对普通雇员的薪资课税，既无用也不明智，因为"它除了让薪资本身的提高稍大于税收以外，别无其他效果"。[④] 至于商品税，斯密说："必须牢记，无论如何，应该针对奢侈品课征。不要对居于下等地位的人花在必需品上的开支征税。"所以，"那些居于中等、上等地位的人们，如果真了解他们自己的利益，就应该永远反对向生活必需品征税，就像反对向劳动薪资课征直接税那样"。因为这样的税收，"必定会或多或少地降低穷人养育家人的能力"[⑤]。在此，我们提前了解了托马斯·马

---

① *Wealth of Nations*, bk. 5, chap. 2, pt. 2, art. 1.

② F. Shehab, *Progressive Taxation* (London: Oxford University Press, 1953), p. 34.

③ 斯密的法国追随者让·巴蒂斯特·萨伊(Jean Baptiste Say)注意到了这一消极且模糊不清的对累进制的支持，并且毫不畏难地处理了这个棘手的问题。在他看来，累进原则的正当性在于，对最低生活所需收入免税，对奢侈品而非必需品征税。而且，在他的观点中我们提前了解了约翰·密尔有关税收的平等牺牲学说（the equal-sacrifice doctrine）。*Traité d'economie politique*, bk. 3, chap. 8 (1803).

④ *Wealth of Nations*, bk. 5, chap. 2, art. 3.

⑤ 此三处引用源自：*Wealth of Nations*, bk. 5, chap. 2, art. 4。

尔萨斯(Thomas Malthus)的观点，以及他宿命论般的工资铁律(即劳动力价格倾向于仅够维持人的生存以及种族延续)。这一工资铁律在税收方面的含义，虽然现在看来显得有些过时，但已成为它为数不多的仁慈特征之一。实际上，亚当·斯密的人口观中就残存着相当大程度的重商主义的观点，在他所写的一些段落文字中有这样一种观点，即快速增长的人口是一个国家繁荣的显著特征。有人可能会认为，既然穷人无论如何都不会被课税(因为会转嫁到雇主身上)，那就不用关心他们一开始到底被征收了多少税收。不过，这样的观点并非斯密的立场，他实际上赞成的是废除针对盐、皮革、肥皂和蜡烛等产品所征收的税。

具体税种讨论

为了符合便利性和确定性的准则(他的第二项和第三项税收目标)，斯密觉得在设计税制时有必要着重考虑征管问题。他指出，对人征税(capitation tax)若按收入来征收，比起按人头平均摊税(flat tax per head)甚或按阶层来征收，要更加公平。不过，显然不得不接受的事实是，只有在极为特殊的情况下，人们才会自愿地透露自己的经济事务；在大多数情况下，经济事务的信息是无法从其他途径获得的，至少必须开展令人难受的调查。不动产的确难以逃过估税员的眼睛，但如果坚持对所有的不动产都展开估税工作的话，那么工作量之大将会令人生畏。斯密的确承认，在某些情况下，基于自行估税(self-assessment)来课征直接税是可能的："在一个较小的共和国之中，人们完全信任他们的地方长官，确信用税收来支持国家实有必要，也相信税收将被用于正当目的，在这样的情况下，人们或许会诚心诚意地自愿缴税。"[①]很显然，这样的条件在18世纪时的英国并不存在。自行估税，很像大学里的荣誉制度，只有在完美的条件下才能实施。尽管英国人现在已经为自己赢得了杰出纳税人的美誉，但在所得税的征管上，税务部门仍在尽力将纳税人自行估税的工作要求压到最低限度。

斯密的结论是，我们不可能获得向收入或财富直接征税所必需的信息。

---

① *Wealth of Nations*, bk. 5, chap. 2, art. 2.

于是，接下来他不得不去寻找可行的、最佳的便捷方法。斯密注意到，一个纳税人在住房上花费的支出与他的全部支出之间存在着相当稳定的关系；反之，纳税人的全部支出又与他的收入或其他纳税能力之间存在着稳定的关系。如果无法确定某人在住房上的花费，那么我们可以通过计算他家炉子和窗户数量作为替代方法。（数窗户被认为是非常合适的方法，因为它可以避免税务官员进入纳税人家中并带来困扰。）然而，依赖于类似这些简略且靠不住的指标来衡量房租，并不是必要的。斯密认为，获得实际租金的信息并据此征收房产税，是可行的且更加可取的。这是因为，征税所需要的很多信息，都可以从有关租约的强制性公共记录中获得。

英国财产税中的不动产税，长久以来都是基于租金价值而课征的；而在有关财富的信息中，租金价值显然是最容易确认的。值得注意的有趣事实是，美国的一般财产税，其征收对象高度集中于住宅类不动产。斯密的主张，实际上可以给这一做法以支持（不过要有所保留）。

长期以来，住宅都是良好的征税对象，现在仍是如此。美国对住宅征收的财产税，经过多种估计发现，大约要占住宅消费开支的25%。因此，在当今的税制中，住宅与烈酒、烟草、汽车燃油等并列，是从消费品中特地挑选出来并施以惩罚性课税的项目。住宅列名于这个清单，应该说没什么疑问；它像汽车燃油那样被征税，是因为住宅拥有者从政府那里享受到了特别的好处，不过这些好处常因太小而不被考虑。从社会的角度看，住房是能给生活提供最大限度满足的设施之一，尤其是它作为生活环境，对儿童来说特别重要。这是因为，当一大家人挤住在一个单间里的时候，即使有好学校教给孩子们生命中的崇高价值，也不会让人觉得有多大的意义。美国有很多城市看起来就不整洁，原因在于住房方面的支出严重不足。在实践中，为了改善住房，政府常提供财政补助，有人倡议政府提供更多的补助。可这是怎样的矛盾啊！我们竟然对自己希望得到鼓励的功能设施（住房）征收特别的课税？

房产税一般被认为具有累退性，因为住房支出是收入的递减函数（尽管恩格尔定律认为相反）。有很多研究表明，财产税的累退程度可能比一般销售税更为严重。不过，有三个原因让我们觉得累退性的数据被夸大了：(1)年度数据没考虑到，一些人的收入在特定年度内会低于平均水平；(2)研究对象都是业主自住型房屋，没有考虑到并非所有的房主都能把税收转嫁给房客；(3)数据都是根据净收入而非可支配收入来计算的，未考虑联邦所得税为住宅消费提供了大量的减免优惠。此外，研究所使用的数据也未考虑房屋增值的推断值，而这个推断值本应计入收入。

毫无疑问，不管财产税是否具有累退性，财产税给老年人带来了尤为沉重的负担。老年人群体财产多，但是收入少，他们的个人预算与其他人相比，无疑更侧重于房屋的居住功能。在美国，有些州已承认了这一点，它们给予老年人特别的家宅税减免(homestead exemption)。①

虽然和同时代大多数人一样，斯密对英国当时的财产税改革感到失望，但他并不反对按土地租金价值征税，甚至他觉得所谓的地租(ground rent)是唯一适合征税的项目。就此而言，斯密为古典学派向地租征税的长期传统奠定了基础，相关内容将在后续章节中讨论。

斯密在书中用了大量的篇幅来讨论对货物征税。在应税货物中，他严格区分必需品和奢侈品，并指出必需品不仅包含生活所必需的商品，还包含那些为维持现行社会习俗和基本体面所需要的物品。

斯密指出，货物税数量相对于收入量的比例是不固定的，由此可能会造成不平等；不过，这种不平等因消费者拥有购买奢侈品的选择权而得以缓解。②与赞成货物税的其他学者一样，斯密也认为，这一税收在实践中有优点，比如纳税人抱怨极少、税收缴纳时间和方式较为便利等。用他自己所说的四项税收准则来衡量，斯密认为，货物税只违背第四项准则(即经济准则)。此外，他还强调，货物税会带来高额征收费、抑制部分行业发展、鼓励走私，以及带来税吏经常光顾的烦恼等。斯密承认，货物税不利于经济发展，因为货物税"或多或少地会改变国民产业发展的自然方向，并将国民产业发展导入一条总是与它自然本性不同且一般来说不太有利的道路"。③ 在这里，他为经济学引进了

① 格罗夫斯教授在去世之前，积极推动威斯康星州通过一项法令，给那些财产税占收入比重过高的老年人以税收减免。这个类似"断电保护器"(circuit breaker)的制度为格罗夫斯赢得了财政专家们广泛的好评。在短短5年内，大部分州采用了类似的法律，格罗夫斯教授由此受到了广泛而热烈的赞扬。——编者注

② 正如我们将看到的，麦克劳(McCulloch)严重地依赖于这一论点，而该论点后来被约翰·斯图亚特·密尔(John Stuart Mill)彻底推翻。

③ *Wealth of Nations*, bk. 5, chap. 2, pt. 2, art. 4.

一个漫长的争论主题，这一争论至今仍在持续。

斯密本来可以发现，如果将税负归宿问题考虑进去的话，那么在"确定性准则"上，货物税的声誉并不像最初看起来那么好。事实上，也很少有人对自己究竟缴纳了多少消费税有明确的认识。

斯密认为，征收货物税确有必要。但有理由相信，他对此税的前景在总体上并不乐观。而且，斯密强烈表示，应该将必需品从征税范围中剔除，关税的征收范围应限定于特定物品且应严格地以财政收入为目的。斯密的这一结论，为经济学有关这一主题的长期论战提供了弹药，直至后来对《谷物法》与谷物关税发生激烈的争论。总体而言，斯密反对贸易限制，理由明确而简单，那就是区域性劳动分工总是有益的。某人或某国如果自己去生产那些别人可以更廉价生产的东西，其结果是得不偿失的。

一切税收均取自收入

亚当·斯密在早期讨论税收的文章中认为，不论是对租金、薪资或利润征税，还是对所有的收入来源无差别地课税（人头税和消费税），所有的税收都取自收入。① 斯密的这一主张被很多人一再引用，但笔者根本看不出它到底是什么意思。或许这句话的意思是说，由于纳税人的收入大于税收，因而他们会通过调整自己的储蓄行为或消费行为（或同时调整二者）来应对税收的要求。像这样来解释斯密的论点，必定不会完全准确；有时候纳税人确实会用光自己原有的储蓄以便缴纳现有的税收，但绝大多数时候，缴纳税收并不需要用光所有的储蓄。对斯密论点更有可能的一种解释是，他的结论基于以下观点，即国家作为一个整体，需要创造比税收更多的当期产出，这样才能够而且必定会调整收入的分配方式以迎合税收的需要。看起来这种说法似乎更准确，但决不能由此引申出下面的观点，即税收不能侵蚀潜在的资本（即减少当期储蓄）。这样的说法有一定的意义，因为如果所有的税收都由收入来支付，那么接下来的结论就是，在某种程度上所有的税收都是所得税。税收与税收之间的区别，不在于最终来源的不同，而在于税收课征方式和税负分配模式不同。如此一

---

① *Wealth of Nations*, bk. 5, chap. 2, pt. 2.

来，财产税就是根据财产来估测的所得税，销售税就是根据购买金额而估测的所得税，以此类推。在今天的美国，有时会产生这样一种观点，即州政府不能从所得税的税源中获取财政收入，因为它已经被联邦政府优先占有了。但如果所有的税收都取自收入，或者说相当于大家在同一条溪流中捕鱼，那么除非溪流干涸，否则所得税就不存在谁先占有的问题。当然，如果溪流干涸了，那么所有的税收都丧失了。另一方面，即使不考虑所得税只是取自国民收入的一部分，其他税收也出自国民收入这样的事实，那也要知道，所得税的征收毕竟是有限的。

小结

在回顾早期大师们的著作时，我们总会产生这样的印象：他们的著作中已经包含了后世及当代税收争论中的许多观点，但能够完全作为他们原创观点的又非常少。斯密当然也不例外。仅就我们研究的目的而言，斯密最为杰出的贡献是，他高度强调税收的道德层面并积极探索合理的分配规则。不过，斯密并未给出多少具体的建议，只是给出了一些可供未来发展的观念萌芽。

如上所述，斯密对某些具体税种有所偏爱，在相当大程度上是因为那个时代的英国征管能力比较低下。就此来说，斯密曾访问过的法国情况更是糟糕。在那个不幸的国度，当时还没有发展"非赞成不纳税"(taxation by consent)的传统，另外还存在令人不堪忍受的税收特权与任性专权的征收管理。这一切催熟了大革命的时机。而在英国，斯密距离横征暴敛的英国革命时期也只有几代人的时间。

税收是艺术、技术，也是科学，我们永远要限于特定的时空条件才能对其进行评判。斯密在当时面对的那些困境和挫折，在不同时代的很多个国家中，都有人遭遇过。仅就公平性的立场看，在当今的不少国家，间接税(虽然自身难免会受到腐败的影响)比直接税更能达成合理的和公平的税负分配目的。也许会发生并且可能正在发生的是，在某些国家(英国是其中最重要的例子)，技术已经发展，条件也充分有利，因而在对税收问题进行决策时，我们可以认为在相当大程度上已摆脱了征管条件的束缚。在政府与纳税人的良好互动下，政府行政事务的完整性与能力不断地发展，并成为具有极高价值的国家资产。在多数情况下，公众更容易接受税收措施因征管难题而被否决，却不太能够接受它们因违反公认的税收准则而被否决。这是因为，某种具体税收的征管情况在现实中经常能得到改进，但违背了税收第一准则（即税收公平准则）就无计可施了。对某种具体税收的征管，经常是在管理过程中才会得到最有效率的改进。今天，当我们给一些所谓的欠发达经济体提供税收建议时，记住这一点确属重要。

古典学派经济学家们常将自己说的箴言视为最终的且普遍的真理，他们无视这样的事实，即在他们的政策建议中所包含的智慧依赖于时间、地点等条件。为此，他们长期以来受到严厉的批评。对于这些批评，以及他们是否并在多大程度上应该感到自责，我们无法在此多言，而只需总结如下：至少对税收而言，历史相对性原则（the rule of historical relativity）是有效的；在税收中确实可能有放之四海而皆准的真理，但在具体环境的约束下，它们的作用非常有限。

第三章 约翰·斯图亚特·密尔

在亚当·斯密和约翰·斯图亚特·密尔(John Stuart Mill,1806—1873)之间的1798年,英国引入了所得税并将其作为战时措施来筹集资金。1802年,这一所得税被短期废止[①],到第二年又重新开始征收,并一直持续到拿破仑战争结束那年(1815年)才再度停征。1842年,该税收又以临时性措施的名义再度恢复。所得税制中极具特色的"从源课征"(collection at the source)特征,早在1803年就表现出来了。从源课征是一项非常重要的创新,因为它大大避免了需要纳税人自己对所得进行评估缴税的麻烦。此外,与其他地方一样,在英国,有关所得税的争论时常与对关税的争议混杂在一起。

早在1803年时英国所得税就带有的那些显著特征贯穿了整个19世纪,具体包括从源课征、比例税率且对最低收入者减免税收、只对一定数量的初始收入给予税收豁免、除了分类申报(schedular reporting)之外所得不再分类、带有财产税性质(将房主自住房屋的推定价值纳入征税范围内)、对资本利得不课税等。[②] 至于针对房产的征税,英国也按照亚当·斯密建议的方向不断地加以完善,并持续征税至1924年。[③]

约翰·斯图亚特·密尔是英国古典学派经济学家,因为对古典学派的学

---

① 所有相关的早期记录都被销毁了,这一行为被一个观察者称赞说:"(毁掉这些记录说明英国人的)光荣仍存,但愿它永远存在于每个英国人的心中。"引自 E. R. A. Seligman, *The Income Tax* (New York: Macmillan 1911), p. 88。

② 直到20世纪60年代,最后这两个特征才被实质性地改变。

③ Stephen Dowell, *History of Taxes and Taxation in England* (London: Longmans, Green, and Co., 1888) 2: 404; G. Findlay Shirras, *The Science of Public Finance* (London: Macmillan and Co., 1924), pp. 324—325.

说进行了最完整、最准确(尽管并非原创)的阐述而享有盛誉。他的《政治经济学原理》(*Principles of Political Economy*)一书出版于1848年，由于风格独特而超群出众。在这本书中，处处是词句精彩的段落，从而为后来的学者提供了一个可资引用的宝库。在长达半个多世纪的时间里，多数英国大学将此书作为教科书来使用。最令人惊叹的事实是，密尔仅用18个月的时间就完成了此书。

密尔的父亲——詹姆斯·密尔[①]——也相当出名，他与李嘉图和杰里米·边沁都是至交。在老密尔看来，学术的乐趣远胜过其他一切享受。在老密尔从事的众多事业中，亲自教育他的儿子约翰是重要的一项。他的教育实验非常独特，其性质与过程是约翰·密尔写作自传的主要话题。[②] 与众多其他改革者相同，老密尔高度相信教育的作用。他在对约翰实施教育的过程中，将严格的训导、专一的目标和早熟的学生三者结合起来，带来了令人吃惊的成果。约翰·密尔3岁就开始学习希腊语，在8～12岁之间就已经掌握了几何、代数和微积分，13岁时学完了经济学和逻辑学。据说，约翰·密尔很少与年龄相仿的孩子交往。尽管如此，约翰的品性仍显得慷慨平和，终身保持着对知识和学术的激情，还设法过上了浪漫的婚姻生活。在好几个知识领域，约翰·密尔都有丰富而精彩的著述。他还曾当选为国会议员。小密尔因这些成就受到了同代人及后代人的高度尊敬与崇拜。由于他深爱的女人在当时有丈夫，他的婚姻因此延迟了二十年。这是知识界的一段风流韵事，但其中并不缺乏忠诚。再婚后的密尔夫人对她丈夫发挥了重要的影响，这部分地体现在她提升了密尔对改革运动的兴趣与支持力度。如果说老密尔的教育实验有什么负面作用的话，或许首先就是，约翰·密尔未能成功地摆脱父亲的影响，没有开辟出完全独立的学术生涯。即便如此，在专业学术和文学成就方面，也很难找到比小密尔更卓越的人，也很少有人能够在事业上取得像他那样的成功。

约翰·密尔也许是最接近一个纯粹知识分子形象的人：他的观点及其表

---

① 在商务印书馆的“汉译世界名著”丛书中，Mill一词被分别译为密尔和穆勒，前者多用来指儿子约翰，后者多用来指父亲詹姆斯。本书在翻译时为了避免父子不同姓，一律译为密尔；在未提及名字但又需要区分儿子与父亲的时候，分别用小密尔和老密尔来指称；若书中未作交代而直接指称密尔，则说的是儿子约翰·密尔。——译者注

② John Stuart Mill, *Autobiography* (New York: Columbia University Press, 1948).

达就是他的生活;他总是毫不犹豫地接受理性的引导。但在另一个方面,他对密尔夫人的挚爱以及他对底层民众的同情,也同样表明他不乏丰富的感情。

分配控制与生产控制

约翰·密尔的著作,不论内容是一般性经济学还是专门的税收理论,许多都是针对亚当·斯密和李嘉图传播的理念进行的扩展和改良。但在密尔进行的创新中,有一项内容连他自己都觉得是对经济科学最重要且最具原创性的贡献,因而有必要在此处先行单独地予以考察。他的此项贡献直到最近还有人评价过,那就是将古典经济学从自然法则的束缚中解放出来。[①] 密尔是这样说的:"财富生产的规律与条件具有物理学上的真理性质,在其中并没有公认的选择余地或者具有某种任意性……但在财富分配方面则不然,财富分配仅仅是由人类制度决定的问题。物品一旦在那儿,人类(个别地或集体地)就可以按他们的喜好来加以处置。"[②]

对税收政策来说,密尔上述观点的含义是显而易见的。那就是说,我们可以让个人在一个自由经济制度中赚取他们能赚到的所有钱,然后我们再实施一项独立的再分配计划,由政府拿走他们所赚金钱的一大部分并用于收入再分配,这样做既可以实现公平,又不会减少自由经济中的产出。虽然密尔本人并没有提议如此激进地应用此原则,但该原则所包含的激进意义似乎在几代人之后都未消失。

有批评者认为,密尔不但过度强调了生产和分配之间的区别,而且值得怀疑的是,在经济学中生产与分配两部分是否像他宣称的那样相互独立。可以这样说,收入是生产要素的价格,对生产要素的报酬加以干涉,与对生产过程直接征税,本质上并无不同。另外还可以认为,总收入本身可能就是生产方式的函数。尽管如此,密尔所主张的"资本主义式生产与社会主义式分配",在现代已经通过高度累进性的所得税及遗产税付诸非凡的试验。对这样的试验,

---

① Robert L. Heilbroner, *The Worldly Philosophers* (New York: Simon and Schuster, 1953), pp. 151—153.

② John Stuart Mill, *Principles of Political Economy* (London: Longmans, Green, and Co., 1923), bk. 2, chap. 1, sec. 1.

以“激励会因此受损”为理由的抗议之声既响亮又持久，但此类经济制度仍以某种形式得以持续运行，并且在产出和增长方面的表现也不差。

对自己著书的那个时代英国的分配状况，约翰·密尔并不觉得满意。在下面一段常被人引用的文字中，他写道：

如果要在带有所有可能机会的共产主义与带有所有苦难和不公的社会现状之间进行选择的话，如果私有财产制度必然带来我们现在所见的后果，即劳动生产的成果在分配时几乎与所付出的劳动量成反比（最大份额的成果被分给了那些从不劳动者，第二大份额的成果被分给了那些工作几无实际价值的人；如此依次递减，从事的工作越辛苦、越让人不快，报酬就越少，直到最辛劳、最令人精疲力竭的体力劳动甚至不能被指望换取维持生活必需的收入），而如果这样的后果与共产主义之间必须二者择一的话，那么实现共产主义会遇到的困难，不论大小，都会轻如尘埃般地消失。①

密尔论竞争

尽管发表了上述观点，但长期以来密尔更在意的是自由竞争在世界上的必要性，也因此他对累进所得税从来没有说过好话。对于传统的社会主义，他的主要意见是，传统的社会主义可能会大大地消灭竞争。不过，密尔的确赞成各种严格符合个人主义信条的改革方案——继承税、非勤劳利得税、合作社、农民小土地所有制等；他也赞成其他一些与个人主义信条不完全一致的改革方案——工会、工厂法等。在他赞成的改革事项中，最为根本的是（带有一定限制的）普选制。

不过，对观察到的竞争的性质，密尔并非总是感到高兴。他说：

有些人认为，人类的正常状态就是通过奋斗求得前进；塑造现存社会生活方式的彼此践踏、压榨、排挤和倾轧是最有利的命运安排。

① John Stuart Mill, *Principles of Political Economy* (London: Longmans, Green, and Co., 1923), bk. 2, chap. 1, sec. 8.

我承认，我并没有被这样的人生理想迷惑住。[①]

上面引述的内容，迄今都不显得过时。同样地，过多地强调竞争是动力，与我们所认识到的竞争的基本功能也并不完全一致，直到现在这样的说法也仍然能成立。

受益理论

直到密尔的时代，按受益程度而纳税的理论（即"受益理论"或"受益原则"）仍在税收文献中占据主导性的地位。这一理论要表达的内容是，应该根据人们从政府那里所获得的利益量来确定返还给政府的金额（即税额）。孟德斯鸠曾将此观点简明扼要地阐述为："税收就是一个人缴纳他的一部分财产，以换得安全地享用财产其余部分的机会。"[②]甚至在亚当·斯密的论述中也有类似的观点，虽然有迹象表明，他同样赞成按能力纳税（量能原则）的理论。在此背景下，密尔开展了卓有成效的工作，以推翻受益理论。根据他的观察，受益理论过去常与政府的保护功能联系在一起，但保护功能并不能涵盖我们想要政府做的所有事情；而且，即便是保护功能，穷人可能也比富人从政府那里获得更多的利益，因为穷人保护自己的能力更小。"政府必须被视为对全体国民普遍关心，所以没什么必要去认定谁在政府那里获益更多。"[③]最后，在肯定税收的量能理论之后，他补充道："如同在一个大家都感兴趣的项目中人人都会自愿认捐一样，当每个人都按照自己的财力向政府做出贡献时，我们会认为所有的人都已承担了适当的责任，亦即每个人都已为共同目标做出了相同的牺牲；同样地，这就是强迫贡献原则。因此，无须再为量能原则去寻求更精巧或更深奥的依据。"[④]

笔者对受益原则的看法

不过，这里需要补充的是，密尔并没有具体地界定他所使用的"利益"一

---

① John Stuart Mill, *Principles of Political Economy* (London: Longmans, Green, and Co., 1923), bk. 4, chap. 6, sec. 1.

② Montesquieu, *L' Esprit des Lois* (1748), bk. 13, chap. 1.

③ Mill, *Principles*, bk. 5, chap. 2, sec. 2.

④ Mill, *Principles*, bk. 5, chap. 2, sec. 2.

词。“利益”一词，既可赋予它客观的含义，也可赋予它主观的含义。客观含义与个人福利中的某个因素相关，可以进行客观的考察（如更大的安全等）；主观含义则与纳税者个人对具体价格（即税收）水平下政府某一特定行动的喜好程度相关。我们先假定政府的一项支出（即提供某种服务）的确符合普遍的利益，如果此时富人愿意缴纳更多的税收予以支持，那就意味着此项支出带给富人的利益可能超过带给穷人的。之所以如此，是因为货币的价值（效用呈递减状态）对富人来说比对穷人更小。这一观点由瑞典经济学者维克塞尔（Wicksell）和林达尔（Lindahl）提出①，它至少可以用来解释以下问题：为何富人可能同意比例课税甚至累进课税？这一观点将税收与公共支出联系在一起，这是古典学派经济学家所忽略的。如果将税收与公共支出相联系，那么征税的受益原则与量能原则就被统一起来。

再进一步，我们就可以看到，新的受益理论已经预见到财政学的整体问题开始从伦理学向经济学转移。税收是政府服务的价格，透过讨价还价的程序，我们可以在获得税收制度的同时得到税收所支持的政府服务。强制永远都是邪恶，对强制力量的使用应尽量降至最低限度。而政府服务所形成的利益不可分割，这一观念则带有国家有机论的味道。在国家有机论的观点下，国家自身就是目的。

受益原则最近被理查德·A. 马斯格雷夫（Richard A. Musgrave）赞赏性地进行了回顾。② 追随维克塞尔的说法，马斯格雷夫承认，在运用市场原则于税收负担及支出安排之前，应该先校正收入分配的不当。马斯格雷夫也谈到

---

① Knut Wicksell, “A New Principle of Just Taxation,” in Richard A. Musgrave and Alan T. Peacock, *Classics in the Theory of Public Finance* (New York: Macmillan Co., 1958), pp. 72—118; Erik Lindahl, “Just Taxation—A Positive Solution” and “Some Controversial Questions in the Theory of Taxation,” ibid., pp. 168—176; 214—232.

此处提及的维克塞尔与林达尔的论文及收录该论文的著作，中译文可参见理查德·A. 马斯格雷夫、艾伦·T. 皮考克主编，刘守刚、王晓丹译：《财政理论史上的经典文献》，上海财经大学出版社 2015 年版，第 6、11、15 章。——译者注

② Richard A. Musgrave, *The Theory of Public Finance* (New York: McGraw-Hill Book Co., 1959), chap. 1—5. 在该书中，马斯格雷夫追溯了受益理论经由下列欧陆作家发展的历史：潘塔莱奥尼（Pataleoni）、马佐拉（Mazzola）、德·马可（de Marco）、萨克斯（Sax）、维克塞尔和林达尔。

特定的“优值欲求”(merit wants)[①],比如义务教育。他认为,在存在“优值欲求”的情况下,可以将多数人偏爱的优值品有意识地强加在那些居于少数的人身上。这样的优值品虽然在一定程度上可以允许自由决定,但像维克塞尔一样,马斯格雷夫还是觉得最好能够严格运用强制权力来实施。此外,在公共服务的配置方面,如果每个人都可以像在市场上那样随意地“购买”他希望购买且有能力购买的项目,那么社会的满足感必定可以最大化。如果想要进一步地阐释与批评马斯格雷夫的论述,那就要首先注意以下几点:

第一,马斯格雷夫将“社会欲求”(social wants)定义为,“那些必须由所有人以同等数量的方式予以消费的服务”。对那些提供普遍利益的产品来说,这个定义具有极其重要的真理性;也就是说,在有一部分人从该产品受益的同时,并不减少其他人可从中获得的利益。在私人市场或收费的政府服务中,情况是相反的:如果A已经从政府或私人供给者那里取得了煤气或电力,那么B就不可能获得该部分煤气或电力。

不过,笔者注意到,马斯格雷夫的概念并不是很清晰。“同等数量”到底是什么意思?显然它不可能指主观满足,因为如果说每个人对公共产品的喜好没什么差别的话,那会引起争议的。那么,它是指客观利益吗?其字面含义似乎是说,这样的利益与人数有关而与收入无关。如果将一个有4名亲属要养的穷人与单身富豪进行比较,然后说前者从政府获得的利益5倍于后者,那至少会引起强烈的反对意见。

第二,在分析时,受益理论将自己完全独立于社会在税前就进行收入分配的希望。这样的独立,在可能性与有利性方面似乎都是可疑的。我们用税收制度来改变收入分配,主要不是为了收入分配自身,而是为了减少公共服务带来的机会成本。例如,维持军队的目的是为了保护国家,但在分配由此形成的成本时,如果税收负担让受抚养的新生代青年体质不适合服役的话,那么保护国家这一目的就失败了。

---

① 此处是指马斯格雷夫提出的“优值品”概念。它是指这样一种产品,消费者在消费时享受到的实际效用高于他认识到的效用,因而在市场决策时,消费者往往基于错误认识而消费不足,此时需要政府出面进行一定的强制。常用来说明优值品的例子是汽车安全带,它需要政府出面,强制汽车驾驶者系上安全带,才能保证安全带的有效率使用。——译者注

第三，为公共服务付钱，必然涉及强制性，因为公共服务项目带来的客观利益是提供给所有人享用的，不能把任何人排除在外。可以将上述说法看成几个人参与谈判的一个过程，在此过程中他们对共同欲求的内容及成本负担方式作出决定并达成一致。我们由此可能会碰到下面的情形：为了得到一组特定的服务，A 愿意支付 500 美元，只要 B 也同意支付 500 美元；对于两人都喜欢的另一组更好的服务，A 愿意支付 500 美元，B 愿意支付 650 美元。现在，C 加入这一协商过程，但 C 表示，政府提供的这一服务，他一点都不想要。C 有可能是在对自己的偏好撒谎；特别地，如果他必须为自己想要的那部分服务掏钱的话，就更有可能会这么做。可是，就算他在表达自己偏好时是诚实的，他仍然要根据政府提供的这一服务给自己带来的客观利益而纳税，尽管在主观上并不需要。

对于上述内容，马斯格雷夫或多或少地表示赞成，并把它们简化为“在投票技术考察过程中寻求最优方法”。正如他指出来的，在探索共识的过程中，有可能改进多数票决策的程序。

但是，在通常情况下，不论采用何种投票制度，结果都会让一部分人（处于少数的人）失望。而且，如果不能在人们之间进行价值比较与判断的话，伴随这样的投票制度而产生的财政收入制度就不可能从社会福利方面获得支持。

第四，在分析中，马斯格雷夫发现，复兴的受益理论最多只是承认，政府服务（不管好坏）都是经由政治程序来订购的。它没有建议按照每个人的偏好（即主观受益）来分担公共服务的成本，而是按照表决者看得到的并给予赞成的客观利益来分担成本。马斯格雷夫以此作为分析的基础，对如何决定公共支出规模提供了一种特别的解释。也就是说，这样的分析思路优越于如下的简单想法：公共支出应该扩大到这一点为止，即在此处私人因纳税而放弃的产品的效用等于其从公共部门扩大开支而获得的产品的效用，而这样的权衡应交给投票过程来决定。不过，这样两种解释即使存在差异，差异好像也不怎么重要。

第五，倡议复兴受益理论的人重视下面的事实：由于收入边际效用递减规律，高收入者有可能会赞成用累进税来支持更高水平的公共支出。不过，这一论点并未得到经验证据的支持。而且就算它确属事实，也只能用来解答下面的问题：对于用累进税来维持高支出，反对意见为什么比预期的要少？

总之就一句话，复兴受益理论的努力大体来说并不成功。

不过还可以提醒读者的是，尽管密尔认为来自政府的利益基本上不可分割，但在当前仍有许多学者努力尝试分割这样的利益。[①] 这样的努力可以说至少是充满陷阱的，其中一个陷阱就是，大多数公共支出带来的利益是间接的。例如，济贫可能主要对富人有利，因为济贫支出增强了富人的安全性；或者，就主观价值的路径而言，也许可以说，济贫对那些有善心的人可能最有利，因为他们不愿意看到在丰裕社会中有人饿死。

税收中的公平

与许多其他财政学者一样，密尔也以斯密有关税收的四条教义为起点进行研究，而且特别深入地讨论并界定了斯密的第一教义。在研究的时候，密尔引入心理学中的牺牲概念，并将其作为衡量公平的关键。他说：

> 正如政府应该一视同仁地对待个人或阶级的要求那样，政府也应该做到将税收压力同等地加在每个人或阶级的身上（而不管具体的税收牺牲大小如何）。这样的课税方式，给全体带来的牺牲最小……因此，作为政治准则的税收平等，意味着牺牲相等。它的意思是，在要求每个人都为政府开支做贡献时，应使每个人对自己的缴税份额感到的不便，与其他任何人对自己的缴税份额感到的不便相同。这一标准，与其他完美的标准一样，不可能完全实现；但是，在任何政治讨论中，我们首先要知道完美的标准到底是什么。[②]

不幸的是，密尔的此段文字，与斯密的第一教义一样，也有模糊不清的地方。在最小牺牲与均等牺牲之间，存在着尚待澄清的错漏之处。在这两个概念之间存在的区别，本书将在后面加以详述。这里需要交代的是，已有很多学

---

① 可参考以下论著：Alfred H. Conrad, "Redistribution through Government Budgets in the United States," in Alan Peacock, *Income Redistribution and Social Policy* (London: Jonathan Cape, 1954), pp. 178—264; Rufus S. Tucker, "The Distribution of Governmental Burdens and Benefits," *American Economic Review* 43, no. 2 (May 1953): 518—534.

② Mill, *Principles of Political Economy*, bk. 5, chap. 2, sec. 2.

者对此处存在的错漏进行了解释。不过，在密尔的时代，要想精确地应用牺牲标准似乎是不可能的；而现在若想要改进密尔的结论，似乎也是不值得的。

或许，密尔是从边沁的功利主义思想中获得了启发，将税收公平问题简化为一个心理学问题。事实是，密尔从很早就开始浸润在功利主义的思想氛围中，并曾就功利主义主题写过一本著作。要知道，功利主义思想是先于收入边际效用递减这一概念而兴起的，并注定在未来有巨大的发展空间。不过，功利主义思想到底是澄清了还是混淆了学术界对累进税与分配关系的思考，事实上并不清楚，到后面我们还会讨论。不论是在过去还是现在，都极少会有人真正地按照纳税人厌恶税收的程度去调整税制，哪怕我们有办法测量出这种厌恶程度的大小。

累进税收

鉴于密尔在前面一直讨论比较激进的抽象观念，人们可能预期，密尔会提出一项甚为激进的税收方案。可令人惊讶的是，密尔既不喜欢所得税，也不喜欢累进制（除非是在特殊的情况下）。

就累进税率而言，大体上说，它在当时引起了相当多的关注。只不过密尔似乎认为，累进税"极具争议，就算它是真理，它的真理性也尚未达到可以成为税收原则基础的地步"。[①] 对密尔来说，收入即使可以适当地分级，也不可能"达到如此确定的程度，以至于立法人员或财政人员可以据此采取行动"。[②] 对于如何减轻收入分配不平等这一问题，密尔更喜欢采用具有差别性与选择性的政策，"为了公共善（public good）而不得不加以限制的，应该是非勤劳性财富，而不是勤劳性财富"。[③] 不论自己看到的分配状况怎样，密尔都愿意接受这样一种假设，即"收入来源于勤劳所得（除少数例外）"。在其有生之年，密尔对于很多事情改变了态度。但是没有证据证明，他对分级征收所得税的态度有过动摇；他始终坚持认为，它"不公正且失策"。

对于非勤劳所得的经济利益，密尔毫不反对使用累进税率向其征税。这

① Mill, *Principles of Political Economy*, bk. 5, chap. 2, sec. 3.

② Mill, *Principles of Political Economy*, bk. 5, chap. 2, sec. 3.

③ Mill, *Principles of Political Economy*, bk. 5, chap. 2, sec. 3.

是因为，密尔找到了正当的理由，那就是，迫切需要去限制巨额财富的累积并维护机会平等。密尔追随边沁的观点，也完全反对旁系继承，并认为直系继承人获得的遗产是最适合的课税对象，并适合使用累进税率。不过，在以下两个方面，他的观点还是让人觉得有些疑惑的：一方面，他认为自由地遗赠是财产权的重要特征；另一方面，他又认为经继承而获得的财产在权利[①]上应该受到立法的限制。

此外，像斯密一样，密尔也赞成对低收入实行税收豁免；不过与斯密不同的是，他将这种豁免包含在他的公平原则之中。这样的豁免，不是因为“不能”对穷人征税，而是因为“不愿”对穷人课税。他解释说，在收入达到某一水准以前，若对增加的收入征税，纳税人的牺牲就“不仅更大而且根本不相称”。但是，“若将免税额扩大到包括生活必需品在内的开支金额，则需要计算花在生活必需品上的实际数字”。[②] 对于穷人花在致瘾品（indulgences）上的收入，也可以由国家合法征税（通过货物税的形式）。

在逻辑上，对最低收入实行税收豁免，一定意味着要对所有层次的收入都实行累进征税吗？这个问题在财政学文献中一直有争议。在笔者看来，这两个措施中的一方并不依赖于另一方的支持，只是二者立足的基础在分析方式和目标上是相同的：二者的目标都是将征税的社会成本降至最低限度，并致力于将资源配置到公众舆论所认可的社会目标上来。

按收入来源，差别地课征所得税

在密尔的时代，征收所得税这一新实践引起了无数的争论，其中一个争议话题就是对各种所得按照来源实行差别征税。正如我们所知的，在今天的盎格鲁一撒克逊国家中，税收理念要求对非基金性收入（unfunded income，即勤劳所得）与基金性收入（即财产所得）加以区别并分别征税；前者应从轻，后者应从重。这是因为，勤劳所得只在纳税人可以工作的期间获取，而财产所得则

---

① privilege 在英语中是一个多义词，有时候它指“因财富或社会地位而享有的特别权益”，此时一般具有贬义，可对应翻译为汉语的“特权”。但有时候它并不具有贬义，只是单纯指由法律或政府甚至个人赋予某个主体的特别权益，与人们普遍享有的权利或自然权利不同，在这个意义上将其译为具有贬义的“特权”并不合适，只能根据上下文来寻找对应的词汇。——译者注

② Mill, *Principles of Political Economy*, bk. 5, chap. 2, sec. 3.

可以随时获得。因为这一原因,有人主张,在税法上应该将勤劳所得与财产所得区分开,在征税时前者应该得到某些减免,以便纳税人为退休或为遗产做一些准备。这样的税收减免可以有多种方式,其中最简单的方法是,允许在税前扣除纳税人已支付的保险费。事实上,从早期开始英国法律就采用了此种类型的税前扣除措施,但这种扣除额常常被严格地限制在一定额度以内。在前述差别征税中,主要的争议集中在:如何处理企业主获取的混合收入(即一部分收入来自资本所得,另一部分来自管理性劳务所得)?

密尔是差别课税政策的拥护者。他表示,对纳税人课税,不应根据他们得到了多少,而应该根据他们消费了多少。理想的做法是,减免税应该只针对纳税人为未来不时之需而实际储蓄的金额;在一定条件限制下,如果对纳税人理应储蓄的金额给予税收减免,也可以接受。①

当然,密尔对差别课税的讨论,远远超过上述内容。例如,他不仅同意将交易商纳入税收减免的范围,而且建议给他们特别的优惠税率,因为商业交易活动存在着相当高的风险。除此之外,密尔还发展出这样的理念,即在总体上储蓄应该免税,因为在他看来,如果对储蓄资本与利息收入二者都征税的话,就会导致双重征税的负担。在密尔的理论中,他建议对勤劳所得给予税收优惠以促进纳税人储蓄,但是对来自这种储蓄或其他储蓄的财产所得(非勤劳所得),他却不建议给予税收优惠,此二者之间或许有矛盾的地方。不过无论如何,密尔的这些看法给英国学术界对此主题的讨论增添了不少困惑。② 密尔有关对储蓄给予保护的看法,为财政学中新的思想派别奠定了基础,接下来我们要对此进行讨论。最后,密尔较斯密更进一步地强调,应该对土地租金课征特别税。不过,为了给既得利益一定的让步,他建议此类税收应局限于在未来土地出售时向增值部分征收(征税时间可以进一步推后)。

具体税种讨论

虽然密尔承认,所得税如果课征适宜,“就正义标准来说,它可能是例外情

---

① 尽管密尔在此处讨论的观点早在19世纪中期就在英国流行,但直到1907年才在英国税法中予以体现。

② F. Shehab, *Progressive Taxation* (London: Oxford University Press, 1953), Chapters VIII—IX.

况最少的税收”，但密尔也像斯密一样，强烈地反感所得税在征管过程中必然出现的对公平的伤害。① 密尔说：“租金、薪水、年金以及一切固定收入，均可准确地加以计算。但是像不同职业的变动收益以及变动程度更大的企业利润等，即使是直接利害人自己，都不能进行正确的计算，遑论收税人员；不论税务人员用何种所谓的公平方式，都不可能正确地计算……因此，不论从一开始依据什么样的平等原则进行征收，所得税在实践中都会以某种最恶劣的方式制造出不平等的结果——把最重的负担落在最有良知的人身上。”②毫无疑问，这一立场自有其一定道理，但是，若考虑英国在所得税实验方面的成功以及公众对它的大力支持，那么密尔针对所得税发表的反对意见还是令人吃惊的。

密尔既拒绝所得税，又认为直接税优于间接税，其结果只能是选择房产税，就像在他之前的斯密所做的那样。这是因为，因居住而发生的支出被视为衡量居民收入的最佳标准。如果有人要避开房产税，那么他的主要途径只能是多储蓄，而多储蓄对经济增长是有利的。这样的想法，正好与密尔所说的支出是唯一应被课税的对象完全一致。如同其他绝大多数古典学派经济学家，密尔也认为，资本以及更多的资本才是繁荣、进步和对劳动产生需求的必要条件。

不过，密尔还是接受了间接税，并对它进行辩护。他给出的理由是，纳税人不太能察觉到间接税。鉴于庞大的国债必须偿还，因而政府若能将对税收的抵制降至最低限度，就很有意义。但是，密尔还是不接受下面的观点：对纳税人而言，间接税的负担较轻，因为消费者可以选择不消费征税商品来避开税负。在密尔看来，选择不消费就同征税一样，是一种沉重的负担。然而，密尔承认，对一些具有虚荣意义的商品课税，是极有意义且毫无负担的，因为“这种商品被购买，不是因为商品本身的用途，而是因为它的价格昂贵，价格便宜反而被排斥”。③ 长期以来，税收政策制定者不断地兜售密尔的这一说法。不幸的是，现有的炫耀性商品消费并不能提供多少税基。就今天的美国而言，最普遍的炫耀性消费大概是豪华轿车。

---

① Mill, *Principles*, bk. 5, chap. 3, sec. 5.

② Mill, *Principles*, bk. 5, chap. 3, sec. 5.

③ Mill, *Principles*, bk. 5, chap. 6, sec. 3.

密尔反对一切禁止奢侈的立法，认为这样的立法干涉了个人自由，而在密尔的价值尺度下，个人自由位居顶点；但是，密尔支持对刺激性商品（stimulants）课税，并认为这样的税收是好的。对于这一结论，他的推理是：消费税是无法逃避的税收，既然不管怎样它都会干扰消费者的选择，那么政府就有理由选择那些最不重要或对消费者伤害最大的消费品去征税。[①] 因此，在对刺激性商品征税问题上，密尔乐意放弃个人自由而支持国家干涉，这是出人意料的。其原因在于，税收虽然并非罚款，但二者的“基因”却相当接近。

正义

在一篇深刻论述正义问题的论文中，密尔把这个不易把握的名词大致界定为“合算”或“效用”。也就是说，能最大限度地实现公共利益或福利的行动，就是正义的。然后，密尔将这个概念直接用于税收的讨论中，以便考察以下互相冲突的观点：有人认为，只有税收绝对相等，才合乎正义；有人认为，只有纳税额与收入成比例，才是正义的；也有人说，只有累进性课税才是正义的。“要摆脱这些混乱，除了运用功利主义标准外，别无他途。”[②]当然，这不是说不要“无私”这样的品德。密尔认为，“我们应该对那些值得给予相同待遇的人，给予相同的待遇（当没有其他更高义务禁止这样做的时候）……”[③]整个社会都应该如此做。

笔者对上述观点没有什么大的意见。但笔者认为，该观点很可能意味着，密尔放弃了理论界长期以来寻求某种客观原则的努力；在收入分配的垂直层面上，学者们想运用该原则，以便对那些收入水准不同的人给予公平的待遇。休谟曾经注意到，正义与自由这两个词的权威性必须参考效用来决定。不过，像密尔这样将正义界定为“合算”，若要让人接受的话，就必须将人们在使用“合算”一词时经常忽视的那些疏远且间接的行为效果也包括在内。

---

① John Stuart Mill, “On Liberty”, in *Utilitarianism*, *Liberty and Representative Government*, Everyman’s Library (New York: E. P. Dutton and Co., 1926), p. 156.

② Mill, “Utilitarianism,” *Utilitarianism*, p. 55.

③ Mill, “Utilitarianism,” *Utilitarianism*, p. 57.

方法

密尔坚信，一种关于人类与社会的科学是可能的；只要我们了解人类行为的所有过去，就能对其未来进行预测。①

密尔曾经指出过科学与艺术的差异，这个主题在后世学者的众多讨论中一再出现。他说，科学处理的是各种手段(means)，而艺术处理的是各种目的(ends)。② 我们不能去质疑人们的欲求(desires)，除了看人们是否对某物有欲望外，就没有什么东西可以用来测试该物是否值得欲求了。③ 笔者认为，欲求作为批评的对象，与手段受到的批评是一样的。密尔自己曾区分过，对他而言什么是较高层次的欲求、什么是较低层次的欲求。他还说，并不能因为有人想要麻醉品，就使麻醉剂成为值得欲求的东西。经济学家如果关心人类的欲望却又对某些具体的欲望不作评价的话，这不代表其他学科的学者对此也没有兴趣，更不代表该问题就可以不用证明了。

“明智的实践，只能来自明智的理论；无论什么人，只要他轻视理论，就无异于证明自己是一个骗子。”④在推理过程中，演绎法自有其地位；但其答案并非确定无误，演绎法得到的临时性真理一定要提交给实践，以便进行最后的检验。⑤

上述对真理问题的普遍性声明，可以让我们回想起在经济学者之间关于方法的长久争论；还会让我们想起西斯蒙第与所谓的德国历史学派，他们曾经对古典学派经济学方法进行严厉的攻击。这些批评包括：为什么古典学派的学者如此忽视不受限制的竞争对人的不利影响，而人恰恰是宝贵资本的最大构成部分？在理念上，积累财富并非政府的目标；相反，全体国民参与享受财富所代表的生活乐趣才是政府的目标。不过，这些批评其实并不能用在密尔身上，因为他对个人收入分配现行状况的批评，在很多场合至少不比别人少。

密尔说：“在一个人的行为中，唯一应该对社会负责的，是与其他人相关的

---

① John Stuart Mill, *System of Logic*, bk. 6, chap. 3.

② John Stuart Mill, *System of Logic*, bk. 6, chap. 3.

③ Mill, “Utilitarianism,” chap. 4.

④ John Stuart Mill, *On Bentham and Coleridge* (London: Chatto and Windus, 1950), p. 102.

⑤ Mill, *System of Logic*, bk. 6, chap. 9.

方面。至于在那些只与他自己身心相关的方面,他本人就是主权者。”[1]这一观点是他在一部文笔流畅的著作《论自由》(*Liberty*)中阐述的。对自由的肯定,不仅因其自身的理由,而且也因为自由带来的多样化是进步之母。密尔对社会的专制表示关注,正如他也关心政府的专制。他的这部著作是不服从者的“宪章”,其理念直到今日仍像当初写作时那样合乎时宜。不过,在今天,人与人之间日益增强的相互依赖关系大大侵蚀了个人主权的范围。例如,在今天,可以将自杀视为浪费了社会在个人身上的投资,它与破坏电子器械并无重大的不同。

小结

密尔对于税收哲学的贡献甚多,我们并不打算在此予以全部重述。笔者只需要强调一点,那就是在税收哲学的基本问题上,很少有密尔没讨论到的。本书将税收哲人分为四个学派,其中至少有三个学派的思想可直接追溯到密尔的著作。而且,密尔是这样一种学者的典型,即兼具激烈的观念与大体保守的改革方案。在他提出的方案早已被人遗忘后,密尔的观念仍会持续发挥深刻的影响。密尔既是哲学家也是经济学家,在这方面他甚至超过了斯密(以及李嘉图)。

---

① Mill, “On Liberty,” p. 73.

第四章　E. R. A. 塞利格曼

美国税收的历史与环境，在很多方面与英国大不相同。美国实行的是联邦制度，在如今这一代美国人之前，公共资金的绝大部分由州政府和市镇政府来筹集并开支。虽然当前美国的情况已有所改变，但州政府与市镇政府在美国整体的财政结构中仍扮演着相当重要的角色。这或许可以解释遗产与所得税为何在美国的州与市镇得到实验，可在英国财政史上却并非如此。这还可以用来解释，为什么美国联邦政府直到最近（战争期间除外），在收入方面从未发生过大的问题；关税和以促进节俭为目的的国内消费税（sumptuary excises）足以为美国联邦政府提供必要的财政收入，有时甚至带来令人尴尬的财政盈余。

美国宪法列明了有关政府制度的条款，还规定了有关直接税的条款：直接税必须在州之间按人口进行分配。在美国内战期间，联邦政府第一次采用了所得税（对至少包括薪酬在内的收入征税），当时这一税收得到了联邦最高法院的支持。不过，在19世纪90年代经济萧条时期，美国联邦政府在尝试第二次征收所得税时，联邦最高法院却宣布其违宪。这件事情发生在一个著名的判例（即“波洛克诉农民贷款与信托公司案”）之中。在该案发生时，整个国家正处于浓厚的阶级紧张与政治冲突的氛围中。极少有人像爱德华·罗伯特·安德森·塞利格曼（Edward Robert Anderson Seligman，1861—1939）一样大力批评此项判决，虽然他特别分析了一些支持最高法院观点的历史证据，但最终发现这些证据只是一种自我解嘲罢了。最高法院的结论是，美国建国者已经考虑过所得税，但他们基本排除了联邦政府征收直接税的可能性。《美国宪法第十六条修正案》(1913 年)在相当大的程度上为联邦政府排除了直接征税的障碍,不过对收入款项直接征税仍需排除一个障碍,那就是最高法院可能不认为收入款项就是所得。

美国在其历史中的大部分时间里,是一个以乡村为主的国家。对农民征收所得税并进行管理,实际存在着许多困难。

需要说明的还有,美国政府被划分为三权分立的结构,并给每个部分配置相应的责任。因此,美国在制定税法时,财政部的作用甚至不及国会的委员会。有许多批评者看到,这样的制度给既得利益团体提供了太多的逐利机会。

本书如果花费笔墨来叙述历史上国会是如何就所得税问题展开辩论并采取行动的,那就偏离了写作的目的。不过,在此处仍应指出的是,自美国内战结束以后,美国国会和学术界一直在断断续续地讨论所得税这一主题。反对所得税最常用的两个理由,一是征收管理困难,二是它在惩罚成功者。当时甚至有人说,所得税将使美国变成一个骗子的国家,而且如果没有“一套与美国人观念相反且为自由公民所厌恶的纠问与侦查系统”的话①,所得税就无法操作。更进一步地说,“对于那些在财务上获得成功的人,我们应该给他们额外的报酬才对”②,而不是向他们课征所得税。

塞利格曼是一位美国经济学家,由于在税收方面写出了诸多杰出的论著而知名。他的论著包括《税收的转嫁与归宿》(1892 年)、《累进税收的理论与实践》(1894 年)、《税收论文集》(1895 年)和《所得税》(1911 年)等。这里列举的只是其著作中特别知名的几本,而且有一些多次再版(比如《税收论文集》达到创纪录的 10 版)。这些著作之所以出名,更多的不是因为原创性,而是因为其中的学识渊博性。塞利格曼在写作时极具洞察力,他的研究不受时间和语言的限制:在阐述一个主题时,塞利格曼典型的做法是从亚里士多德开始,并且滴水不漏。对于文献回顾与分类,塞利格曼的能力无人可及。他个人的藏书后来被哥伦比亚大学买去,数量达到惊人的 2 万册。塞利格曼也确实充分

---

① 引文来自 *The New York Sun* by Randolph Paul, *Taxation in the United States* (Boston: Little Brown and Company, 1954), p. 33。

② *The New York Sun* by Randolph Paul, *Taxation in the United States* (Boston: Little Brown and Company, 1954), p. 98.

利用了这一据说是美国经济学家中最大的私人藏书馆。

塞利格曼的家境良好,他父亲(J. W. Seligman)是一家银行的创始人。在获得哥伦比亚大学的学士学位之后,塞利格曼曾先后赴德国、瑞士及法国等地学习了3年。随后,他又在哥伦比亚大学获得法律博士与哲学博士学位。凭借这些优异的条件,他于1888年获得哥伦比亚大学的教授职位。塞利格曼热衷于参与公共事务,曾在纽约市、纽约州与国际联盟等地方的诸多委员会工作。他和理查德·T. 艾里(Richard T. Ely)作为主要发起人,于1885年创建了"美国经济学会"。在20世纪30年代初期,塞利格曼担任《社会研究百科全书》(*Encyclopedia of the Social Studies*)的总编辑。在政治立场上,他被人描述为"非常谨慎的"自由派。

财政学

塞利格曼说:"财政学是总体融资活动的一部分,而融资活动又是经济学的一部分。但在更重要的意义上,应该说,财政学是一门独立的或分离的学科。"[①]财政学与政治学、会计学、心理学、法学,当然还有伦理学等,交叉融合在一起。

国家

塞利格曼远远强于其他大多数美英学者的地方,在于他尝试着奠定财政哲学的基础,即构建国家的概念,并据此从总体满足人类欲望出发来探寻政府活动的地位。[②] 在这里,他区分出两种欲望:一种可由个人活动予以满足;另一种需要团体组织才能予以满足。在这些团体组织中,政府是用来满足"共同欲望"(common wants)的,其独特性在于它的服务对象具有普遍性并运用了强制的力量。政府所满足的共同欲望是无法测定也不能分割的。不过,政府也被用来满足一些"专门欲望"(special wants)。在税收中,受益原则与量能原则并非互相对立的理论,但各有其适用的范围。国家并不是一个有机体,但

① *Encyclopedia of the Social Sciences*, s. v. "Public Finance".

② E. R. A. Seligman, "The Social Theory of Fiscal Science" 41, *Political Science Quarterly*: 191—218, 354—383.

它确实是远远超越个人的集合；个人组成团体，但个人又会被自己的团体再次塑造。

塞利格曼的上述分析，在笔者看来既适当又有效，但是它却遗漏了公共服务需求量与税负分担之间极为重要的关联。这样的关联，主要是由欧洲大陆的学者尝试建立起来的。[①]

所得税

塞利格曼论述所得税的著作出版于 1911 年，刚好在《美国宪法第十六条修正案》通过前不久。这本著作，其内容从分析纳税能力标准的历史开始。在最初阶段（原始条件下），似乎只要纳税人存在，就足以证明有纳税能力，因此广泛采用的是人头税。在第二阶段（尤其在农业社会），土地是标志社会地位的主要指标，因此土地财产看上去足以衡量纳税能力。然而，在今天，土地财产作为衡量指标就明显有限：它没有考虑职业的和专业的收入，也没有考虑价值相同但种类不同的财产在收益上的种类不同与数额差距，另外对负债和无形资产（如由成功事业带来的商誉）等也没有考虑。在第三阶段（即在一个相对水平更高、更成熟的社会），我们发现支出可以作为衡量纳税能力的指标，或将其作为估定所得时的指标。当然，这个指标的粗糙性是明显的——个人支出的数额与他支出的能力并不必然一致。在第四阶段，毛收入或总产值可以被认为是衡量纳税能力的指标，但这个指标对人的因素考虑过少，也没注意到有些项目可能会降低纳税能力。到最后的阶段（即第五阶段），用净收入来衡量纳税能力。净收入似乎是纳税能力衡量指标进化过程中的最高峰：它直接与人相关，而且是对纳税人现行纳税能力的精确估计。不过，即使是净收入，它在衡量纳税能力时也不是万无一失的或没有困难的，这一点我们将到后面再说。

对于在美国实施所得税制，塞利格曼写下了许多保留意见与顾虑。与前面谈论的学者相似，塞利格曼对于所得税制的保留意见主要集中于税收管理方面。管理糟糕的好税收，可能较之管理良好的坏税收更加不公平。虽然美

① 参见 Richard Musgrave, *The Theory of Public Finance* (New York: McGraw-Hill Book Co., 1959), particularly chap. 4。

国在税收管理方面已有进步，但仅此并不能让人安心。更进一步地，在当时还有一个困境不得不面对：从源课税可以减少管理困难，但它却很难与累进税率制度相结合，而社会对于实行累进税制的呼声却非常高。要能成功地就收入进行总额估征(lump-sum assessment)，就需要纳税人与税收管理人员两方均有超凡的精神(extraordinary morale)。

此外，塞利格曼还有一些保留意见。比如说，对所得税的定义问题解决起来极为困难，而且所得税不考虑由过往财富积累所支持的开支。对那些热烈期待以所得税取代现行全部税制并认为所得税是未来潮流的人来说，所有这些意见都是在给他们泼冷水。

虽然我们可以恰当地把塞利格曼称为美国净所得税的最早倡议者之一，但就这一主题而言，他在自己的那些先驱性著作中只给出了两点确定性的结论：一是州政府不宜进入所得税领域；二是联邦宪法应该修正，以便授权给联邦政府(至少可以)去征收所得税。

在此处值得指出的是，尽管塞利格曼就所得税作出的预言在学识上显得非常渊博，但在后来的实践中却被事实所否定。大多数州政府(以及某些市镇当局)都尝试开征了净所得税，而且基本上都是成功的。事实上，在塞利格曼这本著作出版的同一年，威斯康星州就大胆地开征了州所得税。威斯康星州开征所得税之所以取得成功，其秘诀在于州政府的文职公务人员在管理上有一定的效率。[①] 1913 年，联邦政府开始征收所得税。虽然在当时就对从源课征所得税进行了试验，但以薪资为限且从源课征的所得税形式直到第二次世界大战期间才真正地予以实行。在实践中，所得税获取收入之多及受欢迎程度之高，成为该税收获得成功的标志。这一所得税形式具有的税率结构，是那些早期批评者从一开始就觉得不可思议的东西。与之前的约翰·密尔一样，塞利格曼也明显低估了社会大众自愿接受他们广泛赞同的税收的可能性，同时也低估了行政管理适应新挑战的潜在能力。当然，这并不是说所得税的实行已经没有严重的问题(哪怕是到了现在)，也不是说现在已经可以彻底抛弃

① 根据这一有力的经验以及其他原因，塞利格曼修正了自己关于州所得税的判断，直到 1915 年他都在倡议纽约州实施所得税政策。*Essays in Taxation*, 10th ed. rev. (New York: Macmillan Co., 1925), pp. 650—659.

所得税早期批评者提出来的那些告诫意见了。

正义与累进课税

塞利格曼早期的一个贡献，就是 1894 年在“美国经济学会”发表了一篇探讨累进课税的论文。该论文发表的那一年，正好是最高法院判决“波洛克诉农民贷款与信托公司案”的同一年，也因此可以说该论文生逢其时。

在这篇论文中，塞利格曼遵循他一贯的写作风格：先回顾在他之前学者的税收思想，然后再提出自己的税收思想。对所谓的“补偿理论”，他也在该文中进行了讨论，并得出否定性的结论。“补偿理论”说的是，之所以征收累进税，原因在于收入不平等往往是由政府赋予的特权造成的，需要用累进税来矫正。塞利格曼认为，特权就像利益，是不容易衡量的。

特权有两种类型，即特别的与一般的。在下面的口号中，向特别的特权课税受到了强烈的支持：“机会均等”；“每个人只有权获取自己的劳动果实，不能再多”。不过，这样做将会遭遇的主要困难是：如何界定特权的范围？在各种研究中，租金及遗产都被列为明确的特权收入。而社会主义者更是主张，一切财产性收入都是特权性质的。其他学者的主张是，获取财产性收入所承担的牺牲和麻烦与其所包含的工作是严重不相称的。

一般的特权原则强调的是，个人在获取财产时，大部分功劳应归于他的祖先及同时代的人。霍布豪斯（Hobhouse）说：“那些产业的组织者过去以为是靠自己‘创造’了自身与企业，现在发现实际上是整个社会制度为他准备好了熟练工人、机器设备、交易市场以及和平秩序。所有有助于商业活动的庞大机械与广阔环境，都是千百万人与无数先辈共同创造出来的。如果剔除所有这些社会因素，我们如同流落到荒岛，却不像鲁滨逊那样幸运能够打捞沉船并拥有丰富的知识，我们只能成为赤裸裸的野人，以草根、野果及鸟兽为生。”[①]爱德华·贝拉米（Edward Bellamy）将这一观点发展到极致，以此来支持他的绝对平等主义主张——对国民收入实行平均分配。但更正统的社会主义者并不

---

① L. T. Hobhouse, *The Elements of Social Justice*, quoted by H. W. Peck, in *Taxation and Welfare* (New York: Macmillan Co., 1925), p. 179.

接受贝拉米的这一观点，他们认为绝对平均主义既不可行也不公正。[①] 此处存在的一个问题是，特权与努力在不同的程度上是混合在一起的。我们也可以这样来驳斥这些学者的观点：每个人都拥有的特权，事实上就不再是特权。也许一般性的特权确实为累进课税提供了某种基础性的哲学支持；不过，这是一根脆弱的芦苇，撑不起如此雄心勃勃的理念。

尽管人们都愿意看到有一种可以让所有人都公正平等地承担税负的方案，而该方案又能将收入水平不同的人都包括进去，但是塞利格曼认为此意愿不可能实现。最后，他不得不止步于这样的结论：累进税"与比例税相比，（至少）既没有更不合逻辑，也没有更不公平"。[②] 对于这一结论，到后来塞利格曼已懒于辩护。他看到，"从牺牲均等原则自身来说，我们已不可能演绎出任何在数学上精确的课税尺度，不论是累进税还是其他形式的税收"。[③]

才能理论（*The Faculty Theory*）[④]

塞利格曼的最具有原创性的贡献，或许是他发展了所谓的"才能理论"。在这一理论中，他主张，衡量纳税能力既要考虑牺牲，又要考虑力量[⑤]；力量与生产以及生产潜力有关，而牺牲则与从消费中获得的快乐有关。正如笔者在别处曾说过的，"一个有才能的人实际上有三只手，其中两只手是生物意义上

① 参见 Joseph Dorfman, *The Economic Mind in American Civilization*, vol. 3 (New York: Viking Press, 1949), pp. 149—154。

② E. R. A. Seligman, *Progressive Taxation in Theory and Practice*, Publications of the American Economic Association, Monographs, vol. 9, nos. 1 and 2 (Baltimore: American Economic Assoc., 1894), p. 193.

③ E. R. A. Seligman, *Progressive Taxation in Theory and Practice*, Publications of the American Economic Association, Monographs, vol. 9, nos. 1 and 2 (Baltimore: American Economic Assoc., 1894), p. 143.

④ 对于这里的英文单词 faculty，实在难以找到与之确切对应的中文词汇来表达。原作者在后面交代，这个词原来是指能负担财产税的财产，后来扩大到指能用来获取收入（并因此可负担税收）的职业技巧与专业才能。中文中很难将这些含义都概括在一个词中，因此此处只能勉强地将其译为"才能"。此外，原作者接下来又分别使用了 ability 和 capacity 这两个意思相近的词，为了表示区分，书中勉强将其分别译为"能力"和"潜力"。——译者注

⑤ 在本书中屡次用到 power 这个词，译者考虑不能将其一概译为"权力"。在书中，多数时候这个词是指经济上的垄断性力量，在此语境下使用的 anti-power 意思是"反垄断"。本书在翻译时一般将 power 译为"力量"，只有在英文中有确切政治含义时才译为"权力"。——译者注

的，第三只手就是他的银行账户……”“才能”(faculty)一词早在殖民地时期即被使用，不过在当时它主要与财产、财产税有关。到后来，这个词的含义扩大到包括职业或专业的技巧，有了这些技巧就意味着可借此挣到收入。1888年，弗朗西斯·A. 沃克(Francis A. Walker)建议以才能作为税基，因为它优于以财产或收入作为税基。[①] 他认为，如果把才能与收入进行比较，就能发现其优点在于：在才能税之下无法用“不知道”和“不能转嫁”作为辩解。沃克的想法让我们想到教育机构曾倡议并偶尔被采用的一种评分制度，那就是对学生不再按照其“能力”(ability)而是按照他们的“努力”(effort)来评定成绩。

暂且不论塞利格曼的才能理念来自何处(如果的确来自他人的话)，他对这个概念确有贡献，那就是将约翰·密尔的均等牺牲概念与生产潜力的观念融入才能这一理念中。(关于生产潜力，他建议以收入来测定，而不是像沃克说的那样用天生的才华来衡量。)基于才能的增加比收入的增加更快这一原因，塞利格曼认为，我们可以据此得出支持累进课税的结论。

不幸的是，才能并不比无处不在的牺牲更容易测定。我们如何得知，经济力量会比收入增加更快？我们常常看到，获得一次微小的成功常常使得下一步成功更为容易。在登山时，最难走的是第一英里的路程。没有一个怀疑论者像弗兰克·奈特(Frank Knight)那样，对财富的滚雪球效应印象如此深刻，他称其为“不平等有强烈的趋势会以巨大的比率累积性增长”。[②] 但这是不是明确地告诉我们，如果一项财产收入是另一项财产收入的两倍，那么就纳税潜能而言，前者比后者的两倍还要大？或者说，前者在再生产或成长过程中，纳税潜能都要比后者的两倍更大？才能理念，看起来最多只是给个别情形下采用某种形式的累进税提供一些论据罢了。

不可测量性(immeasurability)是很多税收标准存在的一个共同缺点，不过塞利格曼主要用它来指责税收的受益理论以及他不喜欢的其他理论。但在讨论累进问题时，他却说，“就算我们永远达不到理想标准，我们也没有理由说

---

① Francis A. Walker, “The Bases of Taxation,” *Political Science Quarterly* 3, no.1 (March 1888): p. 14. 沃克在美国内战时期是一名将军，后来成为人口普查的数据采集员(collector of the census)，再后来又成为耶鲁大学的教授及麻省理工学院的院长。作为经济学家，他因为批评了工资基金理论并发展了利润中的租金理论而赢得了相当大的名声和关注。

② Frank H. Knight, *Freedom and Reform* (New York: Harper and Brothers, 1947), p. 9.

不该尝试着尽可能去接近理想标准”[①]，“一项不那么确定的税率，如果符合正义的方向，很可能要优于像比例税率这样的税率，后者虽然比较确定，但不像前者那样公平”。[②] 这样的比较，亚当·斯密也做过，只不过他是在公平与确定之间进行的对比，并最终选定了后者。

考察1894年的事件，塞利格曼发现自己处于一种不愉快的困境中，因为他支持累进课税，却没有对象让他适用累进制。累进的联邦所得税并非不可考虑，不过塞利格曼认为，要成功管理所得税就需要从源课征，而从源课征又与累进制不能相容。这就让塞利格曼感到，恐怕在逻辑上只有遗产税才能适用累进课税原则。因此，他于1894年提出来的税收方案，看起来与更为保守的密尔的方案很相似。

税负归宿

对于塞利格曼而言，税负归宿指向的是税收负担最终的着落点，而税负转嫁这一术语描述的是税收负担从起点（税收承受冲击之处）向最终停留地（税负归宿）的移动。严格地说，税负归宿是一个经济学概念而不是哲学概念，虽然税负着落点对于严肃的税收思考来说必不可少。税收正义问题也许具有伦理学上的重要性，但在我们了解（或自以为了解）到税收的经济效应之前，我们根本没有办法从伦理学立场来判断税收是否正义。税负归宿理论也因此被约翰·内维尔·凯恩斯（John Neville Keynes）视为在财政学中唯一属于实证分析的内容，与该学科其他的规范理论不同。[③]

对于塞利格曼在税负归宿方面的著作，我们不打算进行全面的评价，更不用说去详述细节了。评价塞利格曼，只要提他梳理了税负归宿问题的历史就已足够：他叙述的内容独具特色，他对这一问题进行的综合与分析也被视为贡献突出。塞利格曼是现代学者中第一个尝试对税负归宿问题的所有主题进行详细探讨的人，而且他所探索出的结果中有相当大部分也经得起时间的考

---

① Seligman, *Progressive Taxation*, p. 192.

② Seligman, *Progressive Taxation*, p. 194.

③ John Neville Keynes, *The Scope and Method of Political Economy*, 3rd ed. rev. (London and New York: Macmillan, 1904).

验——到目前为止仍是大学教科书中的标准教义。当然，现在有关税负归宿的内容，相对于塞利格曼的论述来说已有很多增添，而且他的不少分析与结论也受到了中肯的批评。

就决定税负归宿的准则（或者说因素）而言，在现有学术论述中经常列举的下列项目，实际上已全部被塞利格曼提了出来：生产要素的转移；让生产要素流动在时间上成为可能的各种条件；在垄断与竞争等情况下的不同考虑；需求及供给弹性（供给弹性包括成本递增、成本递减以及成本不变等条件）；特别税与一般税之间的差异（在一般税条件下生产要素不太可能转移）。塞利格曼将分析的重点放在边际生产者身上，因为这一类生产者没有能力自己消化税收，其对此项税收的反应干脆就是停止生产。于是，产品供给减少，产品价格提高。由此观之，税负转嫁的发生是以边际生产者的死亡为条件的。

塞利格曼在分析特别税时所用的方法与他对一般税的分析相同，不过以更加精巧的形式进行。在此处，我们只引述他的一个结论，那就是公司的净所得税将落在股东身上。在一个竞争性的企业中，公司净所得税不会落在边际生产者身上；而在垄断企业中，公司净所得税不会影响该企业的最优产量决策。不过，在另一个时间及另一种情况下，塞利格曼也承认：企业成长及产品供给是依据税后的合理回报而定的。[①] 直到本书写作时，学者们仍在继续争论这一观点。在逻辑上，学者们大多倾向于塞利格曼原来的结论；不过有些历史经验和不少人的意见与此不同。

自从塞利格曼的著作出版以来，与此议题有关的纷争持续不断。在理论演绎的层面上，该议题从未被完全解决。这是因为，既然利润不是会计成本，那么资本获取某些回报显然是确保资本长期供给所必需的。于是，在社会意义上，给予资本的报酬也是成本；在这方面，该做法与把工资作为成本的做法并无不同。不过，就经验分析层面而言，各项研究均显示，尽管在不同的时间段税负差异很大，但税后利润率却相当稳定。

在讨论税负归宿一书的结论中，塞利格曼给税收政策提供了一种指导性意见，那就是，税收制度要选择的税收，既可以是确定可转嫁的，也可以是确定

---

① E. R. A. Seligman, "Income Taxes and the Price Level," *Academy of Political Science Proceedings*, 1926, 2:19—20.

不可转嫁的。这是一项重要的建议,值得税收政策决策者们给予更多的重视。销售税的特别缺点是,在税负归宿方面具有不确定性。至于财产税的中立性问题,塞利格曼认为,对所有阶级的财产都课税,既无必要也不明智。如果财产税在管理可行性上存在问题的话,那么这样的问题将会因财产税可限制经济势力(economic forces)积聚而得到缓解。因此,即使我们对地产征税而对个人财产免税,也不必太担心其中的非中立性问题。重要的是,在管理上要做到对一个特定阶级所有成员的财产全部征税,而不是在税法上对所有阶级征税。

小结

在塞利格曼的时代,他是提倡理性化征税的先锋,也是率先抨击美国税制过时的领袖人物(尽管他的观点通常比较谨慎)。他在税收思想方面的贡献并不是他提供的最好东西,并且遭受了很多批评。但是,他渊博的学术知识令美国的财政学文献摆脱了狭隘性(provincialism),并为其未来的发展提供了广阔而坚实的基础。

第五章　杰文斯和边际主义者

在19世纪70年代，经济思想领域出现了一项重大的创新活动，进而决定性地影响了税收思想的发展。这一创新活动表现为，在消费理论上取得了重大进展，并在经济思想与心理学之间建立起联系。如前所述，密尔持有下述立场：税收平等与牺牲平等相等同；为购买生活必需品所需的最低收入对个人生活来说极为重要，应该免于征税；伴随收入的增加，收入的重要性在降低，不过难以确定能在多大程度上以此来证明累进税的正当性。

毫无疑问，上述分析路径很大程度上受到19世纪70年代在经济学中引进的一种看法的影响，即人具有快乐主义的倾向（the hedonistic bent）。① 人们通常将这一引进工作主要归功于英国经济学家威廉·斯坦利·杰文斯（William Stanley Jevons，1835—1882）和奥地利经济学家卡尔·门格尔（Karl Menger，1840—1921），二人关于这方面的著作几乎同时出现于1871年。不过，1874年法国经济学家里昂·瓦尔拉斯（Leon Walras，1834—1910）也独立地构想出人的快乐主义倾向。人的快乐主义倾向的原始形式，现在被认为是德国学者赫曼·戈森（Hermann Gossen，1810—1858）构建出来的。他的著作

① hedonistic来源于hedonism一词，后者一般被译为"快乐主义"或"享乐主义"，它是解释道德行为与人生目的的一种伦理学说。该学说用纯粹生物学上的或心理学上的快乐或痛苦来解释人的行为与需要，认为人们的生活目的是（或应该是）求得肉体与心灵的快乐，因而趋乐避苦、趋利避害是善的行为，也是人类一切行为的动因。一般认为，快乐主义理论源于古希腊哲学家德谟克利特，由伊壁鸠鲁将其发展为理论体系，再由J. 边沁等人加以进一步的发展和完善。由此可见，以追求效用（功利）最大化为目标的经济学理论，也是以快乐主义为理论基础的。不过，无论是译为"快乐主义"还是"享乐主义"，都可能出现歧义，前者会让读者以为在提倡一种生活态度（"快乐"），后者会让读者觉得有贬义（"享乐"）。但是译者找不到更好的译名，只能继续使用"快乐主义"这一已有的译名。——译者注

出版于 1854 年，但出版后并没有引起人们多少重视。杰文斯的阐述是从心理学开始的，而瓦尔拉斯的讨论方式则是数学形式的。这一新颖的分析方法挑战了当时从生产成本方面讨论价值问题的理论；它强调，伴随稀缺而来的效用决定了商品在交换过程中的力量；某人获得一种产品的数量越多，再继续增加该商品，增加部分的重要性就会降低（至少在一定时间内）。因所处环境不同，每个人对于商品增加部分的主观价值就有所差异，由此即可解释为什么会发生商品交易。在存在交易可能的情况下，人们会尝试着不断放弃与获取各种商品，直到每种商品的边际效用都相等或处于无差异的状况。再后来，劳动的负效用（disutility of labor）观念被加入这一理论。于是，递增的劳动负效用曲线与递减的劳动收入效用曲线二者交叉，决定了一个人劳动供给时间的数量。效用理论发展到后来，还用边际主义（marginalism）来解释生产要素的效率与报酬。

瓦尔拉斯设计出一种循环模式，用来证明（一定条件下）竞争性自由市场制度可以产生最大化的满足程度。这一模式后来被称为现今“福利经济学”这一学科的发展起点。

以上讨论的所有内容，都是实证分析而非规范分析。在讨论中，并没有说消费者的口味该不该受批评；人们可以争辩说，希望得到的东西并非总是值得得到的东西。并且，在讨论财富分配状况时，也只是说到它符合经济上的正当，而非必然符合伦理上的正当。不过，经济正当与伦理正当二者之间的区别也并非总是那么清晰可见。有许多批评者说，边际主义思想实际上是对现行秩序所做的辩解。不过，在边际主义者眼中，仍有一项罪恶有待消除，那就是垄断（包括工会对劳动力的垄断）；只有运用极为笨拙的方法，才能将垄断包含在边际生产力理论之中。尤其在最低工资立法过程中，边际生产力理论成为重要的障碍。按照这一理论，最低工资立法将帮助边际工人（marginal workers）索取超过其生产力的工资，并因此失去自己的工作。而且，如果所有的雇主都提高商品价格以应对这种工资的上涨（相当于一种普遍性的税收），那么接下来会发生什么？

威廉·斯坦利·杰文斯

杰文斯是一位具有高度原创能力的英国经济学家，他以计算快乐与痛苦为起点展开经济学的研究。快乐与痛苦是人类行动在性质上的源泉，但可以加以数量化的比较。在此处，他引用了边沁的“最大多数人的最大幸福”原则，并认为此原则暗含可以将此类感觉数量化的意思。杰文斯毫不怀疑，“快乐、痛苦、辛劳、效用、价值、财富、货币、资本等，都是包含数量在内的概念”。① 不过，在陈述以下意见时，他可能会有所犹豫：“在将来人类可能会有直接测定心灵感觉的多种方法。正如我们现在可以用悬垂物体摆动的效果来测量地心引力一样，我们也许可以根据人们所下的决定来估计其感觉在数值上是否相等。”②

再者，我们不该尝试着将一个人心中的感受（susceptibility）与另一个人心中的感受在数量上进行比较。“我们知道，一个人心中的感受，可能比另一个人心中的感受深一千倍。”③不过，“有些问题，对个人而言看起来并且有可能不那么确定，但放到巨大的人群及广泛的平均层面上，就有可能通过严密的调查来加以解决”。④

在收入水平逐渐提高时，由收入予以满足的欲求的性质也在不断变化。杰文斯的观察如下：“我们的需求越精致、越与智力相关，彻底满足这一需求的可能性就越小。人类对品位、科学或好奇心的欲望一旦被激发起来，就难以限制。”⑤

卡尔·门格尔

在对需求进行分析时，门格尔同样避免了给效用赋予基数的特性（cardinal properties），也没有像功利主义者那样在人与人之间进行效用的比较。但是，门格尔的弟子们，包括庞巴维克（Bohm-Bawerk）在内，却没有良心地、“无

---

① W. Stanley Jevons, *The Theory of Political Economy*, 4th ed. (London: Macmillan and Co., 1911), pp. 9—10.

② W. Stanley Jevons, *The Theory of Political Economy*, 4th ed. (London: Macmillan and Co., 1911), p. 11.

③ W. Stanley Jevons, *The Theory of Political Economy*, 4th ed. (London: Macmillan and Co., 1911), p. 14. 然而杰文斯在其他地方的断言不像此处那么肯定，据此斯蒂格勒对“杰文斯进行了人际比较”这一论点表示异议。George Stigler, “The Development of Utility Theory,” *Journal of Political Economy* 59 (August and October 1950): 307—327, 373—376.

④ Jevons, *Theory of Political Economy*, p. 16.

⑤ Jevons, *Theory of Political Economy*, p. 53.

耻地"在"富人与穷人间进行效用的比较"。[①]

对于不同产品的比较价值,门格尔的探讨比较重要。就本书的目的而言,他的探讨值得给予特别的关注。门格尔是这样表达的:"维持我们的生活,不靠舒适的床也不靠棋盘,靠的是此类产品提供的用途;当然,这些产品在增加我们的福利方面,程度是不同的。因此,没有疑问的是,如果要求一个人在放弃舒适的床铺和放弃棋盘之间二者择一,他会轻易地选择放弃棋盘而不是放弃舒适的床。"[②]门格尔用下面的表格说明这一观点。[③]

Ⅰ	Ⅱ	Ⅲ	Ⅳ	Ⅴ	Ⅵ	Ⅶ	Ⅷ	Ⅸ	Ⅹ
10	9	8	7	6	5	4	3	2	1
9	8	7	6	5	4	3	2	1	
8	7	6	5	4	3	2	1		
7	6	5	4	3	2	1			
6	5	4	3	2	1				
5	4	3	2	1					
4	3	2	1						
3	2	1							
2	1								
1									

在上表中,罗马数字代表不同的商品,阿拉伯数字代表继续消费一单位商品所获得的满足(即边际效用)。例如,某人也许对获得以下两种商品在喜好程度上感到无差异:第三个单位的商品Ⅰ(假设是食品),第一个单位的不重要的商品(假设是香烟)。在此分析中,同时假定可以通过支付某种其他资源(最明显的是货币)来取得不同商品的不同数量以供消费。

---

① George J. Stigler, "The Economics of Karl Menger", *Journal of Political Economy* 45, no. 2 (April 1937): 229—257, 240.

② Karl Menger, *Principles of Economics*, trans. James Dingwall and Bert F. Hoselitz; intro. by Frank H. Knight (Glencoe, Illinois: Free Press, 1950), p. 123.

③ Karl Menger, *Principles of Economics*, trans. James Dingwall and Bert F. Hoselitz; intro. by Frank H. Knight (Glencoe, Illinois: Free Press, 1950), p. 127.

关于餍足点(Satiety)的说明

如果说在本质上每一种需要都是有限的，而且随着数量的增加，满足提升的速度不断变慢直至为零，那么这个适用于一种商品的规律能适用于所有商品的集合吗？就下面所说的意义而言，它明显是适用的：某人在消费商品并达到餍足的过程中，餍足点的达到总是从重要性程度较低的商品开始的。不过，餍足理论是静态的而非动态的，对某些欲求的社会性或者相对性考虑得有可能不够。我们确实知道，有许多欲求是由发明与广告创造出来的。毫无疑问，中世纪的国王和贵族享用的是当时条件下可获得的最为富足的产品；但在今天，即使是最贫穷的农民，他们得到满足的许多欲求，也是那些国王和贵族们想都没想过的。我们也知道，有不少欲求具有模仿性；也就是说，这些欲求之所以发生，是因为我们看到别人在享用某种商品时，产生了自己也要消费这一商品的想法。在此产生的欲望，其对象是该商品所代表的地位或者具有传染性的情绪。当然，在这样的效用计算中，总有某处存在着针对博爱的兴趣，这种兴趣是通过满足他人的欲求而自己间接获得的某种享受。经济学家可能会因获知下面的情况而感到尴尬：人类利他的欲求与人类爱己的欲求一样普遍，这一点很少有人注意到。有人怀疑，就人类而言，绝对意义上的餍足是否有达到的可能；人是一种永不满足的动物，“足够”一词几乎不会出现在他的词典之中。有一些哲学家(包括亚当·斯密在内)断言，在这里有一个重要的幻觉因素，那就是：在满足人性方面，物质产品的潜能是非常有限的。这一幻觉如果属实的话，是非常普遍并具有持续性的。

假定餍足理论确有真理的因素，怎么将储蓄问题纳入其中呢？有一些储蓄，当然可以将其视为有待满足的未来欲求，因而给予现在商品的评价级别亦可用于未来商品(当然相对于现在的商品，要给未来商品的评价打一点折扣)。但是，还有一种贪婪性欲求，因性质不同而给予不同的评级序列，如权力、声望或管理等。这些欲求是否会餍足，确有疑问。如果对现行及未来产品的消费确实可能会将欲求实现至餍足状态，那么我们就可以将储蓄视为纯粹的剩余——人们把现在几乎没有价值的金钱储蓄起来，因为他们已不知道该怎么处理这些金钱了。

科恩—斯图亚特

从最初的边际效用分析发展到"随着收入增加,收入的边际效用降低"这一结论,实际上跨出了相当大的一步;再由此结论出发得到理想的累进税模式,又跨出另外一大步。然而,在19世纪末,有许多学者未经仔细分析,就接受了"效用递减原则必然带来累进税"这一主张。该主张是站不住脚的,1889年荷兰数理经济学家阿诺德·雅各布·科恩—斯图亚特(Arnold Jacob Cohen-Stuart)指出了其中存在的缺点。[①]

斯图亚特在文章中证明,若假定效用下降与收入增加一样迅速,并以此作为合理前提,那么均等牺牲原则可经由比例税而达成。斯图亚特引进了"比例牺牲"的概念(即牺牲与纳税人的总效用成比例),并认为若配合以对一切所得税均准许扣除基本的个人豁免额,那么就可以得到一个温和的累进所得税制,而且不必放弃原先假定中的单元弹性的效用曲线(即效用下降速度与收入增加速度相同)。

斯图亚特的证明使用的都是数学方式,不过我们可以简单地举例解释如下:假定有A和B两个纳税人,他们分别有2 000美元和4 000美元的收入,其边际效用从某一假设的任意数字开始,并伴随收入的增加而以同等速度降低;与此同时,再假定两人均按1%的比例课征所得税。下表中的数字显示,比例所得税最终可实现均等牺牲。

纳税人	收入(美元) (1)	税率(%) (2)	税额(美元) (3)	收入的边际效用 (4)	因缴税而丧失的效用(牺牲) (3)×(4)
A	2 000	1	20	100	2 000
B	4 000	1	40	50	2 000

现在就A和B的收入而言,也运用适当数学公式得到特定的总效用。既然效用在递减,则A的总效用将远远超过B的总效用的一半。为了方便说明,这里再假定两人的总效用分别为400 000和600 000。这样的模式可如下

① 这篇文章的中译文可参见:理查德·A. 马斯格雷夫、艾伦·T. 皮考克主编,刘守刚、王晓丹译:《财政理论史上的经典文献》,上海财经大学出版社2015年版,第5章"论累进税"。——译者注

表所示：

纳税人	所得(美元)	边际效用	平均效用	总效用
A	2 000	100	200	400 000
B	4 000	50	150	600 000

	比例税		累进税	
	金额(美元)	效用数	金额(美元)	效用数
A	20	2 000	15	1 500
B	40	2 000	45	2 250

为了从 A、B 两人身上取走相同数量的效用，从 A 那里取走的收入比例就要大于从 B 那里取走的收入比例。其结果就是，A 的税后境况比税前境况相对更差。因此，要得到比例牺牲的结果，必须采用累进税形式。这就是"留在原地理论"(leave-them-as-you-found-them theory)。如果现在二者都从总收入中扣除一个共同的数字，相当于最低收入的效用就不再包含在总效用中，那么我们就会看到相当大程度的累进性。

上述行文具有很高水平的创见，看起来也足够合理，但它仍未解决两个主要问题：一个是，虽然对效用曲线的形状进行了假定，但并无任何经验证据给予支持；另一个是，该分析忽视杰文斯的警告，因为它在不同个人之间进行了效用的比较。

第六章　埃奇沃斯和卡弗

税收哲学发展到19世纪与20世纪之交出现了两位非常重要的学者：一个是英国人，另一个是美国人，此二人都支持累进税制中的最小牺牲理论。

F. Y. 埃奇沃斯(F. Y. Edgeworth，1845—1926)曾在都柏林的三一学院和牛津大学接受教育。他的学术职业生涯分别在国王学院(位于伦敦)和牛津大学度过。他在牛津大学的职位从1891年开始，直至1922年为止。埃奇沃斯是《经济学期刊》(*Economic Journal*，1891年)的第一任编辑，并且终身与此刊物保持着密切的关系。据说，埃奇沃斯的个性极为内向，过着一种隐居式的生活。他终身未婚，是经济学家名人录中少数几个单身者之一。

埃奇沃斯没有写出系统性的经济学著作，他的作品大部分是发表在学术刊物上的论文。不过，埃奇沃斯对经济学的贡献很大，其中包括在概率理论、寡头垄断理论、无差异曲线以及税收的纯理论等方面的研究。在《税收的纯理论》(1889)一文①中，埃奇沃斯探讨了税负归宿与税收分担的标准等问题。在税负归宿理论方面，埃奇沃斯提出，对组合性产品(complementary goods)与竞争性产品(rival goods)二者择一征税或同时征税，存在着悖论。这一著名的悖论，迄今仍令税负归宿理论研究者感到困惑。

托马斯·尼克松·卡弗(Thomas Nixon Carver，1865—1961)是一位美国经济学家，在加州大学接受本科教育。从1894年至1900年，他在奥伯林学院

① 这篇文章的中译文可参见：理查德·A. 马斯格雷夫、艾伦·T. 皮考克主编，刘守刚、王晓丹译：《财政理论史上的经典文献》，上海财经大学出版社2015年版，第7章“税收的纯理论”。——译者注

(Oberlin College)担任经济学教授;其后到哈佛大学任教,在那里继续教授经济学直至1932年。他在税收方面的研究兴趣,很大程度上源于他对收入分配及社会正义等更宽广问题的关注[他于1915年出版《社会正义》(*Social Justice*)一书]。在税收方面,他最好的作品是《分配的伦理基础》(1895年发表于《美国学术年报》),这篇文章被埃奇沃斯称为"一篇充满功利主义智慧的文章"。①

埃奇沃斯论最小牺牲

在边沁奠定的基础上,埃奇沃斯发表了自己的看法。他认为,最大幸福哲学的逻辑支持这样一个原则:应该将税收带来的负效用降至最小。这就是说,税收应该使牺牲最小,或者说将纳税人的收入矫正至已不用再缴税。此处的最小牺牲与均等牺牲大有区别,因为均等牺牲要求,每个纳税人的负效用或者说损失相同;最小牺牲也与比例牺牲大有区别,因为比例牺牲要求,在纳税人完税后,各人牺牲的效用占税前收入总效用的比例相同。如前所述,比例牺牲理论只有在一个特定的武断假定(收入增加的同时,边际效用递减至某一程度)之下,才可能导向累进课税。不过对埃奇沃斯来说,这些困难与不确定性都已成为过去。现在唯一需要的,就是"已被全面承认的假设"②;那就是,随着收入数量增加,收入的重要性确实在递减(至少在某一程度上)。再者,最小牺牲理论暗含了一个确定的税率结构,尽管这是一种非常苛刻的结构。"最小牺牲是功利主义理论的直接产物,是税收理论中的主导性原则。"③

不过,不幸的是,从别的途径还是产生了一些疑虑。在这其中,包括许多反功利主义者的一些思考,比如极端课税对总产量、知识与文化以及税收逃逸等方面的影响。税率不能太高,否则就会剥夺纳税人工作与储蓄的积极性。这些"保留意见,将表面上看来极具革命性的纯粹功利主义降到普通常识的范

---

① F. Y. Edgeworth, *Papers Relating to Political Economy* (London: Macmillan and Co., 1925), 2:106.

② F. Y. Edgeworth, *Papers Relating to Political Economy* (London: Macmillan and Co., 1925), p. 117.

③ F. Y. Edgeworth, *Papers Relating to Political Economy* (London: Macmillan and Co., 1925), pp. 106—107.

围内”。[①]

对于最后决定的税率在数字上必然不精确这一明确事实，埃奇沃斯并未感到有什么不对。决定税收不是一件可精确操作的事情，事实上有很多我们不得不常做的决策都是如此。例如，我们可以看到，在法律诉讼案中陪审团要估计伤害的大小、在学术竞争领域中要给相关参与者打分等。

如果说最小牺牲原则在含义上显得过分激烈的话，那么均等牺牲原则可能也是如此，而这要看效用曲线的具体形状。就效用曲线的形状而言，我们不必去假定在收入增加时效用成比例地递减；相反，我们有强大的理由相信，在收入上升时，效用曲线下降的速度更快；尤其是在高收入阶段，这一趋势特别明显。考虑到种种后果，所有的牺牲理论在实际运用时都不得不有所调和。

关于功利主义的题外话

功利主义是英国伦理原则的一种思想体系，在渊源上至少可追溯至杰里米·边沁(Jeremy Bentham，1748—1832)。边沁其实不算是一位经济学家，更多的是一位律师和法律研究者，其最为重要的著作是《道德与立法原理导论》(*An Introduction to the Principles of Morals and Legislation*，1789 年)。在这本书中，边沁将“功利”(又译“效用”，utility)、“最大多数人的最大幸福”(greatest happiness of the greatest number)等术语设定为社会的目标。尽管边沁设定的这些目标所发挥的影响最主要是在法律方面，但也为后来的古典学派与新古典学派经济学的形成提供了重要的元素。如前所述，杰文斯与埃奇沃斯的理论就直接建立在边沁思想的基础上。

边沁说：“大自然将人类置于两个主人的统治下：痛苦与快乐。”[②]快乐有几个衡量维度，如强度(intensity)、持续时间(duration)、确定性(certainty)以及近似性(propinquity)。大体来说，所有人都有同等的能力去体验快乐，而且

① F. Y. Edgeworth, *Papers Relating to Political Economy* (London: Macmillan and Co., 1925), p. 106.

② Jeremy Bentham, *An Introduction to the Principles of Morals and Legislation* (New York: Hafner Publishing Co., 1948), p. 1.

这些快乐既可以测量,也可以进行加总和比较。

边沁的兴趣首先在于探索社会研究的方法,他的结论是,这样的方法必须是经验研究。自然法与来源于直觉的独断论均不在考虑之列;在判断政策与制度好坏时,唯一的依据应该是,它们是否能够发挥有益的作用。作为权威的来源,美国革命与法国大革命所宣称的真理来源(即自然法)都是荒唐的。这不是说它们的结论必然不对,只是说这些结论与所有的原则一样,都必须经受理性与经验的检验。财产制、一夫一妻制、最小政府甚至不平等,在原则上都可以进行辩护,只不过对这一切必须进行理性与经验的检验。如果有人说,他对于自己的劳动成果有天赋的权利,那么我们要告诉他,他对任何东西都没有权利;除非能够证明,由于他占有这样的成果后,在总体上以及从长期看他将增加社会的福利而不是减少。

立法人员的工作就是寻求私人利益与公共利益之间的协调。这也正是处罚犯罪活动的主要原因之一,即让犯罪者无利可图。过去的伦理学将处罚视为报复,以取得受害者与犯罪者之间的两平。对于这样的观点,开明的改革者如穆罕默德与孔子等人,都曾毫不动摇地予以支持。功利主义者对于处罚的认可,除了前述的理由外,尚有安全、改造罪犯以及阻吓潜在犯罪等。如果这些理由都不存在的话,那么功利主义者对下面的说法就会无动于衷:正义就是"与犯罪者取得两平"。

功利主义伦理学是将人的责任从最少的一个人扩大到所有的人。这样的扩大,再一次地偏离了古老的智慧。在原始部落中,常常会发展出与我们今天相同的行为规范,例如,严格遵守条约就是其中的一部分。不过总体而言,在原始时期,人的责任仅限于部落的边界之内。在边界范围之外,抢劫、杀人以及暴行等都会得到原谅,甚至有时会受到尊敬。在《旧约》中记载了不少这样的事实,可见它同样是古代希伯来人所持有的观点。

普遍主义的道德观(universal morality)在现实世界中是难以运用的。就其字面含义而言,这种道德观似乎是指:个人对自己兄弟或邻居的责任,与对世界另一边的"某个野蛮人"(Hottentot)的责任一样大。但在少许理性的帮助下,我们明白,距离道德越近的善(good)有时就是越大的善。让一个人从改进他自己、他的家庭以及他的邻居的境况开始,向更大范围扩展,这样的道德要求可能会运行得更好。

功利主义者在行动的意图与动机二者之间进行了区分。所谓行动的意图,指的是所有可预期到的结果;有时候尽管动机值得赞扬,但意图可能不好。一个人若为了拯救家人免于饿死而去偷盗,虽然免不了受处罚,但他的动机无可指责。亚当·斯密笔下的面包师,在行动上追求的是私利,实际上却服务了消费者,因而应该根据他行动的意图而非动机来评判他。

功利主义者的伦理学是与人无关的(impersonal)及客观的。它不承认有些伦理学者所主张的“相对性”(即认为对与错是一个社会惯例的问题,也因此会随时间、地点而变化),而是坚持认为它所做的道德判断是普遍有效的。

在逻辑上和其他方面,功利主义的原则都有许多困难。现举数例如下:

边沁的心理学说起来至少是有欠精密的。将快乐与痛苦,或者甚至是幸福,说成人类行为的唯一动机,实在可疑。最初的功利主义教义没有认识到快乐有品质的差异,甚至宣称:“图钉与诗歌一样好。”

在有关幸福的计算中,我们应该将哪些人包括在内:外国人？未出生者?后代人？动物？最大多数人的最大幸福原则看起来似乎认可将享受幸福的所有人的效用相加。若真如此,我们又该如何寻求最优人口规模呢？而密尔偏爱的显然不是总量,而是人均幸福的最大化。

功利主义的全部观点都在假设:那些不可测量的东西实际都可以测量,那些不可比较的东西实际都具有可比性。然而,客观正确地对幸福进行分配,其实根本不可能。

我们的欲求(desires)是我们身处的社会环境(social setting)的产物,其自身并非不可批评。我们既关心人们现有欲求的满足,也关心人们应该欲求什么。多数人希望变得富有;但此种欲求也不断遭到批评,不仅仅因为有人说这样的欲求不会导向幸福,而且因为在富有之外尚有更高形式的幸福。一只猪,以它自己的方式来衡量,确可算是幸福。

I. M. D. 利特尔(I. M. D. Little)在其《福利经济学批判》(*Critique of Welfare Economics*)一书中曾说过:“只要功利主义继续保持它的含混与不精确,它就有合理之处;但是若有人想让功利主义变得准确与科学化,它反而会变得没有意义了。”[①]在利特尔的这段评论中，包含了相当大的智慧。“优良生活”(good life)当然是经济学的目的，它也是所有努力的目的。一切公共制度，都必须用是否有助于公共利益来加以评判。

有没有其他研究路径可以代替功利主义呢？一个人可以这样主张，世界上从来没有所谓的普遍的善或公共利益这样的事物，有的只是相互冲突的私人利益与个人价值判断。然而，通过极为随意的观察就足以确认，我们确实正在而且必须评判各种冲突的利益，我们也确实在批评个人的价值判断，并在这样的过程中力求客观。更进一步地，功利主义的巨大影响明显是站在天使一边的：它忠诚于理性的程序(用证据来检验)并通过个人善的方式来追求公共善，与欧陆发展起来的直觉哲学相比，功利主义将会带来更好的结果。[②]

就像利特尔说的，在公共政策问题上，功利主义提供给我们一条适当的思考途径，却未提供确定的或可验证的答案。它的目标与它的方法之间总是充满争论。社会科学家们为这一争论提供证据，他们也直接参与了这一争论。税收是功利主义模式无法回避的问题之一。就此而言，埃奇沃斯至少是走在正确的道路上。

卡弗论“分配的伦理学”

卡弗为现行分配制度进行了辩护，认为在伦理方面，它与其他分配制度至少一样站得住脚。他承认，现行的分配制度是根据各人提供服务的贡献而分配报酬，同时由社会根据自己的所想而行动。如果小丑的报酬比教师高，那是因为在社会看来，小丑服务的边际价值更大。边际效用与边际生产力是分配资源与报酬的仁慈“警察”。这样的分配方式，在伦理上和经济上都能成立。

对于卡弗这种乐观的自由主义分配观，笔者在此不得不表示怀疑。先不说寡头垄断竞争、按购买力来衡量消费者选择，以及自由企业是以稀缺为力量基础的一种力量经济体(power economics)，还要看到，在经济过程中每一方

---

① I. M. D. Little, *Critique of Welfare Economics* (London: Oxford University Press, 1949), p. 55.

② Gunnar Myrdal, *The Political Element in the Development of Economic Theory*, trans. Paul Streeton (London: Routledge and Kegan Paul, 1953), pp. 53—54.

都得到了他应得的，最多只能算是在经济学意义上成立，而非在伦理学意义上成立。例如，任何具有独特性的人物都可以依靠他们的特殊天赋所形成的稀缺力量在市场体系中获利。[①] 克拉克在他讨论要素边际生产率的著作中，至少是暗示性地给按贡献分配原则赋予了伦理的性质。但就现在的眼光看，克拉克的做法是一个可以被批评为混淆价值判断与科学研究的典型例证。

卡弗说，对成功人士而言，为慈善与社会事业慷慨解囊，也许是他们的伦理责任；但对于使用强制手段的国家来说，却不该超越按贡献进行分配的原则行事。对于教育者及宗教传播者，固然适合宣扬博爱，但如果国家将此责任写进税制，那就会变得过于危险。因此，如果有人说税负分担应该遵循的原则就是社会所认同的私人捐赠（private giving）原则，那肯定是不对的。国家是要使用强制力量的，让一个人在其不情愿的时候纳税，就可能构成某种压迫。对所有的人来说，压迫性的税收会带来间接的牺牲。[②]

卡弗指出，税收之恶就是牺牲与压迫，社会应该将此二者带来的负效用之和（绝对值）降至最低。[③] 按照均等牺牲原则课征的税收，根据其定义，是没有压迫性或再分配效果的[④]，但它却不能令牺牲最小化（正如密尔明白指出的）。上层阶级的收入有租金的成分在内（由继承而来的获取收入的能力），因而他们在负担超越均等牺牲原则的税收时没有压迫性。这就为课税时采用适度累进税率提供了理由。不过，对于什么是适度，必须加以明智的判断。由于效用递减的特性，故收入再分配有可能会增加人的效用满足；但必须同时加以权衡的是，用税收进行收入再分配会因为其压迫性而在总体收入的效用方面发生损失。

布鲁姆与卡尔文——累进税的批评者

本书行文至此，有必要来讨论一下对牺牲理论与累进税的批评意见。这

---

① 参见奈特在自己的著作中对这一观点的杰出探讨：Frank Knight, *Freedom and Reform* (New York: Harper and Brothers 1947), p. 8. 尤其是其中的第八章对此议题进行了深入讨论。

② 这一思想在卡弗的以下文献中特别予以阐述：Carver, "The Minimum Sacrifice Theory of Taxation," *Political Science Quarterly* 19 (1904): 66—79.

③ T. N. Carver, "The Ethical Basis of Distribution and its Application to Taxation," *Annals of the American Academy of Political and Social Science* 6 (July 1895): 79—99.

④ 埃奇沃斯并不赞成这一观点，他的论证显得更有说服力。

样的批评意见可以见于一本名为《累进税的困境》(*The Uneasy Case of Progressive Taxation*)的著作,其作者是沃尔特·J. 布鲁姆(Walter J. Blum)和小亨利·卡尔文(Harry Kalven, Jr.),二人都是芝加哥大学的法律教授。这本书一方面全面概述了有关累进税的文献,另一方面又深入理性地分析了累进税的问题。

两位作者在分析中提出来的问题是:"在何种基础上,在扣除维持基本生活所需的最低收入后,再对剩余全部所得征收累进税会比对剩余全部所得征收比例税更好?"[①]二人提出这样的问题本身就像是在挑衅。为什么不将这一问题反过来提?比例税自身是需要辩护的,在辩护时要么基于人与人之间进行效用比较这一假设,要么基于两位作者懒得提交或支持的其他理由。

首先,布鲁姆和卡尔文对累进税的财政与经济效果展开了分析(暂不考虑公平与平等)。他们注意到,由带有累进特性的税收形成的收入,在美国其实数量上并不重要(只占收入总额的 1/4 以下),却大大增加了税收管理方面的复杂性(如时间安排及收入归类等问题),因而特别容易在政治上被滥用。在此方面两位作者的分析确实颇有见地;为税制累进所花费的代价确实太大,尤其是在税收管理方面。

关于累进税对经济要素的影响,两位作者指出,累进税可能经由以下途径而妨碍经济增长:一是影响经济活动的积极性(扭曲了风险的作用机制);二是降低了储蓄的能力。不过,累进税在实践过程中,也可能内含极有价值的弹性特征(在经济不景气时期,预算可能因失业增加而不能平衡并因此带来补偿效应)。但是,在经济不景气期间,降低税率也是极为可行的替代方法。

转到公平问题上,两位作者猛烈抨击了牺牲理论的缺点。他们争辩道,埃奇沃斯与庇古所谓的最小牺牲,就公平而言,几乎没有任何可取之处,因为"至少在两个人的收入都处于最低生活水准线之上时,为了让他们负担相同,就将所有的负担全部加到较富有的那个人身上,这样的主张实在是令人感到奇

① Walter J. Blum and Harry Kalven, Jr., *The Uneasy Case of Progressive Taxation* (Chicago: University of Chicago Press, 1953), p. 4.

怪”。①

至于说均等牺牲(或是科恩一斯图亚特所说的比例牺牲)理论，它并不足以确立累进税制或者任何特定的税率形式。不管怎么说，牺牲理论的合理性是可疑的，因为它涉及个人间的效用比较，还忽视了“人的收入越多，欲望就越可能增加”的事实;更为重要的是，牺牲理论将确定性的税率决定建立在不确定的心理状况基础上。再者，牺牲理论必须假定，同质商品可以成立的规律，对货币收入来说也必定成立。然而，这一假定实质上是将储蓄的好处以及力量可能带来的收益撇在了一边。

塞利格曼曾经为累进税率具有武断性做过著名的辩护，所用的理由是“接近于正义优于确定的不正义”。对此，布鲁姆与卡尔文发表了充满智慧的反驳:在累进税率可能的等级之间的差异，远远大于某一特定累进税等级与比例税之间的差异。因此，他们最后得出的结论是:“说比例税确定性的非正义程度比累进税不确定的非正义程度更大，这样的说法过于轻率。”②比例税可能只是少许偏离真理，而严格的累进税可能偏离得更多。

笔者在此想插进来的看法是，这两位作者在此处的论述实际上回到了(某种特定的)正义的含义上，即在相对狭窄的意义上，平等地对待不同经济水平的个人。但是，这样的含义不能也从不会产生任何结果。再者，这样的争议说明了太多的问题。与累进税一样，比例税也是对境况不同者给予不同的待遇，这两位作者对累进税的理论攻击同样可用于批评比例税。就一定意义而言，平等课税是不存在的，除非是征收人头税(包括向妇女、儿童、乞丐以及残障者征税)。这样的人头税伤及(即使是)中世纪英国人的良心，并引发了一场革命。累进税肯定能赢得支持，因为可以把它说成在结果上与公共利益有关。正如密尔看到的，分配正义的主张最后必须在合算(功利主义者的结果)的名义下予以解决。

接下来，布鲁姆与卡尔文考虑是否有可能以社会对于平等的要求为理由，

---

① Walter J. Blum and Harry Kalven, Jr., *The Uneasy Case of Progressive Taxation* (Chicago: University of Chicago Press, 1953), pp. 44—54.

② Walter J. Blum and Harry Kalven, Jr., *The Uneasy Case of Progressive Taxation* (Chicago: University of Chicago Press, 1953), p. 46.

来给累进税辩护。他们的结论是，以平等为理由似乎同样基于在讨论牺牲问题时即已受到质疑的有关福利的假定。他们考虑过，用与财富相关的力量分配作为实行累进税的辩护理由，却因下述原因而对其予以否定：只要市场竞争的约束力仍占上风，经济力量在运行时就必然会有责任感；在市场竞争不占上风的地方，我们可以实行积极的反垄断措施来应对。不过，两位作者的上述观点并不具备太大的说服力，而且他们毫不提及经济力量集中可能带来的政治后果，例如，在经济上控制大众传播工具（电视、广播和新闻）之后，私人可能拥有巨大的破坏性潜能。

在当前，机会平等受到推崇，人们普遍同意可以用机会平等作为支持累进性继承税的依据，而且人们也普遍认为累进性继承税并不足以给孩子们以平等的人生起点。但是，不管怎么做，平等的人生起点这一目标都是毫无希望的，因为孩子们继承的文化遗产（家庭与家人对他们的影响）注定是不平等的。

尽管有以上种种议论，但这两位作者更能接受的是平等主义的论点而不是与牺牲理论相关的论点。在一个不太醒目的注释中，他们表示，在此处税率级距的不确定性并不那么令人反感：

> 没有任何两个人，能就他们想要的平等程度达成一致（假定他俩在表达与应用他们的偏好方面都无错误）。如果他们的偏好并非同等明智，那就需要经过民主讨论以获取解决的方法。到最后，因平等标准不能确定而对累进税制产生的不信任仅仅变成了一种疑虑，即怀疑能否用民主程序来解决经济平等问题。①

对上一段中两位作者的观点，笔者除了重申支持平等就像支持累进税一样不必是一个纯粹的价值判断问题外，并不打算进行争辩。平等可以是达成一个目的的手段，其本身也可以就是目的。我们解决问题不能用下面的方式，即告诉那些向我们寻求指引的人，他们应该喜爱自己所喜爱的东西。

① Walter J. Blum and Harry Kalven, Jr., *The Uneasy Case of Progressive Taxation* (Chicago: University of Chicago Press, 1953), p. 89.

S.J. 查普曼(S.J.Chapman)提出了效用理论的一个变体[①],布鲁姆与卡尔文对此进行了介绍。查普曼主张,以效用递减作为累进税的基础,可能会造成一种社会性的扭曲(social twist):"就社会观点而言,由刚开始获得的收入所满足的欲求,通常比后来获取的收入所满足的欲求更重要,而不论前者实现的满足是否带来更大的效用。"[②]布鲁姆与卡尔文将此做法视为在消费方面设定道德等级,并认为它令人反感。他们也憎恨下面的假定:"贫困者的平均支出,较之富裕者的平均支出,更加有价值。"[③]

在这场争论中,笔者赞成的是查普曼。不论我们喜不喜欢,社会评价看起来都不可避免。在布鲁姆与卡尔文承认个人免税额是明智之举时,他们难道是在做别的什么事吗?在他们毫无疑问地认为比例税更合理并认为其可以取代累进税的时候,他们没有做别的什么事吗?对政府而言,如果不能向富人征收在相对额上超过穷人的税收,那么为什么能向富人征收在绝对额上更多的税收呢?除了富人购买的商品,其他没有多少产品是按购买者的收入来定价的。进一步来说,除了社会评价以外,我们还有什么其他基础可用来设定对政府支出的限制?难道税收类型肯定不能成为评价指标的一部分,以衡量所涉及的替代选择吗?查普曼可能并没有讲清楚全部问题,但他已经给出了正确的开头。

小结

此处我们要回到埃奇沃斯与卡弗。可以看到,二人研究税收问题的方式与塞利格曼的方式形成鲜明的对照。塞利格曼的研究重点在于,探索是否可能发现一种税负分担方式,它可在狭窄意义(即平等地对待所有人)上称为正义。埃奇沃斯与卡弗的方式则是抛弃这一想法,而将合算等同于正义,然后只追问一件事情:哪一种税收制度,就总体效果而言,运行得最好?这样,对于平等准则而言,就没有什么需要考虑的了(当然必须平等地考虑所有的人)。对

① S.J.Chapman, "The Utility of Income and Progressive Taxation," *Economic Journal* 23 (1913):25—35.

② S.J.Chapman, "The Utility of Income and Progressive Taxation," *Economic Journal* 23 (1913):34.

③ Blum and Kalven, *Uneasy Case*, p.69.

笔者而言，这代表了一种进步。不过，正如埃奇沃斯所清晰表达的，这样的处理方法并不能给出确定性的答案。我们将在后面看到，那些被称为福利经济学家的人，一直在寻求某种确定性，以便政府可运用公共政策来分配经济产品，但并没有得到什么结果。对埃奇沃斯来说，他似乎已经在课税标准中建立了某些确定性，可即便如此，它也禁不起攻击。在收入的全部范围内，边际效用是否都是递减的，这一点既不清楚也不确定；不过足够清楚明白的是，在快乐主义的反应(hedonistic reactions)方面，没有人是相同的。

就笔者的意见而言，埃奇沃斯的理论以及所有其他的牺牲理论，都过分强调财富与收入分配的主观性质。投票者对这些事情有最终的决策权，他们是否会很在乎个人对自己财富的态度？这一点完全值得怀疑。可以确定的是，极少有人愿意投票赞成(如果他们能这样做的话)给那些极端舍不得自己财产的人免税待遇。在这方面，投票者更为关心的是税收涉及的客观性与社会性。

埃奇沃斯的理论最终同样没有说明税收与公共(或私人)支出之间的关联。他只是简单地提到，在最小牺牲税收原则下，公共支出将会少于完全实现平等所需要的支出水平。但是，我们在哪一点才不再增加公共支出呢？原因又是什么？

第七章 A. C. 庇古

在埃奇沃斯对财政学发展作出突出贡献 20 多年后，亚瑟·塞西尔·庇古(Arthur Cecil Pigou，1877—1959)的财政学著作应运而生，此时不仅所得税，而且其累进性，都彻底成为英国财政的牢固特征。累进制以所谓“税收附加”(supertax)的形式，由劳埃德·乔治(Llogd George)在其著名的 1909 年预算案中引进。这一做法打破了一个世纪以来的政治禁忌，也被人恰当地描述为伴随普选权而来的大胆行动。有很多人曾经对累进税表示警惕，因为他们认为，累进税这样的石头一旦滚动起来，就没人知道它在何时何地才会停止。“一旦民主的老虎尝到了百万富翁的鲜血”，结果就可想而知了。但是，第一次世界大战来临时的外部威胁以及战争的后果，打消了人们曾经对引进累进税抱有的种种顾虑；而且百万富翁也确实以某种方式生存了下来，他们对环境的适应能力事实上被低估了。

亚瑟·庇古于 1908～1943 年间继任了阿尔弗雷德·马歇尔(Alfred Marshall)在剑桥大学的政治经济学教授席位，他也在那里接受了学术训练。在庇古写出的众多著作中，包括如下几本：《保护性和特惠性进口关税》(1906 年)、《福利经济学》(1920 年)、《产业波动》(1926 年)、《财政研究》(1928 年)，以及《失业理论》(1933 年)。除了学术追求之外，庇古还在皇家委员会任职并于 1919 年专门就所得税问题提出报告。

尽管我们不能把庇古称为社会主义者(至少仅就实践意义来说不能)，但对于当时英国流行的改革议题，他在作品中表达出深深的同情。在《社会主义与资本主义》(1937 年)一书中，庇古推荐运用“分级累进的遗产税和所得税，不仅把它们当作财政收入的工具,而且更多是用它们来减轻财富与机会明显的不平等,这样的不平等使我们现有的文明丢脸”。[①] 这是一个非常强烈的声明,其力度甚至超过了阿道夫·瓦格纳(Adolph Wagner)所表述的内容,而瓦格纳被塞利格曼称为社会主义者。这本书看上去是写给普通读者的,它“并没有尝试将其装饰成一部学术作品”。[②] 对 20 世纪 20 年代早期英国工党所拥护的资本税方案,庇古也给予了一定的支持,不过他的支持是有许多限制条件的。

庇古在大部分作品中,语气都很温和,体现了其严谨的学术性、强大的分析能力和客观立场。在 20 世纪 30 年代,凯恩斯与他发生了尖锐的冲突。特别地,凯恩斯将“削减工资以解决失业”的方式称为庇古式观点并大加批评;此外,凯恩斯还批评庇古过分在意储蓄的充足性。

对人投资

庇古对以下主张极为强调:对人投资(对人们的健康、智力与品性投资)是可行的,而且如果明智地加以操作的话,它对国民产出增加的贡献将超过对有形资本的投资。[③] 庇古提倡的这一理念极具前景。在 19 世纪,最为可悲的短视行为是,没有认识到强迫劳动和奴隶制度在社会成本方面具有何种意义。迄今为止,我们仍在为这样的错误偿付代价。在今天,新的认识已经形成,其表现举例而言就是,人们对教育经济学的兴趣日益兴起。

《福利经济学》[④]

庇古因《福利经济学》一书而广为人知,该书尝试着去评估经济、社会与财政的诸多政策在短期和长期对国民收入总量及分配状况的影响。在那个时代,这本书鼓舞了福利经济学众多文献的诞生。此外,他还极力呼吁关注私人成本与总成本之间的可能偏差:有一些生产活动会对社会产生不利的附带影

---

① A. C. Pigou, *Socialism versus Capitalism* (London: Macmillan and Co., 1937), p. 138.

② A. C. Pigou, *Socialism versus Capitalism* (London: Macmillan and Co., 1937), preface.

③ A. C. Pigou, *Socialism versus Capitalism* (London: Macmillan and Co., 1937), p. 138.

④ A. C. Pigou, *The Economics of Welfare* (London: Macmillan and Co., 1920).

响，同时还会损害雇员的健康；还有一些生产活动，除了直接带来产品外，还会给社会带来额外的好处。因此一个简单的事实是，一个有利可图因而对社会有吸引力的产业，给社会带来的不一定是经济福利。在下结论之前，社会计算必须加诸私人计算之上。像这样从社会意义来考虑问题，可以为一些特殊的税收（如酒类税收）或财政补贴提供证明。庇古的这一新思想（尽管确实并非全然新发现），一直被人们恰当地视为他的主要贡献。

庇古接着用"国民收入"（national income）这一术语来分析福利，并从区分经济福利和一般福利开始探讨。国民利益（national dividend）并未考虑一些基本的有益品（basic amenities），比如自由、健康和安全等。这样的做法实际上是将想要拥有的东西（the desired）混同于值得拥有的东西（the desirable）。要回答下面的问题——"如果一个国家没有现在这么富，那么它会比现在更好吗?"答案就必须从经济学之外找，而且即便是在经济学中计算经济福利，也只能得到粗略的概数。举例而言，统计学家在计算时碰到的困难，与税法要区分生产开支和消费开支一样难。如果在计算时，考虑到大城市人口集聚要耗费巨大的运营成本，再把到达工作单位要损失的时间与金钱算上的话，那么城市产出的高数字是有误导性的。

接着庇古进一步阐明了福利的一些原理。在其他情况相同并在某些条件约束下，经济福利将在下述情形下变大：(1)总的真实收入流更大；(2)更加平等的收入分配；(3)收入流更加稳定；(4)为生产而耗费的成本所带来的负效用更低。

上述这一切都是有说服力的，但接下来我们将说到，下面的命题尚未被化简到确定无疑的科学真理的层次：在不考虑其他条件的前提下，分配平等将使福利最大化。在这其中牵涉到的主要问题是：效用的人际比较该如何进行？

总之，庇古说，对商品的欲求可以假定为与他们预期的满足程度成正比。不过，由于人们对未来才能实现的满足程度总是大打折扣，于是在配置现在与未来之间的收入时会有非理性的表现。税收制度必须考虑到这一点，并且在实践中也确实要做到，否则储蓄就会非常少。在此处，庇古的立场仍严格遵循古典传统，并因此与他的同代人兼同事凯恩斯的立场严重对立。

在庇古这部开创性著作之后，诞生了一系列有关该主题的文献，进而形成了所谓的“福利经济学”。福利经济学被界定为经济学的一个分支，其目的在于运用适当的标准(criteria of propriety)来分析经济政策。它探究下面这个问题：在何时以及多大程度上，我们可以用科学的严谨性与确定性来断定，在经济上一种状况优越于另一种状况？在福利经济学中，对效用进行测量是非常重要的内容。

福利经济学还思考这样的问题：如果政策发生了变化，那么它是会提高还是降低社会的总体满意程度？我们如果不能测量一个个体的效用，那就肯定不能测量一个民族的总体效用；这是因为，民族的总效用来自个体效用的相加。当然，在这里出现的额外困难是，如何进行效用的人际比较。只有当一项新的安排“使得至少一个人的状况改善(其含义是，让他到达一个他更喜爱的位置)而同时其他人的状况保持不变(其含义是，没有让他们移到比原来更不喜欢的位置)，此时我们才可以肯定地说出现了改善。A 的境况改善如果是以 B 的境况变差为代价的，那么依此标准我们无法进行评估，因为它涉及效用的人际比较”。[①] 除非状况改变后，所有人的获益都是成比例地变化并因此使收入分配状况不变，否则我们无法确定哪种状况更好。这样的情况可能永远也不会发生，但有这样的结论就让我们遗憾地看到，经济学家无论是作为经济学家还是作为科学家，对某项公共政策是否明智确实说不出什么东西。

再一次声明，上述观点并非毫无异议。有些一流的经济学家从未否定过下面的观点：在其他条件不变的情况下，更平等的分配关系将会带来更高的总体福利。他们说，人际比较问题，可以根据实际决策中需要的程度来加以解决。我们可以假定，对于生长在同一个国家的大群体的人来说，得到快乐的潜能是非常相似的，至少在群体的平均水平上如此。更进一步地说，在实际决策中不应该要求绝对的证据。没有人能证明除了自己以外的人存在，但是每个人都对此很有把握。

有人建议，走出困境的一个可能方法是，简单地以社会价值来考虑效用并依赖于民主程序进行排序。这里的问题不是说，某种商品是否对 A(相对于对 B)更重要，而是下面这样的问题：V(投票者)是否认为投票给 A 这种商品比

---

① Kenneth E. Boulding, “Welfare Economics,” in *A Survey of Contemporary Economics* (Homewood, I11. :Richard D. Irwin, Inc. , 1952), 2:12.

给B这种商品更重要？这样做，就引进了边际社会价值的概念。假设在这个问题上能够达成一致，那么我们不进行人际比较也可以做事情，只要简单地依靠所有投票者偏好顺序形成的无差异曲线图进行决策就够了。然而，这条路却很难走得通。这是因为，如果我们引进偏好强度这一要素的话，我们就再一次回到了效用的人际比较的问题。

如果对普通人来说，收入的效用递减速度快于收入的增加速度这一观点无法证明的话，那么对投票者而言，可能会将此观点当作一种可由少数经验支撑的信仰来接受。如果是西蒙斯(Simons)，他可能会说这样一句话：至少没有人能证明他们错了。然而，没有必要以如此薄弱的基础来支撑累进税制这样的命题。

现在对笔者而言，上述言论给人印象最深的是，它实际上是一个夸张的案例，是从本质上没有确定性的东西那里寻求某种确定性。公共政策问题不计其数，可能都没有答案；它们也不像八年级算术书上的那些问题，在书后面会有明确的答案。所以，如果经济学家只想研究那种有客观证据支持的问题，这当然可以理解，也应该允许。其他一些经济学家可能希望讨论公共政策在价值上的问题，这当然也是可以的，但坦诚(candor)应该包含在这些学者的研究目标中。对累进税的优点与缺点加以考虑，没有人能比经济学家更有资格，因为经济学家们已经收集和权衡了很多支持这一主题的证据，而且他们也做好准备来分析那些支持复杂观点的思想。正如缪尔达尔(Myrdal)观察到的，从大学里传出的就此类问题进行的重大辩论，会对公众产生深刻且有益的影响。

最小牺牲

在《财政研究》一书中，庇古用了很多篇幅来分析，在财政领域中是什么带来公平。他设定的分析起点是，对相同地位者要给予同等待遇。他拒绝接受西奇威克(Sidgwick)和塞利格曼的如下观点：这种平等自身就有价值。不过，庇古从功利主义术语出发，认为此种平等还是能够得到足够支持的。对同等地位者征税相同，就可以将税收形成的可能牺牲最小化；不过因任意征税而产生的委屈和不安(以及这些反应对生产带来的间接影响)，可能会让这样的实践失去应有的效果。

对同等地位者同样对待,其有效性看起来是不证自明的。不过,在衡量平等的指标中,如果没有包括"个人性情未知"这样的因素,那么它确实可能陷入效用的人际比较这一问题中。

至于如何对待地位不等的人,庇古接受了埃奇沃斯所说的"相似条件下牺牲最小"的原则。均等牺牲原则有点像同一法律制度下的同等对待,还是很有吸引力的,但它不能作为最终的原则;除了其他原因外,它还无法支持税制中规定的最低免税额。最小牺牲原则的正当性,就像总体上的功利主义目标那样,"直接来源于直觉"。①

虽然最小牺牲原则已被接受为税负分配的标准,但在思考累进税制是否正当以及程度应该如何时,不需要去考虑效用曲线的性质。但是,如果为了资本供给而觉得有必要在税制累进性方面做一些妥协的话,就必须重新考虑到效用曲线的性质。庇古的观点是,在此时高收入者的效用曲线必然急速下降,因为他们的效用程度是相对的——重要的不是有多富,而是比其他人富。甚至平等牺牲原则,此时也可能相应地要求有比较大的累进程度。在这里,他的观点与埃奇沃斯的非常接近。

在所有反对牺牲原则的意见中,庇古回应了常被提及的两种。第一种反对意见是关于效用的人际比较问题,对此他说:"由于在实践中不可能去考虑不同的人享受程度的差异,因此我们不得不忽略效用的人际比较这一问题,在没有更好办法的前提下,只能假定所有纳税人在性情上是一样的。"②

第二种反对意见是:人的收入效用大小受他们已经习惯的特定生活标准的影响。对此,庇古指出,一个生活在税制长期延续环境下的纳税人,不会有机会建立起无税且高收入条件下培养出来的品位。因此在运用牺牲原则时,效用曲线的可逆性是没有问题的。

笔者在此处暂停叙述,改作简短的评论。我们可以再次看到,最小牺牲原则确实抛弃了平等对待纳税人的理想(尽管并非必然地抛弃平等考虑)。有争

---

① Kenneth E. Boulding, "Welfare Economics," in *A Survey of Contemporary Economics* (Homewood, I11.: Richard D. Irwin, Inc., 1952), p. 60.

② Kenneth E. Boulding, "Welfare Economics," in *A Survey of Contemporary Economics* (Homewood, I11.: Richard D. Irwin, Inc., 1952), p. 76.

议的是，均等牺牲是不是意味着边际牺牲相等——从A那里拿走的最后1美元与从B那里拿走的最后1美元效用是否要相等？然而，C不用支付任何税；与此同时，在A与B之间的均等是用货币效用而非人来衡量的。总之，那些希望平等对待地位不同者的任何确定性措施，无论在运用之前是否显得有吸引力，到实践中都会显得很傻。

庇古在分析税率级距较高的那部分收入的效用时，并没有从贪婪经济心理学(psychology of the acquisitive economy)方面多加考虑。杰文斯经济学并没有告诉我们，随着获得数量的增加，对力量和成功的渴望是否会减少；也没有说，这一切只是相对而言的。在一个常用的假设即储蓄的动机(总是)为了未来消费之中，这一错误尤为明显。更高级距的收入，应该在力量(power)经济学而非效用经济学中加以思考。在财富托管理论的基础之上来思考巨大力量的委派(delegation)，可能更为合适。这一观点的主要内容是，只要财富用于公共利益就行，至于是谁拥有这笔财富并不重要。然而，即使可以接受这样的观点，但经济力量的过度集中(在很大程度上是没有责任感的)也是危险的。

我们在此要重复前面提过的一种保留意见，那就是，要注意投票者在进行税收问题决策时，他确实是将人群的福利状况作为某种目标来加以考虑的，他可能没有(或不应该)过多地在意自己的快乐主义反应(hedonistic reactions)。这不是说，A第一次去看牙医这件事比B拥有第二辆车更重要；而是说，对投票者而言，A的支出更为重要，因为这与投票者所设想的社会目标相一致。我们将贪婪的人(the acquisitive)与其他人置于同样的规则下，不仅是因为我们没有办法用性情去区分人群；更为重要的是，要注意，即使我们能做到，我们也不想以此为标准去区分人群。

回到庇古的论文，我们可以发现，他在接受最小牺牲原则时是有所限制的；那就是，对最小牺牲原则的应用必须受制于税收的经济效应。他引进了在对贸易进行研究时的一种改进方法，用来分析税收的经济效应。税收的经济效应有两类：一类是所谓的宣告效应(announcement effects)，它与征税后纳税人的行为改变方式有关；另一类是收入效应，它源于税收给纳税人留下了更少的可支配资源。对二者进行这样的区分是很有用的，特别在考察税收对储蓄的潜在影响时更为明显。纳税人可能会减少储蓄，因为他们的储蓄意愿被税收削弱；或者，他们减少储蓄是因为他们能用于储蓄的收入变少了。前者涉及储蓄的动机（替代效应），而后者涉及的则是动机所作用的金钱。人头税、只征一次的总额税或低边际税率的税收（区别于累进性所得税），它们的宣告效应最小。不过，对于税收宣告效应影响工作努力的程度，庇古断言，如果人们的工作习惯很大程度上由工作单位决定，那么这种影响就不会很大。就储蓄而言，第二种效应（即收入效应）影响很大；税收的最小牺牲原则可能会急剧降低那些能够储蓄的人的能力，因而在应用最小牺牲原则时会遇到很大的障碍。

对“所得”的定义

对于界定“所得”在概念和实践中遇到的困难，庇古在著作中也花了一些篇幅进行讨论，但效果并不是很好。因此本书只叙述他对“所得”定义做的两项考察，而对其他内容略而不论。庇古说，所得税应该税及纯收入（clear income）而非净收入（net income）。他的意思是说，对于纳税人及其抚养对象的生活开支，应该予以税收豁免。另外，家庭社会地位不同的纳税人不该适用同一个定额豁免标准，而应该在计算所得税时根据税率级距加以考虑。按照收入的百分比来计算所得税的豁免额，比以往的做法要更合适。这样的话就有一个如何区分的问题，例如，一个有子女要抚养的百万富翁应支付的税收是不是在实质上（而非名义上）比一个单身的百万富翁少？

笔者对个人豁免额的意见

学者们已经区分出个人豁免额的几种可能形式，表述如下：初始豁免（initial exemption），即对那些收入未达到起征点的对象免征所得税；递减豁免（vanishing exemption），与初始豁免相似，但豁免额随着收入增加而逐渐递减；持续豁免（continuing exemption），它对所有层次的收入给予一个固定的豁免额；税收抵免（tax credit），所有层次的收入都可以从税收中扣除固定金额。在这四种形式之外，庇古又增加了第五种豁免：随着收入增加，豁免的绝对金额提高。对此种豁免的一个简单应用是，允许对不断增加的收入扣除固定比例的金额。

扣除固定百分比的收入作为税收豁免额，这样的建议很有说服力。有两个百万富翁，一个单身、一个有家室，如果各给他们750美元的豁免额，很难说有什么实质性的差别。这是因为，对于富裕家庭来说，这一豁免额可能远远低于他们用来养家的花费。

豁免额的问题与纯收入的概念紧紧相连，我们在财政学文献里常常见到有关论述。根据纯收入的概念，只有在扣除足够纳税人与他供养人口生活花费（维持生命或习俗要求的生活水准所需）之后，才能适用量能原则来征税。照此道理，衡量相应的纳税能力也必须在这一最低生活标准的基础上进行。

不过，这里也涉及累进税收的理论。若像庇古那样从牺牲的角度来看这个问题，其结果看起来就是，在计算边际效用递减时要考虑享用收入的总人数。[显然，豁免问题和下一章将关注的收入"分开算"（splitting）问题①严重重叠；庇古的方案事实上可以设计成"分开算"的替代方案，其结果只会出现极小变化，甚至没有变化。]但在累进税的另一个替代性理论（即把累进税的应用至少看作用来控制收入最高人群所掌握的力量）看来，比例豁免或者任何最低豁免的理由都是薄弱的。经济力量本来就是以家庭为单位进行掌控的，至于此处的家庭所涉及人数并不重要。

持续豁免所具有的节税特征，在税收抵免政策下变成了一种常规；节税本来应该是最低收入才享有的，现在却像一种不断递减但永不消失的豁免。以纯收入概念来衡量，这是说不通的，就像以毛收入来计算个人所得税说不通一样。但若从以税收来限制经济力量这一角度看，税收抵免优于持续地豁免。在原则上，豁免额递减相对更好，但若用来缓解初始豁免存在的跳级问题（the notch problem，即在所得升到高一个等级的关节点上税负猛然上升的现象）时，就显得十分笨拙。

上述问题也与拓宽联邦税收的基础有关。批评者抱怨说，调整后毛收入（即在扣除生产成本后）的一半多收入，都被包含进个人抵扣与豁免中。因此，

---

① 意思是说，在税法上允许夫妻将家庭收入在二人之间分开算，以便享受更多的税收豁免额。——译者注

个人豁免是税基大量丧失的主要原因。[①]

储蓄

我们前面已经提及,庇古担忧税制可能会不恰当地侵蚀储蓄。更进一步地,他认为所得税本质上就不利于储蓄。基于"储蓄是个人延迟的享受"这一假设,庇古认为储蓄本身就带有一定的牺牲,因此只有在未来它被消费时才能予以征税。庇古在此主题上的精心考虑,与密尔相似。此外,正如本书前面说过的,庇古认为储蓄的意义被很多有收入的人低估,因为他们对未来价值的贴现值估计过低。有鉴于此,综合支出税相对就比较理想,但在实践中可能不易执行。

庇古上面的看法可能会招来很多批评意见,笔者到后面的"个人支出税支持者"部分再来讨论这些意见。

倘来利得

庇古认同密尔对地租的性质及其在税收上的有效性与适用性的观点,但在提出政策建议时显得更为保守。对土地增值征税(increment taxes),在他看来是一种好的税收,只是觉得这样的税收应该特别针对大额的增值。小额的增值并非真正的倘来利得,它只不过是土地购买在时间价值上的一种体现。(史密斯在郊区买了一块土地,他预期在未来 10 年里该地块的地租收入会很高,为此他按土地租金的折现值支付了购地成本;10 年后他获得了超过购地成本的增值,因为土地收入的现值比他早先估计的收入要多。)庇古还主张对土地区位价值(site value)适当征税。之所以建议"适当",是因为应该考虑现行的获利预期(特别是新的购买者已将未来可能的盈利进行了贴现计算)。

由于庇古的这一著作是在第一次世界大战结束后不久完成的,因而庇古认可战时过分利得税(被归类在倘来利得税中)。在他看来,在战时非正常的环境中,商业活动可能动辄获得超额的利润,而且这些利润可以单独予以处理,因此应该先用税收形式征掉一部分,再将剩余利润还给大众。

① 想要了解有关这一问题的更多探讨,可以阅读:Harold M. Groves, *Federal Tax Treatment of the Family* (Washington, D.C.:The Brooklins Institution, 1963)。

遗产税(Death Duties)

在对遗产税所做的艰苦却富有洞察力的研究中，庇古探讨了一个古老的话题——个人所得税和同等价值的遗产税，哪一种对储蓄伤害更大？事实上，这一比较仅在针对投资收入的个人所得税与等额的遗产税二者之间进行，并假定它们对财政收入和分配的影响相同。由于这两种税从个人收入来源之中汲取相同的金额(这样收入效应相同)，因此对二者进行比较就可以限定在宣告效应方面。要比较这二者，可以通过对比一次性总额税来进行。笔者发现，为方便起见，可以将遗产税看作在未来征收的一次性大额人头税，与之作为对比的个人所得税可以看作对纳税人终身每年征收的小额人头税。频繁征收的小额所得税更有利于促进当前的储蓄(可以少缴税)；而在死亡时才征收的大额遗产税，不会影响纳税人活着时候的利益，而且遗产税也不会打消纳税人在当前扩大自己经济力量的兴趣。总而言之，遗产税相比之下可能不利因素更大，但也大不到哪里去。当然，在笔者看来，如果将劳动收入纳入所得税范围进行比较的话，那么遗产税的不利影响就会显得更大；在这种情况下，所得中的不少金额(proceeds)就会被用于消费而不是储蓄。

在缴纳遗产税时，因为要将资产换成现款(卖给其他资本家)，从而使得上面的问题复杂化。不过，庇古假设了一个例子来巧妙地解决这个问题。他假设遗产税的纳税人是一个 30 人小组中的一员，每年这 30 人中会死去一人并由此需缴纳遗产税。这样，问题就明确为：税收类型对财产所有者的储蓄倾向有什么影响？在所得税与遗产税这两个例子中，庇古都假定政府对财政收入的使用是相同的。

在上述分析中，庇古将所得税和遗产税作为替代性选择，对其影响分别加以考察。我们还可以考虑另一种税制，在其中所得税与遗产税结合起来征收，而且来源于财产的所得单列出来适用更高的所得税率，以此区别于勤劳所得的适用税率。这样的做法似乎是在举国学者都热切地关心储蓄充足性问题之时，利用税制对储蓄施加了惩罚。英国税制实际上就是这样做的，只不过它对资本收益给予了特别的税收优惠。

公共支出

与当时大多数盎格鲁—撒克逊学者不太一样，庇古在将税收与公共支出结合起来研究的道路上走得更远。他至少提出了这样一个问题：我们该如何决定公共支出的最优数量？而且他还注意到，在税收造成的私人牺牲与公共开支带来的私人满足之间应该达到平衡。若撇开激励性不论，那么税收结构累进性越强、收入分配越不平等，就越需要更高水平的公共支出。

小结

在庇古这里，英国主流经济学家的税收教义发展到了全盛期。我们可以轻易地看出，在这些学者中，有着醒目的相似性与共同的内容。至少自密尔以来，税收理论背后的哲学都是功利主义，以快乐主义标准(hedonistic criteria)为依靠，对租金和遗产持有怀疑与批评的态度，对储蓄不足有着类似的担忧，并且都偏爱税收的理性模式(目的是想方设法实行直接征税)。此外，他们都不愿意让国家的集体行动超越为个体公民提供服务这一范围(欧洲大陆作家不是这样)。

从另一方面看，如果说庇古的著作远远超越了(甚至背离了)斯密及密尔的教义，那也是对的。谢哈布(Shehab)表达了如下的观点：

> 因此，在经济学家完全公开声称支持自由放任主义一个世纪之后，对税负分配的学术讨论与公众需求第一次结合在了一起，这一结合让英国经济史上原先突出的自由放任主义变成不能想象的东西。这一结合还赋予了英国税制迄今存在的如下特点：只要是民主的和公众支持的东西，就会得到专家观点的完全支持。[1]

不过，回想在福利经济学上的争论以及近年来的一些批评意见，读者可能会怀疑，在英国(或其他国家)学者之中，是否存在着在经济政策问题上的一致性。

---

① F. Shehab, *Progressive Taxation* (London: Oxford University Press, 1953), pp. 208—209.

第八章　亨利·西蒙斯

亨利·西蒙斯(Henry C. Simons,1899—1946)出生于弗登(Virden),一个伊利诺伊州的小矿业镇。他先后在密歇根大学、哥伦比亚大学和芝加哥大学接受教育,并在艾奥瓦大学获得了第一份教职,他从1921年至1927年在那里担任助理教授。之后,他离开艾奥瓦大学,前去芝加哥大学。1946年,当西蒙斯达到其学术生涯巅峰的时候,却不幸去世。

西蒙斯出版的作品并不多,却因其内容的原创性、行文的气势,以及其中显现的非凡才华与大胆风格而与众不同。他在作品中表达出极其强烈的信念,认为所有的妥协都应该留给政治家去做。在财政领域内,可能除了塞利格曼教授外,没有哪一位美国学者能像西蒙斯那样,其作品被如此众多的外国学者一再地加以引用或在脚注中提及。

西蒙斯的第一本著作《个人所得税》(*Personal Income Taxation*)出版于1938年,改写自他的博士论文。此外,终其一生,他还发表了大量的论文,其中最著名的是《论自由放任经济的实证方案》(1934年)。在其去世后,他发表的文章被编入《自由社会的经济政策》(*Economic Policy for a Free Society*, 1948年)一书中。西蒙斯还留下了一部手稿,去世之后才得以出版,书名为《联邦税收改革》(*Federal Tax Reform*,1949年)。

当然,西蒙斯的影响远远不止这些著作。在芝加哥大学,他被当作芝加哥学派的创始人之一,该学派的经济学家或多或少地分享了他的观点。

西蒙斯思想概论

如果用自由主义术语的较古老含义来衡量，那么西蒙斯是一个自由主义者，对于新政、凯恩斯主义经济学、政府干预经济自由运行等很多东西，他都抱有怀疑的态度。能够吸引他的政府计划，一定是那种能扩大自由的措施。为此目的，他主张权力下放，并在全世界拼命地追求相反的目标时，他依然坚持自己的信条。不过，作为一个反垄断的学者，他的立场甚至令政府内那些反垄断官员都显得更保守。比如说，他所主张的反垄断激进政策有以下几种：限制企业的规模；在联邦层次上对合并行为实行强制性管制；将金融结构约束在斯巴达式的简单状态，不允许控股公司的存在（除了少许例外）。许多经济史学家曾高度赞扬公司制度，不过西蒙斯大胆地想象，如果没有公司制度，这个世界可能会更好。西蒙斯也承认，如果没有政府的“保护之手”（如关税和专利政策），垄断也会因自身的原因而败落。此外，大企业往往会因广告宣传而得以巩固，但广告宣传这样的形式造成了巨大的社会浪费，故而也应通过某种方式来控制，税收就是其中的一种方式。对于强大的工会是否确有价值，西蒙斯也持怀疑态度。他觉得，工会即便能为其成员作出贡献（如果有的话），那也主要是以牺牲未加入工会组织的工人为代价。

作为办事机构，有多个政府比只有一个统治实体更具有创造性，也更不容易滥用职权。在西蒙斯看来，政府补助金（他认为可与“购买选票”等同）是民主制中的最大腐败，在联邦层次上特别盛行。“如果我们用来作判断的是为共同利益（活动）而支出的比例，而不是为‘购买选票’而支出的比例的话，我们的联邦政府（我大胆地认为）在其最好的年代里，也比最糟糕时期的市政府腐败得多。为了‘购买选票’而发生的支出，其服务对象是特殊利益而不是共同利益。”[①]为了提高税制的质量，他更赞成全国性税收而不是地方性税收，但联邦政府必须用干预最少的方式来向各州分配大额资金——实行总额拨款（bloc grants）制度。一般而言，政府虽然具有许多潜在的好处，但基于税收对经济的抑制作用以及其他理由，还是应该大力限制政府行为。

---

① Henry C. Simons, *Economic Policy for a Free Society* (Chicago: University of Chicago Press, 1948), pp. 13—14.

西蒙斯对于减少不平等有浓厚的兴趣，尽管这样做可能会牺牲一些总产出，但他依然强调这样的代价是值得的。如果在征税时政府能让生产和分配顺其自然，并且在自由市场充分发挥作用之后再用税收进行干预，那么这一代价就能降到最小。机会均等也是极具吸引力的目标，若要在这方面取得进步，西蒙斯认为，主要应该依靠教育和健康上的合理公共支出。至于狭义上的正义（即同等对待境况相同的人），西蒙斯对此重视程度之高，罕有人及。

西蒙斯的想法肯定是大胆的，如果说这些想法在今天显得有些不切实际的话，那么人们至少可以设想：如果有国家鼓足勇气和信心尝试一下西蒙斯提出的解决方法，那么这个国家遭遇到的问题是否会比今天更严重？

税种的选择

在迄今为止讨论的以及在后面将要讨论的学者中，亨利·西蒙斯（约翰·霍布森可能例外）最偏爱单一所得税（个人所得税），他还视其为政府的唯一收入。他承认地方财产税和车辆税可以有一定的地位，但他不认可其他类型的税种。[①] 在他看来，净所得税不仅应该是联邦政府主要（即使不是唯一）的收入来源，而且也应该是联邦政府慷慨资助州政府的钱款来源。

西蒙斯不喜欢选择性的销售税，认为这些税收会干扰私人自由地配置资源。而且，这些选择性消费税还倾向于禁止奢侈消费，而西蒙斯在一定程度上摆脱了清教徒精神，对由政府出面审查个人品位的行为没有任何兴趣。他曾经给烟草税加了一个经典的脚注，其观点体现了典型的西蒙斯风格：

> 许多自由派人士在为类似于烟草税这样的税种辩护时，基于一个奇怪的理由，那就是烟草不是必需品，因而穷人可以或者能够通过不消费该商品以避免承担税负。这一主张引出了两条批评性意见。第一，很难确切地说，没有购买该商品就不承担包含在其中的税负。第二，去争论穷人能够也应该不消费烟草有点荒唐，尤其在考虑到以下三个事实后还去征烟草税就更荒唐：(1)指望穷人不消费烟草；(2)该商品之所以被选择征税，是因为

① 在这个脚注中，他也注意到征收净财富累进税的可能性；而对遗产征税，他认为应该与净所得税合并在一起。

> 不希望穷人买这种商品;(3)如果穷人不消费的话,政府事实上就征不到多少税收。那些尚未被以道德理由区分必需品与奢侈品做法搞糊涂的人,看到的明摆着的事实是,像烟草税这样的税收是政府从收入底层的民众身上榨取钱财的最有效方式。通常教科书关于这一点的讨论招来不少嘲讽,可同样遭到嘲讽的是,教科书经常暗示奢侈品(和半奢侈品!)是穷人不应该也不会去买的商品。①

对这一令人欣喜的段落,笔者想进行两条评论。第一,社会几乎不可能在不关注或不评价私人配置资源的情况下,就将巨大的资源交给政府去配置。人是社会的动物,他所做的以及所选择的都必须得通过社会公众意见的审查,而不管这种审查是由政府来做还是由政府外面的人来做。第二,如果允许用豁免所得税来鼓励公民履行他们的社会义务,那么取消这种豁免(就像从未用过这种制度)的社会也是有正当理由的。烟草税与面包税不同的地方在于,它允许纳税人根据公认的标准(如关爱家人)而放弃对烟草的消费。虽然现实中很少有人这么做,但纳税人能有这种选择机会就足以说明差别了。

相对于选择性消费税来说,西蒙斯更加不愿意采用一般性消费税。机会至上主义(opportunism)大力支持一般消费税,可这一想法对西蒙斯来说完全没有吸引力。他利用以下要点来强烈地反对销售税:销售税有助于造成不负责任的政府,因为它是过于简单的税制方案;好税制(虽然也许缴纳时有困难)是对不良公共支出的良好防御措施;此外,销售税所谓的简便性只是一种幻觉,它的前提是,大多数人并未参与到征税的技术性过程之中。

在上述要点中,第一个特别有意思。有人可能会注意到,那些思想"左倾"的人,并不认同西蒙斯对政府和公共服务的批评,因而他们依然相当强烈地支持销售税。在他们看来,纳税人在履行税收要求时遭遇到困难、因税收与收益在时间和形式上分离而自然招致怨恨等,所有这些都会让纳税人在投票时不愿为公共服务提供足够的资源。

---

① Henry C. Simons, *Personal Income Taxation* (Chicago: University of Chicago Press, 1938), pp. 39—40.

累进性税收

西蒙斯对累进税制的支持源于他个人格外重视减轻不平等程度，正如他所说：

> 税收一定会影响收入分配，无论我们赞成与否。而真正明智的做法是直面这样的问题：什么样的效果是我们想要的？这样做，可以将讨论直接化简到伦理或感觉的层面……
>
> 采用严格的累进税制，必须依赖于矫正不平等这一理由——或者是对当前财富分配方式有一种伦理上的或感觉上的判断，即现行财富分配不平等的程度（以及/或者种类）已经成为一种明显的恶或令人讨厌的东西。①

西蒙斯发现，牺牲理论是站不住脚的也是令人厌恶的，原因是，心理状态不能用有形的价值来理解或测量。此外，更为重要的是，"为了平等（或为了减少不平等）的理由，远远超过牺牲理论赖以为基础的效用理由"。② 他认为，更为明智的是阿道夫·瓦格纳提倡的所谓社会政策学派的办法。瓦格纳建议直接用累进税制去改善财富分配，并指出如果税前财富分配是可以接受的，那么累进税在实践中就没有什么意义了。在这方面，西蒙斯支持瓦格纳并反对塞利格曼，他指责塞利格曼（对笔者而言似乎是相当公正的）既歪曲了这位德国经济学家，又低估了他的贡献。③

西蒙斯认为，有一个伦理上的假定在支持着平等。交换正义要求，每个人都应该根据他对生产的贡献来获得报酬，但这并不意味着每个人都获得了其应得的全部东西。分配正义优越于交换正义，不仅体现在家庭中，也体现在社会团体中（出于仁慈这一美德）。政府为社会底层而开支，并在社会顶层实行累进税制，应该遵循分配正义的道德观念。④ 西蒙斯承认，他在这个问题上的

---

① Henry C. Simons, *Personal Income Taxation* (Chicago: University of Chicago Press, 1938), pp. 18—19.

② Henry C. Simons, *Personal Income Taxation* (Chicago: University of Chicago Press, 1938), p. 14.

③ 参见本书第四章。

④ Simons, *Economic Policy for a Free Society*, pp. 4—7.

结论只能作为价值判断而成立——至少没人能证明他是错的。

关于价值判断的题外话

有许多学者(包括笔者本人在内)在从功利的、快乐主义的牺牲理论转到亨利·西蒙斯的简单价值判断立场时,会由衷地感到轻松。不过,在笔者的眼里,西蒙斯的反应有些过度:他发现的问题处于主观主义的极端,可他在讨论中却将其带到了另一个极端。累进性并非仅仅关乎个人的体验,虽然个人体验是它无法避免的一部分。累进性有许多经济的和政治的影响,对于这些影响,是有(或者可能有)证据来证明的。大多数类似的价值判断,都是基于理性而作出的断言,可以就此进行争论。也许没人能证明西蒙斯是错的,但他的话至少还是值得多加讨论的。

在社会研究中,有这样几类主张。第一类是能证实的主张,当然它们可能已经被证实,也可能还没有被证实。第二类是纯属个人体会的主张,对这类主张是无法提出异议的。例如,伊丽莎白女王比维多利亚女王更漂亮,就属于这类主张。第三类是有关判断的主张,它们依赖证据而成立,并允许别人与自己进行争议。例如,伊丽莎白女王比维多利亚女王更伟大,就属于这样的主张。判断伟大的标准和历史记载的成就,事实上都在那里供人们参考并据此作出判断。不过要补充的是,有很多主张可能处于上述三种类型的其中两者之间。

累进税问题,就像保护性关税和其他问题一样,都属于上述第三种类型。对于这样的问题,经济学家不能也无须将其作为纯粹的价值判断问题而轻易地打发。这些问题无须在哲学层面上加以讨论,而且支持它们的那些客观证据也需要发掘和分析。更进一步地说,这些证据可能不全是经济的,也可能有政治的或社会的,若要加以分析的话,就需要更强的能力与更大的兴趣。

近些年来,太多的经济学家以简单的方式打发掉分配方面的问题,认为它是社会哲学、社会偏好和价值判断的问题,而不是经济学问题。当有人来寻求有关社会偏好排序的建议时,经济学家能告诉他们什么呢?经济学家会说,去咨询自己所喜爱的神父和诗人吧,看看他们给出的答案。在我们看来,这样的回答并不令人满意。

累进税的经济效应

西蒙斯并没有忽视累进税制的经济后果，就像其他学者一样，他十分关心累进税对资本供给的影响，并将其作为主要的限制性因素。在其书中一个长长的脚注里，西蒙斯抨击了下面的观点：过度储蓄可能会成为痼疾；在维护稳定和实现充分就业方面，累进税将取代货币政策。“发展（progress）和正义（justice）都是非常昂贵的——最重要的是，二者都以对方为高昂代价。”[①]至少在1939年，他就明确支持为了追求正义而牺牲相当大程度的增长。在他看来，增长的重要性可能被高估了，而且促进资本积累的途径也不止一种。例如，政府会把它的一些收入投资在商业上，并且像好的银行和保险业的投资部门那样运营成功，而在这些投资部门之间并不存在有效竞争。（这些激进建议中的第一个，甚至让西蒙斯自己多少也感到吃惊，因此在此建议发表之前，即1938年，他增加了一些脚注来进行谨慎的限制。）到1945年，西蒙斯改变了自己的观点，认为经济的基本问题是生产，普通人从国民收入增长中获得的东西要比从再分配中获得的更多。[②] 不过他还是强调，税收对经济激励的消极影响被严重夸大了。因此，并没有证据表明，西蒙斯在支持累进税制方面曾经摇摆不定过。

对西蒙斯有关资本性积累与发展的激烈讨论，有人可能会补充说，对社会发展而言，人力资源和丰裕资本同样重要。更进一步地说，西蒙斯也许回到了他反对不受控的广告支出时的立场，即认为对储蓄而言，广告是比税收更大的敌人。

所得的定义

在到目前为止讨论过的学者中，西蒙斯最为重视所得的定义以及所得税税基应该包含或排除的内容。由于从英文中没有发现足够的探讨这一主题的著作，西蒙斯于是全面回顾了这一主题的德文著作并加以摘录。

在关于这一主题的争论中，有一种观点认为，所得必须是那种能经常重复

---

① Simons, *Personal Income Taxation*, p. 24.

② Simons, *Economic Policy for a Free Society*, pp. 5—6.

出现的收入流；另一种观点认为，所得是一段时期内商品和服务的产出价值扣除折旧及资本消耗后的价值(统计学家以此来估计国家或社会的总收入)。西蒙斯对这样两种观点都不满意，因为在他看来：第一种观点的问题是，收入流出现重复性只是一个程度的问题；而第二种观点的问题是，它忽视了纳税能力中的重要因素(第一种观点其实也有这个问题)。还有第三种观点，它与欧文·费雪及其他人有关，说的是所得必然与消费相等(即对储蓄部分不应征所得税)。西蒙斯拒绝了第三种观点，除了其他理由外，他提出的主要理由是，储蓄通常以自身为目的(而不仅仅是推迟消费)，对储蓄免税可能会对财富和力量的分配产生可怕的影响。西蒙斯的结论是，所得的定义需要完全反映个人的纳税能力并且能揭示出经济能力在两个时点之间的全部变化。所得的定义可以表述如下："所得是下面两个数字的代数和：(1)在市场消费时所行使权利的价值；(2)在考察期的起点与终点之间存量财产价值的变化。"①这个定义的意义在于，明确涉及了饱受争议的资本利得税。

美国学者有关所得定义的观点

在美国，罗伯特·M. 黑格(Robert M. Haig)是最早构想和支持他称之为"增值理论"(accretion school)的学者之一。对于所得，由他提出的简单并常被引用的定义是："所得是某人在两个时点之间净增加的经济力量的货币价值。"②

1923年，卡尔·C. 普莱恩(Carl C. Plehn)任美国经济协会主席，在就职演讲中他讲到了这个问题。③ 他说，所得在本质上应该是能够经常性获得、可用于经常性消费的财富。资本是现存于空间中的财富(存量)，而所得则属于一种流量。在特征上，所得具有可获得性、可消费性(用于消费后不会伤害到未来收入的可获得性)以及可重复性。可重复性的意思，并不要求具有规律性而只要求具有周期性。这样的概念排除了绝大部分的资本利得、遗产和赠予，

---

① Simons, *Personal Income Taxation*, p. 50.

② Robert M. Haig, "The Concept of Income," in *The Federal Income Tax*, ed. Haig (New York: Columbia University Press, 1921), p. 7.

③ Carl C. Plehn, "The Concept of Income as Recurrent Consumable Receipts," *American Economic Review* 14 (March 1924): 1—12.

因而与传统的英国所得概念相似。像汽车的损坏，作为并非经常发生的支出，也被排除在外。

欧文·费雪有关所得的思想，体现在他的《资本与收入的性质》(*Nature of Capital and Income*)一书中。终其一生，他不断地对其进行辩护，辩护的最高潮体现在他1942年出版的有关这一主题的著作[①]中。费雪的想法是，真正的所得包括消费者的满意度，后面将对这一观点加以详细讨论。

威廉·W. 休伊特(William W. Hewett)教授的博士论文就是以所得为主题的。他接受了增值理论的大部分内容，而他的主要贡献就是将个人所得与社会所得联系起来。如果我们也计算资本损失的话，那么由市场状况变化产生的资本利得也应计入社会所得，资本损失与资本利得二者相互抵消(这也符合资本转让的性质)，这样社会所得就能被定义为全部私人所得的总和。[②]

休伊特卷入了与费雪的争论，他承认后者的概念是法定上的说法，并认为在增值概念和消费概念之间进行的选择，只是就方便性和权宜性而言的。由于费雪在他的概念中排除掉折旧和资本消耗，因此由"增值"和"消费"这两种方法得到的结果是相同的，它们的区别仅仅在于时机把握的不同。[③]

在黑格的基础上，西蒙斯给所得的定义赋予了一个更明确的公式。他清晰地阐明，私人所得和社会所得需要不同的方法来定义，没有理由认为这二者的定义应相同。进一步地，西蒙斯对社会所得这一概念表示出极度的怀疑。在他看来，社会所得应该就是福利的概念，是一种朝向美好生活的进程，因而无法进行衡量。与此相反，私人所得能大致地予以估计，它简单地包括消费加上财产(权利)价值的变化。不过，收入款项(receipts)的经常性与合法性虽然重要，但因为是非物质性的，因而无法加以计量。在另一方面，欺诈性产品(有缺陷的产品)事实上也很难将其计算为民众福利的增加。

---

① Irving Fisher and Herbert W. Fisher, *Constructive Income Taxation, A Proposal for Reform* (New York: Harper and Brothers, 1942).

② William W. Hewett, *The Definition of Income and Its Application in Federal Taxation* (Philadelphia: University of Pennsylvania Press, 1925).

③ "Professor Fisher on Income, in the Light of Experience," *American Economic Review* 19 (June 1929): 217—226.

对西蒙斯定义的改进

西蒙斯认为，一个广泛而客观的所得定义与公平定义一样非常重要，而这又被他视为税制的最高目的。因捐赠和财产税而实行个人扣除，至少是对纳税人的一种可疑的让步。西蒙斯给此种行为贴上“侵蚀税基”的标签，在他看来，这是对特权阶层令人震惊的退让。

我们在探讨定义时遭遇的一些难题，放在哲学层次上讨论是很有意思的，但就会计操作而言却没多少实用性。比如西蒙斯所讨论的下述问题：在经济和非经济活动中划分出界线（如在休闲农场的案例中）；界定心理上的收入（如工作声望的价值）；区分出那些能提高赚钱能力的开支（如教育）等。

西蒙斯对所得下的定义内容比较广泛，包括获赠者的受赠财物以及对捐赠者不进行相应的扣除。这就很有可能出现重复计算的问题。不过，西蒙斯之所以这样做，是因为在所得定义中有“一个熟知的、灾难性的误解，即认为个人所得仅仅是某个尚未分配的、可独立测量的整体收入的一部分”。[①] 出于对自己定义的坚信，西蒙斯支持对收入、继承和捐赠等所得实行综合征税。若将这些收入合在一起征税，可能会有粗糙和笼统的缺陷，但因给予普通人（averaging）慷慨的转移支付措施（privileges）而部分地弥补了这些缺陷。

对于西蒙斯的上述建议，笔者的想法是，任何好的规则（如西蒙斯对所得的定义）也许都要容许一些例外。死亡时转移的财产，在所得上与一般情况下获得的收入（甚至包括资本利得）是如此不同，以至于把这两种收入包含在同一个所得税税基中，似乎增强而非减弱了不公平的程度。西蒙斯提出的建议实际是以放弃遗产税为前提的（遗产作为继承收入包含在所得中），但该建议忽略了对遗产征税也有很大的好处。其中一个好处是，一次性征收遗产税，就不必麻烦地在征收所得税时区分财产收入和非财产收入。

应用所得定义时的主要问题

西蒙斯在定义所得时有意识地包含了资本增值，然后他根据这个定义提

① Simons, *Personal Income Taxation*, p. 58.

出建议说，应该在税基中包含已实现的资本利得，而不能给予特别优惠。当然，相应的做法也用在资本损失的处理上。如果能建设性地实践这一建议，那么就能在死亡并转移财产之时将资本利得全部纳入征税范围。这样做可能会造成一次性缴纳遗产税总额过大的问题，此时可以配合用一些分次缴纳的办法来予以缓解。

其实，目前有相当大一部分收益完全脱离了个人所得税的征税体系。这一问题已经受到了极大的批评，虽然人们对它的认识并非广泛和充分。如果我们再算上有些纳税人熟练地运用公司作为个人储蓄的工具，那就意味着有很大一块应税经济活动完全脱离了个人所得税体系。为了保证这部分所得能够“免税”并获得成功，纳税人就必须选择正确的投资项目并持有下去。正确的投资项目是指那些能够带来较多的用于再投资的留存收益，而非较多分红的项目。为了在一定程度上缓解遗产转让过程中出现的清算问题，西蒙斯提出了一个想法，给符合限制条件的纳税人如下的选择权：他们可以保留当前获得的遗产价值而不缴税，直到未来财产有收益时，才为此缴税（当然税基也会相应调整）。

西蒙斯立场的基础是，我们要么放弃累进制，要么就勇敢地承担起责任向所有真正构成所得的重要项目征税。在对收益征税时，若适当考虑损失，可能会征不到多少税，但这并没有多大关系。这是因为，重要的不是税收收入，而是个人之间的公平。大家可能会注意到，西蒙斯在很大程度上忽略了下述对资本利得实行特殊处理的主要辩护意见：避免资本利得锁定在纳税人手中；避免阻碍证券交易。当然，人们是否会被这样的辩护意见打动，完全值得怀疑。

此外，西蒙斯还强烈地反对将免税待遇给予州和地方的债券利息收入。在西蒙斯那个时代，反对给予免税待遇的主要依据是，只有将分级征收适用到个人所有的收入之上，累进才有意义。但西蒙斯基于经济学的理由也提出了反对意见，并因此增加了反对的理由。在他看来，免税将使得政府债券利率降低，这样一来很多抗风险能力差的人也敢于尝试投资风险较高的有价证券（包括普通股），而那些可以也应该为社会冒一定风险去投资的人，反而会去投资风险相对较小的政府债券。

西蒙斯还建议，业主住在自有房子中获得的实物性收入（虽然没有交易发生)，也应该包含在税基中。

在税制中一般将所得区分为勤劳所得与财产所得，并采取有利于前者而不利于后者的处置方法。对此，西蒙斯的看法是，只要资本利得没有全部纳入税收征管范围，进行这样的区分就没有什么意义。再者说，财产税和遗产税也已提供了一定程度的区分。

在税制中存在的特别耗损抵扣(depletion allowance)项目，被西蒙斯斥责为纯粹的讹诈。在这里，我们引用一些典型的西蒙斯式话语：

> 据传说，特别耗损抵扣来源于国会支付给一帮探矿者、钻井者和街头小贩的赎金。这些人骑着马直接闯入国会大厦，威胁如果不支付这笔赎金，他们就开枪扫射这个地方。可国会在向公众(Joe Doak)解释为何如此立法时，却把它说成是促进地质学发展的手段。①

公司的待遇

西蒙斯对所得税中或许是最困难的问题给予了极大的关注，那就是公司待遇、公司股利、未分配利润等。他坚定地认为，对企业也不应该征税，当然他所说的企业不仅仅限于公司制的企业。不过，他也承认，必须采取一些措施以防止有人把公司用作储蓄银行来逃避税收。因此，对于 1936 年未分配利润税计划的流产，西蒙斯也并非毫无同情，尽管他不喜欢该计划未落实到个人的特点。最终，他赞成下面的观点，即如果能消除所有的特别待遇、消除对资本利得的优惠，就能充分地税及未分配的利润。西蒙斯认识到，相对于非公司制企业，公司从中受惠更多，因此他建议将抵扣范围扩展至非公司制企业的再投资收益。他(正确地)认识到，这一建议对企业来说是非常有利的，企业不可能不接受。他将自己的建议(一种激励方案)说明如下：

> 只要你想，你就把收益留在企业里。当你靠着再投资收益过活时，我不会向你征税。但是为了让其他纳税人觉得公平，你和我约定在特定的时候(在你死了之后或者老得不能动了以至

① Henry C. Simons, *Federal Tax Reform* (Chicago: University of Chicago Press, 1950), p. 96.

于不再作为所有者参与公司管理时），来一次全面的清算（补税）。然而，延迟到那时再补税，相当于你从我这里借了无息的贷款；可对于合伙企业或者按年分配利润的企业来说，是要支付这笔贷款的利息的。①

在研究西蒙斯这一大胆的方案时，笔者发现，它与费雪的提议（即在所得税中给储蓄免税）还是相当不同的，费雪的方案因为潜在地对分配不利而被西蒙斯反对。在征税过程中，时间是重要的，因而对于一个工资收入者（他要基于全部收入来即时纳税），终身的储蓄税收减免就像是无限给予的；这样的方案实际意味着，在原本可以征税的经济范围内逃避掉了几乎所有的税收（除了逃不过严格的遗产税）。然而，需要补充的是，在一定程度上，现行的税收实践以及在所得税体制下处理企业所得和分配的其他方案，都很容易让人找到可供攻击的漏洞。到目前为止，我们距离找到一种简便的或精巧的解决问题的办法还很远。有人针对现行公司税提出了一些辩护意见，但这些意见也存在着很多问题，而且这些人还是过于轻易地接受了“税收在最终意义上是由股东承担的”这一古典理论。② 对未分配收益征收一些不针对个人的特别税收，似乎是最理智的方式，但是它被企业界成功地抵制住了。这是因为，企业界认为此种征税方式会妨碍它们将未分配收益用作内部资本来源。

小结

出版西蒙斯最后一本书的编辑，在序言中重申了一个观点，即将来在财政学这一领域，其他重要的著作占据的空间都不会很大，因为相当大的部分已经被西蒙斯的著作占据了。这一句话是十分可靠的褒扬。

在我们目前考察过的作家中，西蒙斯对个人所得征收直接税给予了最大程度的重视。他尽最大的努力去排除那些相对来说不够公平合理且从经济上看也不够健全的征税手段。他既极为重视狭义的公平，也极为重视广义的公平（即降低经济上的不平等）。他提供了支持累进税的依据，这些依据能吸引更多的现实主义者，而不仅仅是那些持有边际效用递减观点的学者。他还看

① Henry C. Simons, *Federal Tax Reform* (Chicago: University of Chicago Press, 1950), p. 49.

② Richard Goode, *The Corporation Income Tax* (New York: John Wiley and Sons, 1951).

到，所得的定义以及由此包含或排除的项目对税收来说十分重要。

在本章，我们同样也记录了一些反对西蒙斯方案与观点的意见。在这里我们要补充一点，那就是西蒙斯未能发展出令人满意的公共支出理论。从本章描述的观点可以看出，西蒙斯对政府是有巨大偏见的（在笔者看来好像是这样）。

但是，西蒙斯作品中的每一个缺点，都同时伴有许多优点；每一个乌托邦式的计划或理念，也都伴随着不少自赞为坚固的、合理的、现实的计划或理念。可能在很长一段时间里，西蒙斯的作品都会被认为是美国财政学历史上最有深度、最具创新性的贡献。

第二部分

间接税支持者

第九章 约翰·拉姆齐·麦克劳

所得税经过多年的发展(在英国已有一百多年历史,在美国历史相对比较短),已经稳固地成为税制中的主体税种。不仅如此,长期以来所得税的发展总是与累进制结合在一起,以至于许多人忘记了还有一种可以代替累进所得税的比例所得税。1954 年,"英国皇家委员会"(British Royal Commission)用下面这段话确认了英国对所得税累进制的承诺:"我们满意于现有公众舆论的状况,舆论认为不仅有必要实行累进税制,而且应实行急剧累进的税制,这样才符合被广泛甚至普遍接受的公平观念。"①

累进制以及累进所得税虽然已经获得公众普遍的接受(至少在美国是如此),但此二者都值得再度思考。从任何角度看,二者都不可能一贯正确。本章以及接下来的两章将讨论一些学者的主张,他们认为在税收制度中应该赋予间接税(即针对支出而非针对个人征税)更加重要的地位。

在前面的讨论中,本书曾提到,绝大多数重商主义作家主张,应该根据每个人从国家受益的情况来分别征税,而衡量受益的指标应该是个人支出。威廉·配第爵士将自己的看法表达为如下极有吸引力的文字:"人事实上的以及真正的富有,取决于他吃的、喝的、穿的,或者其他真实的及实在的享用……"而且人应该据此缴税。②

---

① Great Britain, Royal Commission on the Taxation of Profits and Income, *Second Report* (London: H. M. S. O., 1954), p. 33.

② *The Economic Writings of Sir William Petty*, ed. Charles Henry Hull (Cambridge: Harvard University Press, 1894), p. 91.

国内支出税(internal expenditure taxes,非关税),在亚历山大·汉密尔顿(Alexander Hamilton)时代第一次打算在美国课征,不过当时确实不受欢迎。究其主要原因,可能是在革命期间人们普遍憎恨把这个原属英国的税制引入殖民地。国内支出税也因此成为著名的"威士忌叛乱"的原因,托马斯·杰弗逊(Thomas Jefferson)称此税为"地狱制度";与他同属一个政党的约翰·伦道夫(John Randolph)说,这一税收"有悖于自由民族的智慧"。[①]在19世纪,英国人取消了当时复杂税制中的大部分内容,甚至取消了关税和国内税收。不过自19世纪以来,税收的环境和观念又经历了很多变化。

约翰·拉姆齐·麦克劳(John Ramsey McCulloch,1789—1864),与现代经济学创始人亚当·斯密一样,是一名苏格兰人。他在爱丁堡大学学习,后来在该校执教。不过,麦克劳与学术机构之间的联系并不多。自1838年起,他就担任英国文书局(the stationery office)的审计员,直至其去世。麦克劳是一位杰出的整理者、汇集者和编辑者,他主编的《商业字典》(*Dictionary of Commerce*,1832年)是一部重要的作品。他还出版过大英帝国的统计记录,并编辑出版了附有传记的亚当·斯密与李嘉图的著作。他于1825年出版了《政治经济学原理》(*Principles of Political Economy*),还于1845年出版了《税收与融资制度》(*Taxation and the Funding System*)。在一般经济学方面,麦克劳最为著名的观点是对自由贸易的支持(主张关税只应为财政收入目的而征收)并主张工资基金理论。不过,他的工资基金理论是根据李嘉图与马尔萨斯的著作发展而来的。虽然在税收建议方面,他与斯密和密尔没什么大的差别,但强调的重点还是有所不同的;而正因为有这些不同,他才有资格被列入单独的思想学派。作为一个有无穷力量和精力的人,他创作出为数众多的作品。

税收出自增量的收入

麦克劳有一项主张曾引起人们的广泛争论,那就是,如果税收能明智地征收的话,它不仅可能出自收入,而且更正确地说,它将出自纳税人因税收刺激

① Tun Yuan Hu, *The Liquor Tax in the United States, 1791—1947* (New York: Columbia University Graduate School of Business, 1950), pp. 30—32.

而勤勉创新产生的增量收入。在他看来,下述历史事实的原因正在于此:在1775年至1845年期间,英国尽管税负沉重,却取得了巨大的经济进步。不过,他认为,还是需要强调"明智地征收"这一限制条件;也就是说,税收的增加不可太突然或者太剧烈,课税水平必须控制在适当的限度内。"在能产生必要收入的前提下,最好的税收通常来说就是最轻的税收,或者是被纳税人认为压力最小的税收。"①

比麦克劳的上述说法更为有名的,是他对苏格兰蒸酒器这一精彩例证的说明。② 1786年以前,在苏格兰对酒精提炼征税,似乎是以产量为基础的。由于这一制度在税收管理方面存在困难,后来的计税依据就改为按照蒸酒器的体积大小计征。税率也因此调整,目的是基于当时一般的蒸酒器生产率,让生产者的税收负担与政府的税收收入都维持在以前的水平上,不要有太大的变化。不过,税收政策这样改变后,有两位天才的酒厂经营者几乎立刻就想到了减小蒸酒器的深度并增加其直径的做法。这样做可以让蒸酒器以较大的平面接触火而使其蒸发更快,蒸馏时间因此大大缩短。蒸酒厂商发现,若将此方法用于实践,他们就可以把过去需要一星期完成的工作缩短到几个小时内完成。这一方法被少数酒商保密了一段时间后,最终得以普遍流传,成为蒸酒者的常识。为了保持税收收入不变,政府不得不提高税率,但政府的这一行动很快激起了酒厂的进一步改造。税率调整与酒厂改造,诸如此类的行动与反应不断出现,而蒸酒厂商的行动总是比政府快一步,到最后竟使得蒸酒器的生产率提高到最初的2 880倍。

麦克劳说出了一个精彩的例证,但并不足以将其引申至一般的结论,因为在他描述的这个例子中,运用智慧寻求避税是以不减少产量为前提的。沉重的税收必然会产生避税的动力,这一点从未有人怀疑过;但在除减产避税外别无他途的条件下,问题就可能有所不同。另外,值得注意的还有,避税方法常

---

① J. R. McCulloch, *The Taxation and Funding System* (London: Longman, Brown, Green, and Longmans, 1845), p. 6. 这种说法(即税收可能作为刺激物或麻醉剂发挥作用)并不是麦克劳发明的。在重商主义作家那里,这样的说法并不鲜见,有些人也借此为向穷人征税进行辩解。在他们看来,向穷人征税可以促进穷人劳动习惯的养成,而这既有利于穷人自己,又有利于整个国家。

② J. R. McCulloch, *The Taxation and Funding System* (London: Longman, Brown, Green, and Longmans, 1845), pp. 151—152.

常不止一种:一种方法是私人调整自己的行为;另一种方法是私人组织起来努力争取将税法修改得有利于己。就目前的讨论而言,我们考虑的只有前一种方法。即便说了这么多保留意见,麦克劳还是应该受到表扬。这是因为,他注意到,税收对生产必然具有压制性这一规律至少是有例外的。用税收形式设法增加某人的必需品开支,有可能会,也可能不会带来额外的产品并因此抵消税收。在人类历史中,可以找到无数的例证说明,高税收与快速经济成长确实可以同时存在。

对税收与产出的补充说明

现已得到普遍承认的是,劳动供给曲线可能有负的斜率。就税收对劳动激励的影响而言,通常有两种互相冲突的结果。用普通的话语来说,税收既可能打击劳动的意愿,因为税收使得闲暇(劳动的替代品)变得更具吸引力;税收又可能促进劳动的意愿,因为税收减少了收入,而为了维持业已习惯的生活水准或达到更高的生活水准,就必须付出更多的劳动。在这两种互相冲突的倾向作用下,到最后会产生什么样的具体结果,单纯靠演绎的方式是无法确定的。乔治·布雷克(George Break)曾经主导过一项著名的研究,试图探索英国的会计师和律师对高税负有何反应。他的结论是,高税负对劳动供给产生的负影响与正影响大致上彼此抵消。① 税收的存在让一些人提前退休,但也让另一些人延后退休。税收负担让一些家庭主妇加入了劳动大军,但也促使另外一些人离开了劳动队伍。根据日常的观察,我们知道,在社会中过度辛劳工作的人都属于专业阶层(像医生),他们也正是对税收抱怨最多的人。

有趣的是,税收对劳动激励发生正面影响有下述两种情况:一是相对于闲暇而言,纳税人对于商品的价值评价比较低;二是评价商品和休闲二者相对价值时,有人正好相反。第一种情况或许可以更准确地描述如下:有人对消费品的关注仅仅盯在获得生活必需品上。据说,在早期墨西哥的历史上,印第安人并不觉得工资作为劳动激励因素能有多大的吸引力。一旦他们的特定基本需要获得满足(玉米、豆子、仙人掌汁以及一间小木屋),他们就宁可狩猎和垂钓

---

① George F. Break, "Income Taxes and Incentives to Work: An Empirical Study," *American Economic Review* 47 (September 1957): 529—549.

而不再劳动。有人说，在非洲的一些国家，如果能征收人头税的话，就会刺激劳动供给的增加。可在英国背景下发生的延迟退休，带来的是一种相反情形：人们对闲暇给予的评价低于所消费的产品。在美国，有一件事值得注意，那就是在近几十年来的高税负下，有大量的家庭主妇投身到美国劳动力队伍中去。

税收对储蓄的影响与税收对工作意愿的影响不同，因为税收不但影响储蓄的能力，还同时影响储蓄的倾向。不过，毫无疑问的是，确实在某些情况下，人们的相对储蓄水平与绝对储蓄水平都因税收而增加。这一说法适用于以下情况：一个寻求固定收入的储蓄者发现，他通过储蓄获得的报酬率因税收而降低，于是不得不增加储蓄量。在征税的情况下，与风险事业有关的情况会变得更复杂。人们一般会承认，对于风险企业而言，为了平衡遭遇到的某些不利状况，在纳税时允许税前扣除全部损失至关重要。即便如此，下面的主张也很有道理：投资收益是否可接受，有一个分界点；而税收（特别是公司税）提高了这个分界点的水平。但是，同样地，我们可以毫无困难地构想出某些情况，在其中税收会鼓励企业去承担风险。例如，对于某个纳税人而言，由于税收的关系或类似的原因，他留在手中的边际货币（marginal dollars）已显得没有什么价值，于是可以更加自由地去冒风险。

便利与公平之争

麦克劳将重点明显放在便利而不是公平上，他在早期著作中引用斯密的税收四项教义时，就特别强调后三者（确定、便利和经济），而把公平说成是次要的问题。在直接税中，公平确实有一些重要性，但麦克劳认为应该少用直接税："立法者有责任考虑不同种类税收在实践中的影响，然后选择不方便程度最小的税收，以此来获取财政收入。"①

回顾前面学者的观点，我们就可以看出他们的观点与麦克劳的观点有鲜明的差异。而这些差异主要体现为理性主义者与机会至上主义者之间观点的不同。

---

① McCulloch, *Taxation and Funding System*, p. 10.

选择性销售税

最吸引麦克劳的税收类型，在今天我们称为“选择性销售税”。有一种观点流行于麦克劳时代，那就是对生活必需品征税必须非常谨慎而且需要克制。对此观点，麦克劳表示认同。与通常的看法一样，对于穷人消费的——但对维持生计来说并非不可缺少的——那些产品，麦克劳也认为它们不在生活必需品之列。重商主义者的下述观点，麦克劳对其表现出一些同情：如果取消间接税的话，就有可能剥夺低收入阶层劳动的意愿，他们可能因此不再勤劳。

“除了极少数例外，间接税一直受到君主与其臣民的喜爱，他们的这种喜爱是有充分理由的。”[①]理由之一是，征收此种税收比较方便，也比较节省。理由之二是，此种税收具有可选择性；也就是说，如果有人抱怨这种税收负担过重，我们可以告诉他，他的负担属于咎由自取。支持消费税的理由之三是，此种税收有鼓励储蓄的倾向。如果有守财奴靠不消费来躲避此种税收，那么他们就增加了资本的数量，而这又会增加国民的生产能力与财富。而且消费税使过分的个人累积变得不太可能，这是因为守财奴的孩子很少会是新一代的守财奴。我们可以相信，吝啬的富人通常都有挥霍无度的孩子，后者会散尽前者积累的财富。

针对自己偏爱的间接税这一税收种类，麦克劳也曾考虑过一些反对意见，不过最后他一一驳回了这些意见：要么认为这些意见根本不成立，要么认为问题出在税率太高而非税收本身。他还注意到，有人宣称此种税收“会改变资本与产业的收益状况，并强迫资本与产业流入低收益领域”。[②] 根据自己的观察，麦克劳反驳了这一说法，认为就相关生产者的利益而言，受到特殊税收影响的产业将会通过资本的流动而恢复其正常利润。麦克劳没有注意到的是，消费者若因税收而招致损失，就会为了躲避这一税收而改变自己的消费形态。对于走私（被公认为一种重大的、常见的不法行为）可能给人们带来的诱惑，麦克劳认为，这可以通过降低税率而得以避免。麦克劳也注意到了间接税中存在的重复征税与税滚税现象（the phenomenon of pyramiding），不过他的看法

---

① McCulloch, *Taxation and Funding System*, p. 148.

② McCulloch, *Taxation and Funding System*, p. 153.

是，学者们夸大了这一现象的重要性。

向酒和烟征税，特别吸引麦克劳的注意力，因为它们能将上述消费税的优点展现无遗；他尤为赞赏其中含有的限制消费的意义。然而，不止于此，他还赞成对糖、砖、玻璃、纸、肥皂及醋等商品征税。在麦克劳时代，这些商品都是英国在征收范围广泛的消费税时选定的课税对象。对盐和蜡烛征税在当时已被取消，麦克劳也没有建议恢复。

前面已经列出了消费税的许多优点，接下来我们专门讨论一下消费税具有的可选择性特点。消费税的这个特点尤其吸引麦克劳的注意。如果麦克劳在当时注意到，可选择性涉及要放弃自己的喜好，而这是一种牺牲的话，他就可能对可选择性这一特点没有那么大的信心了。另一个英国学者爱德温·坎农(Edwin Cannon)在几年之后曾说，对于一个宁愿多走二里路也要避开桥梁收费站的人来说，如果过桥免费的话，那么他的收益将超过原来那些愿意缴费的人。①

长期以来，人们普遍注意到，税收的强制性是其特有的、不受欢迎的并且可能是邪恶的性质。因此，降低税收强制性的程度，看起来非常有必要。在民主制度中，属于少数派的那些人，即使发现政府选择的开支项目他们不喜欢，但此时如果给予他们缴税的选择权，那么身属少数派的他们也会因此获得比较大的满足感。为了达到这样的效果，最直接的方式就是向使用特定设施的人收费。但是，收费方式忽视了使用设施形成的间接利益；而间接利益，根据该方案的支持者的观点，是由每一个人共享的。一般认为，私人捐赠的项目也没有由强制带来的那些性质。依照麦克劳的看法，如果用间接税收入来支持这些项目的话，强制性也会减少。这一说法，理性主义者不会接受；在他们看来，如果政府带来的不可分割的利益由众人共享，那么所有的人应该(不给选择机会地)纳税。

税收如果含有一定程度的选择性，就会有一个优点，那就是对征税和扩大政府服务的反对意见会减少。这一优点显然对左派很有吸引力，他们一直有些沮丧，因为政府服务在与私人开支的竞争中总是处于不利的地位。

---

① 转引自 E. R. A. Seligman, *The Shifting and Incidence of Taxation*, 4th ed. (New York: Columbia University Press, 1921), p. 13。

在此处应该补充交代的是，不同税收之间在强制性方面即使有差异，也只是一个程度问题。所得税同样可以避免强制性，尤其是在允许完全扣除为社会事业所做的捐献之后。大多数出于鼓励勤俭节约目的而征收的税收无法触及大的纳税人，只要他们采取中世纪僧侣的生活方式。即使是人头税，也可以用自杀的方式来躲避。不过，也许这样做会带来遗产税的问题，但还是会找到很多选择性方法来应对。

也有人怀疑，是否所有的税收都像某些批评者说的那样具有压迫性。如果代议制政府运行良好，就必须获得至少 51％的人支持；对于身处这 51％的人而言，税收就不具有压迫性。对于那些身处这 51％以外的人来说，我们也可以预期其中有很多人在相当大程度上是默许税收的；此时，他们事实上顺从了大多数人的意见，就像他们在大多数的私人组织中那样（在私人组织中，哪怕居于少数，他们也并未通过放弃会员资格来表示不顺从）。

直接税

有意思的是，对间接税存在的不公平，麦克劳表现出相当明显的容忍态度，但他却丝毫没有把这样的容忍态度用在直接税上。麦克劳之所以反对所得税，是因为现行所得税认为，从专业性服务中赚取的每一元收入所代表的纳税能力小于从财产中获取的每一元收入，可是如果在所得税制度中尝试区分并确认上述差异，那就会令所得税制度变得过于复杂。

正如人们可预期到的，麦克劳反对直接税的主要理由是，所得税在税收管理方面存在困难。财产税在财产估值方面面临着难以克服的困难；而所得税则因为无法获得所需资料而备受困扰。对于农民、工厂主、各类小生意者及自由职业者的收入，在现在和将来都不可能准确估值到可接受的程度。对这些人来说，自行核缴（self-assessment）制度只不过意味着“对作假与欺骗进行奖励”，并且对公民隐私的调查与侵犯也令人厌恶。因此，所得税尽管在理论上具有平等及乌托邦式的理想特征，但若将其应用到现实世界中，就会得到最不公平及最不切实际的结果。

麦克劳像密尔、斯密一样，对直接税中的房产税表现出强烈的喜爱之情。他们认为，房产税的吸引力在于它具有选择性。凡是感到房产税负担沉重的人，只要迁入另一处比较便宜的房产中，税负就立即得到减轻。笔者注意到，在我们的时代，麦克劳主张房产税具有选择性的观点，肯定会遭到老年人的痛恨。

累进

麦克劳从来没有考虑过累进税，在他的书中凡是提到累进税的地方，都是他抨击这一制度的著名文句。下面我们来引用几段：

> ● 任何对收入的课税都不可能做到公平；除非在税后，每个人的相对地位仍然与税前相同。
>
> ● 千万不要假想，累进原则在实行到某一程度后就可以停下来。
>
> ● 累进不是一种可以含糊对待的罪恶。只要实行了累进，你就会有效地让工业瘫痪并让资本积累停止；与此同时，任何有财产的人都会急忙将财产带出国外，以免被没收。孟德斯鸠描述过一种野蛮人，他们为了得到水果而砍倒果树；倡议此类税收的财政学者与这些野蛮人没什么两样。哪里采用了累进制，哪里的安全即告终结。即使存在让所得税变得令人满意的可能性，但采用累进制仍会让所得税变成可能是最为恶劣的税种。在构建所得税时，一旦放弃按比例向纳税人的所得或财产征税这一根本原则，就会像在大海里失去船舵或罗盘，由此将造成难以估计的不公和蠢行。①

在离开麦克劳这些流畅且富有激情的文句之前，我们还要做一项概括性的考察，并稍稍分析一下他所说的“维持原状”（leave-them-as-you-find-them）原则。这项概括性的考察就是，像麦克劳这样的学者已经把累进税说得如此不堪，可为什么20世纪的人们仍有胆量将其付诸尝试呢？这确实值得深思。

---

① J. R. McCulloch, *Taxation and Funding System*, pp. 141－143.

“维持原状”原则并不是出自麦克劳的原创[①];它看起来可以从自然秩序理论中获得某种支持。这一原则设定了由政府出面分配利益时需要遵循的某种条件,但它并非不证自明的。这是因为,我们可以看到,这一原则在私人场合并不成立:由于各人对产品与收入的评价不同,如果强求穷人和富人购买相同组合的产品,那么穷人的处境就会比富人差。

对于税前收入分配状况不满意的人,他们不会感到“维持原状”原则有什么吸引力。那么,对税前收入分配状况没什么意见的人,一定会接受这个原则吗?我们在前面考虑过这个议题,并获得了否定的答案。当我们通过纳税来获得社会服务以代替私人服务时,我们不得不对(尽管很粗略)每一样东西的社会意义进行比较,比如A的第二辆汽车、B的衬衫、公立学校以及一辆崭新的军用坦克等。在比较之后,我们才可能得出结论说,新坦克车比A的汽车更重要,但还是没有B的衬衫重要(就社会意义而言)。我们还可能发现,要达到这样的判断,累进税配合坦克车的公共支出是唯一可行的方式。在这方面,需要一个暗含的假定,那就是,如果对坦克并无集体需要,那么A获得他的汽车也没有什么不妥。

小结

在税收文献方面,麦克劳的贡献既非极具原创性,也非意义深远。但在我们读到的文献记载中,看不到有人像他这样以强烈的信心来支持机会至上主义的税收(包括偏爱间接税、厌恶累进制),而且还毫不妥协地予以倡导。哈利·L. 拉兹(Harley L. Lutz)也许是个例外,他对税收问题的反应会令我们立刻想到麦克劳。下一章我们就来讨论拉兹的著作。

---

① 威廉·配第爵士曾辩称,比例所得税并未改变财富的相对状况,因而相对来说没什么负担。这一观点在配第1798年提出的有关所得税的原始建议中有极为生动的阐述:“新税会有什么后果?它们造成的税后结果与过去相比不是完全相同吗?这样的税收不会制造新的不平等。不论是正义还是不正义,情况都将与过去完全一样。抱怨这样的不平等,实质上就是在抱怨整个社会结构。而要尝试改变社会结构,将会步另一个国家中立法者鲁莽狂妄之举的后尘……想要对两类所得用不同的比率课税,将是社会本身不许可的事情。”转引自E. R. A. Seligman, *The Income Tax* (New York:Macmillan Co., 1911), pp. 74—75。

第十章　拉兹和加尔布雷斯——奇怪的一对

哈利·L. 拉兹

哈利·L. 拉兹是当代美国经济学家，于1914年从哈佛大学获得博士学位。他的博士论文《州税委员会》(*The State Tax Commission*)由哈佛大学出版社于1918年出版，并获得大卫·威尔斯奖(David A. Wells Prize)。1909～1923年间，拉兹在奥伯林学院担任经济学教授；离开奥伯林后，拉兹转入斯坦福大学，任教至1928年。1924年，他的教科书《财政学》(第一版)出版。拉兹最后的学术职位在普林斯顿，从1928年起至1937年退休为止。退休后，他出任"全国制造商协会"(National Association of Manufacturers)的经济顾问。拉兹早期的观点体现在他先后几版的教科书中；他的立场大致上靠近政治"光谱"的中间位置。不过"新政"给他泼了冷水，让他变成一个尖锐批评当时税收实践的人。在斯坦福大学期间，他发表过一系列学术演讲，这些演讲于1939年结集出版，名为《政府财政中的企业家利益》(*The Business Man's Stake in Government Finance*)。在普林斯顿大学期间，拉兹曾经在《税收评论》杂志上发表过一系列文章，后来这些文章被重印成册，名为《通向自由经济的路标》(*Guideposts to a Free Economy*，1945年)。下面在对拉兹思想进行讨论时，除了引用以上论著外，还会用到多年来他撰写的其他文章的内容。

对所得税的批评

在1941年,拉兹撰文说:"《美国宪法第十六条修正案》准许课征联邦所得税,这实现了税收改革者长期以来的梦想。在此宪法修正案下,税收制度不断发展,到今天有很多人认为,在不完美的税收世界中,我们已经达到了尽可能的完美。除非使用最友好、最赞赏的方式,否则对此制度作任何批评都显然是一种冒犯。"[①]

不过对于所得税制度,拉兹却毫不犹豫地展开了批评。他说:"从一开始就假定了……适用《美国宪法第十六条修正案》的唯一适当方式,就是向某种性质上模糊但情绪上令人满意的税基(即净所得)课税。"[②]在拉兹看来,这一税基并不令人满意,因为在计算时并没有充分考虑到企业的损失,也没有充分考虑与纳税人个人所得相关的费用,以及所得流量在时间形态上的差异等。再者,课征所得税在时间方面也极为落后。进一步而言,所得税内在地就有针对纳税人的纠问特性,使纳税人很容易受到各种形式的勒索。

论累进制

在后期著作中,拉兹转向激烈地反累进税的立场。他的论点能让我们格外地想起麦克劳的主张。排在他的批评目标最前列的是累进税的武断性:

> 至此我们可以指出,没有人能真正确知,随着收入上升,所谓的纳税能力以多快的速度增长(如果真的增长的话)。因此,根本就不存在公正的或累进的税率尺度。任何有关税率的尺度都只是猜测,或者是出于政治和财政方便的结果。哪里的政策建立以方便为基础,哪里的不公正就难以避免。[③]

经过进一步思考,拉兹甚至认为比例课税也同样地极为武断与不公平:

---

① Harley L. Lutz, "Some Errors and Fallacies of Taxation as Exemplified by the Federal Income Tax," *Proceedings of the National Tax Association Conference*, p. 355.

② Harley L. Lutz, "Some Errors and Fallacies of Taxation as Exemplified by the Federal Income Tax," *Proceedings of the National Tax Association Conference*, p. 355.

③ Harley L. Lutz, *Guideposts to a Free Economy* (New York: McGraw-Hill Book Co., 1945), p. 70.

> ……在我们的经济中，私人部门用来支持劳动者的基础是价格制度。每种商品都是以相同的单价出售给所有的人。没有消费者需要去填写1040申报表(即美国联邦个人所得税一般性申报书)，以便商人决定以什么样的价格卖面包、皮鞋或是煤给他。
>
> 人们被迫纳税以支持政府，还要出钱来维持经济中的其他部门，可为什么前者依据的基础与后者的不同呢？[①]

上面的文字发人深省。的确，一切税收或多或少具有武断性；无论是自然法则还是科学分析，都不能提供确定的标准。仿效私人经济中的市场标准，与其他标准相比较，武断性的程度不见得更少。拉兹的话看起来让我们觉得，只有依靠有利于富人的方式才能应对不确定性并解决其中的疑惑。

与麦克劳一样，拉兹反对累进制的主要论点是，累进制侵蚀了潜在的资本并伤害了资本的积极性。他以福特汽车公司的惊人发展作为具体的例子，认为福特公司的发展主要依靠的是不课税的未分配利润。据此，他提出了令人印象深刻的警告，以便让头脑已经昏乱的美国选民冷静下来：

> 现在美国人民面临着一项极为重要的选择，此项选择对他们命运的影响，与世界大战或战后和平会议一样具有确定性。具体来说，或就历史相似性而言，这个选择实际上是在福特财富与福特汽车之间进行的。如果他们决定不再要更多的财富，他们实际上也就决定了，除了已知的商品外，不再要供大众享受的新的商品。看起来，为了获得由创造性及生产潜力带来的全部利益，我们不得不容忍少数巨额财富的存在(这个代价并不算大)；若要获得创造性及生产潜力，我们应该准许成功者保留他们因成功而获得的利润，以此作为最有效、最确定的激励。[②]

笔者注意到，拉兹上面的说法太不严谨，以至于仅沦为一种宣传。经验的观察并不支持拉兹下面的论点：创新依赖于巨额财富；在累进税下，大额资本的积累永无可能。尽管自由企业遭到了拉兹断言的累进税这样的“雷劈”，但

---

① Lutz, “Some Errors,” p. 370.

② Lutz, *Guideposts*, p. 82.

在现实中创新与资本积累都有重要的发展。

拉兹不同于麦克劳的地方就在于，他认为累进税是一项社会主义的信条。[①] 虽然他知道，并非所有赞成累进税的人都是为了这一信条而设法去废除私人企业制度，但他依然认为，赞成累进税的人有一些不自觉地成了社会主义者。[②]

笔者认为，在某些平等主义者与某些社会主义者之间，毫无疑问地存在着同情关系。但二者关心的问题，却出人意料地极少重叠。社会主义者主要关心的是建立一种新的生产组织，而不是通过税收来剧烈地改变收入分配关系。通过收入再分配来降低革命的可能性，与不进行收入分配来增加革命的可能性，这二者至少都言之成理。俄国的经验与平等主义的某种实验有关系，但就社会主义理想而言，平等主义因为自身既不切实际也不必要而受到了排斥。

消费税

拉兹博士是国内货物税(excise taxation)的支持者，而且他偏爱的是普遍的而非特别的(即选择性的)国内货物税制度。拉兹说，他之所以反对特别的国内货物税，是因为该税收具有歧视性。除了烟和酒之外，没有理由再选出其他产品作为奢侈品，以便对它们以及它们的生产者施加特殊的税收负担。

上述说法确实有说服力，但笔者却不能接受这样的主张：以食品、燃料与实用性衣物为一方，而以照相机、电冰箱与珠宝为另一方，然后说双方在社会意义上没有差别。古典学派经济学家将二者加以区分的依据可能是错误的，但他们的结论却是成立的。诚然，诸如此类的区分很难进行，而且区分的合理性也不容易得到证明，但在其他场合下，这样的困难也同样可见。比如在典型的预算活动中，当我们对无数种类的项目进行决策时，同样也可以遇到这样的困难。

对于征收普遍性联邦销售税，拉兹提出了好几个有趣的观点，其中一个是：征收普遍性销售税将增加税收制度的多样性。“销售税与所得税一起征

---

① 拉兹对于社会主义思想的这一看法是错误的。在接下来的一段，本书作者也对此进行了批驳。——译者注

② Lutz, *Guideposts*, p. 77.

收，就像用双肩来负重担，而不是只用一肩来挑担。”[①]在拉兹看来，要成功地实施所得税，会碰到许多限制；相比之下，消费税更容易进行调整，并能税及更宽广的税基。

在前面，我们曾经对税收的多样性这一点进行过评论。笔者绝不赞成单一税，但笔者也有疑问：在税收制度中增加新税收，除了单纯地增加了税收数目与种类外，能否再找到更有力的依据？在此处可以回想的命题是，所有的税收（在某些条件限制下）均取自同一个税源，即收入。

关于消费税的累退性问题，拉兹辩称：“同样确定的情况也存在于整个市场价格体系之中……市场价格体系完全符合累退性这个术语所代表的含义，如果我们能够普遍地接受市场价格体系，却以累退性为由反对只占消费总支出微小比例的税收，那无异于说，能吞下骆驼却被蠓虫噎住。”[②]

至于消费税对资源配置的影响，拉兹说：“与一般人所接受的观念相反，看起来消费税对经济总体运行的影响，远远小于那些会损害一国资本潜能增长的税收。”[③]

拉兹认为，向制造商课税优于向零售商课税，因为前者的征税管理成本比较低，而且不太容易与各州政府税制发生冲突。不过，对制造商课税，重复征税与税滚税（pyramiding）的情况会更严重一些。这是因为，商品流通企业竞争激烈，在商品流转过程中，竞争可能会阻止企业不断地转嫁税收。

非财政目的之课税

在拉兹教授的思想中有一项内容，它在历史上已经存在了很长时间，那就是，税收不应该承担非财政的目的。在他的教科书中，拉兹赞成并引用英国税收经济学家 C. F. 巴斯塔布尔（C. F. Bastable）的一句话：“将一个非常重要的目标，与另一个不同的且可能不相容的目标混合在一起，要冒二者都失败的风

---

① Lutz, *Guideposts*, p. 101.

② “The Place and Role of Consumption Taxes in the Federal Tax Structure,” *Federal Tax Policy for Growth and Stability* (Washington, D. C.: Joint Committee on the Economic Report, 1955), p. 569.

③ Harley L. Lutz, *The Businessman's Stake in Government Finance* (Stanford: Graduate School of Business, Stanford University, 1939), p. 12.

险。"[①]

笔者在此处要问的是，如果税收公平并无客观的标准，那么一个人怎么才能避免用税收的效果来评价税收（即使他自己想这样做）？无论如何，在拉兹的理论中，有一项因素是成立的。有不少批评者接受他下面的观点：我们已经过度使用了税法（尤其是所得税法），妄图用它去实现过多的目标。他下面的结论是站得住脚的：以非财政目的运用税收制度需要严格的证明；如果仍要这样做的话，那就只能将税制用于重要的目标，而且必须清楚，这一目标确实可以用税制来加以有效实现。

总之，我们应该感谢拉兹博士。他清晰、有力、毫不含糊地表达了对消费税的支持，并强烈反对税制向（只针对收入与财富征收）单一累进税方向发展。在所有的批评者中，几乎只有拉兹说清楚了，比例税受到的限制与累进税相同。这是布鲁姆与卡尔文（见第六章）思想忽略掉的一个重要方面。拉兹被认为是高度保守利益集团的代言人。但是，也有一些无论如何都不能被归为保守主义的学者，以大为不同的理由，在销售税问题上得出了与拉兹相同的结论。在他们之中有一位，我们现在就开始讨论。

约翰·肯尼斯·加尔布雷斯

在我们称为机会至上主义的思想流派中，第三位代表人物——也是当代的学者[②]——是哈佛大学的约翰·肯尼斯·加尔布雷斯（John Kenneth Galbraith）。加尔布雷斯是加拿大人，1931 年从多伦多大学取得学士学位，1934 年自加利福尼亚大学获得他的高级学位（博士学位）。1934 年至 1939 年，他在哈佛大学先后担任讲师（instructor）和导师（tutor）。1939 年至 1942 年，加尔布雷斯在普林斯顿大学担任助理教授之职。1937 年至 1938 年，他远赴英国剑桥大学从事研究工作。在第二次世界大战期间，他担任物价管制局

① Harley L. Lutz, *Public Finance*, 2d. ed. (New York: D. Appleton and Co., 1929), p. 313. 原始文献来自 C. F. Bastable, *Public Finance* (London: Macmillan and Co., 1927), p. 336。

② 加尔布雷斯出生于 1908 年，去世于 2006 年。本书原著于 1974 年出版时，加尔布雷斯还非常健康。——译者注

(O. P. A.)的副局长，并在1943年至1948年期间担任《财富》(*Fortune*)杂志的编辑。1948年，他回到哈佛大学，此后完成了一系列具有高度刺激性并极为畅销的著作，包括《美国资本主义：抗衡力量的概念》(1952年)、《经济学与争论艺术》(1955年)、《丰裕社会》(1958年)以及《新工业国》(1967年)。暂且不说他在这些书中所表达的理念，单就其著作的艺术性与格调而言，也素为所有的评论者敬仰。再者，他的著作都是有关经济政策与思想问题的富有意义的大辩论；其中有很多问题，我们在前面也讨论过。加尔布雷斯的著作可谓影响广泛而又意义深远。

在上述第一本著作中，加尔布雷斯自认是制度经济学家，他认为自己研究的是一个让大多数古典学派经济学原则失效的世界，但这个世界仍在运行，而且近年来运行得"十分出色"。[①] 他发现，问题的答案就在于"抗衡力量"：累积的资本、劳动与政府，三者彼此对抗并且维持着平衡。在上述第二本著作中，加尔布雷斯讨论下面的问题：在经济事务方面，美国人的态度是否有重大的分裂？他的答案是：这样的分裂并不大，而且发展趋势是，有越来越多的美国人不断离开两个极端而向中间移动。在这种共识基础不断扩大的事务中，就出现了累进所得税。处于极端立场的人依然坚持反对处于中间立场的人所赞成的累进所得税及其他措施；而这些处于极端立场的人之所以坚持，其中一个理由是，他们觉得反正自己的观点也没什么希望被广泛接受。[②]

尽管在加尔布雷斯的所有著作中，对于课税问题都仅止于略有关注，但他还是被纳入本书，原因在于，他基于特别有趣的观点来支持销售税。没有人能够否认，拉兹与加尔布雷斯二人构成了一对相当奇特的伙伴(至少在本书范围内)。

所得税

此处我们不能推断说，因为加尔布雷斯被包含在间接税支持者的队列中，

---

① John Kenneth Galbraith, *American Capitalism: The Concept of Countervailing Power* (Boston: Houghton Mifflin Co., 1952), p. 1.

② John K. Galbraith, *Economics and the Art of Controversy* (New Brunswick: Rutgers University Press, 1955).

他就一定反对累进所得税并把销售税作为代替品。恰恰相反，在他的《美国资本主义》一书中，加尔布雷斯赞扬所得税对于经济稳定（因其内在弹性）的贡献。另外，他认为所得税对于政治稳定而言也同样有价值，因为所得税令高收入者受人尊敬，令低收入者的嫉妒之心得以安抚。“保守主义者应该为所得税及倡议所得税的前辈——塔夫脱总统——树立一座铜像。”①

不过，对加尔布雷斯而言，累进所得税并不值得过多关注，原因在于，为所得税而发动的主要战争早已成为历史，也早已获胜。可以证明，近年来不论当权的政党如何变化，联邦税收制度都处于高度稳定的状态。而且，在增加政府收入方面，所得税已经没有什么余地。事实上，一个力量平衡的僵局已经形成：保守派不敢牺牲所得税的累进性以便提高效率，而自由派又不愿意这么做。再者，所得税不可避免地与有关不平等和社会形态的尖锐争议联系在一起（尽管这一争议现在已有些过时）。最后，特别是在州及地方政府层次上，所得税这样的课税方式，基于各种原因，已不可能为州及地方政府提供满足公共服务所需的大量额外税收。加尔布雷斯争辩说，销售税可能更适合政治的口味。

销售税

在《丰裕社会》一书中，加尔布雷斯指出，在我们当前的状况下，最显著的改进社会的机会，就在于扩大公共服务，特别是在教育方面。绝大多数公共服务并不适合由私人经济在生产与交换过程中提供（因为间接利益的存在）。公共服务落后，是因为它们多少带有社会革命的意味。实际上，公共服务及其扩张并不会威胁私人经济制度。“很清楚，公共服务与私人服务之间的竞争是一种不平等的竞争——撇开因这些服务产生的效用而引发的问题不论。”②

这样就把我们引到加尔布雷斯所支持的销售税主张上来：“社会在私人生产的产品方面已非常富足，但在公共服务方面却很贫乏。很明显，解决之道在于对前者课税，以便为后者提供资金；这样做可能会使私人产品变得昂贵，而

① Galbraith, *American Capitalism*, p. 188.

② John Kenneth Galbraith, *The Affluent Society* (Boston: Houghton Mifflin Co., 1958), p. 137.

使公共产品更为充足。”[①]虽然因销售税的征收而剥夺了部分私人收入，这看起来加深了贫穷，但这只是一种幻觉；因为救治现有的贫穷，依靠的是增加教育机会。左派人士偏爱所得税，右派人士偏爱销售税；如果右派愿意提高销售税的税收（前提是允许他们自己指定课税的对象），那么左派也会同意这一交易，因为左派看重的主要是公共服务而不是具体的税种。

批评与小结

在笔者看来，加尔布雷斯的著作为生存于高度发达的西方经济体中的税制，进行了新时代所亟须的分析与评价。在这个意义上，他的成功足以提醒我们，税收制度乃至税收原则必须结合时空条件予以评估。很有可能的是，过去看起来极为合理且最具说服力的一些原则，到了现在，早已失效或早就不相干。例如，斯密和密尔视为保护最低收入不被课税的根本原则，在今天普遍富足及众多公共服务到处可得的情况下，早已不像过去那么重要。特别是在那些由于各种原因而无法进一步推行所得税的地方，似乎只能去征收销售税，因为这总归比任由公共经济因资金问题而匮乏强；即使对不喜欢销售税的那些人来说，情况也是如此。

不过，下面的保留意见仍值得关注，特地予以阐述。

第一，销售税忽视了私人支出极低可能包含的社会意义。私人产品与公共产品相互补充，例如，为营养不良的学生建立一所豪华学校，就不是一种好的资源分配方案。在优秀的学校里有许多杰出的教师，常常为学生家庭环境之恶劣而感到沮丧。家庭环境恶劣并不完全是贫穷问题，但毫无疑问的是，过分紧张的家庭收入要为这个问题负大部分责任。因此，在这样的环境下，通过让下一代接受教育并期望他们在日后战胜贫穷，此种想法显得有些不切实际。

第二，在没有最低免税额的条件下，销售税在相当程度上形成了税收负担的累退性分配；而且销售税在给境况相同者分配税负时，也做不到精确。销售税在猎取税收收入时用的是鸟枪，而不是更为精准的来福枪。当我们每个人的收入都要被税收取走一个相当大的比例时，难道我们不该要求一个更高的

---

① Leo Word, “The We Can’t Afford It Chant,” 引自 *Congressional Record*, February 28, 1961, p. 2610.

而非更低的有关税负分配合理性的标准吗？

大多数从机会至上主义路径对税收所进行的研究，认为目的可以证明手段的正当。公共彩票制度，就是此类研究路径的一个略显极端的例证。

人们应该谨慎面对下述命题：目的绝不会让手段变得正当。这一命题是否成立依赖于条件，其中之一是目的的重要性，之二是所使用手段的合理程度。在还有别的更好的手段可用时，良好的目的绝不可能使坏手段正当。

第三部分

个人支出税支持者

第十一章　费雪、维克瑞和卡尔多

如果依据某种定义，我们认可将纳税能力作为税负分配的标准，那么可以说直接税就是应用此标准的恰当方式，而且在实施直接税时可以采用累进制。可即便如此，我们也不一定要接受收入（或财产）是适当的或最好的税基这一说法。在方法上，以支出作为税基来征税也是可行的，而且赞成支出作为税基由来已久，最近又有复兴的迹象。在支持者（至少就观念而言）的名单上，一些著名的人物，如约翰·斯图亚特·密尔、阿尔弗雷德·马歇尔、A. C. 庇古、欧文·费雪等，都赫然在列。

我们可以将分级的支出税看作从税基中扣除了当年储蓄之后的累进所得税。然而，若要使支出税方案能被接受，就要把在当年动用储蓄资金形成的支出额也纳入税基；如果不这样做的话，人们就可以一直花费上年度的所得来逃避支出税了。

在前述章节中，我们讨论过约翰·斯图亚特·密尔持有或提出的税收观点。在那里我们指出，密尔在思想上是相当折中的；对于本书区分的英美税收思想流派，他都能列位其中。在密尔看来，对储蓄征税会扰乱所得税的中立性，也违背公平的准则。在拥护支出税的所有学者中，我们都能看到与此类似的看法，本书后面再对此予以讨论。

继密尔之后，庇古也认为，所得税不利于储蓄。他还补充说，所得税未能对积累具有的社会利益给予适当的关注。庇古与密尔看法一致的地方还有，支出税将会遭遇到难以克服的管理困难。不过，庇古仍然认为，对支出课税可以采用累进制，操作上几乎与采用累进制征收一般所得税一模一样。

无论是在美国还是在英国，对支出税感兴趣的人一向集中在学术界。不过，在美国却有数次机会让支出税叩响实践的大门。T. S. 亚当斯博士(Dr. T. S. Adams)在任职财政部税务顾问时，就十分推崇支出税。第一次世界大战后，国会议员奥格登·L. 米尔斯(Ogden L. Mills)也提出了类似的立法提案。在第二次世界大战期间，当控制通货膨胀成为最重要的经济问题时，国会与财政部为是开征销售税还是提高所得税(抑或二者都不)相持不下。于是，财政部提议开征支出税，这一提议着实震惊了参议院财政委员会(Senate Finance Committee)。处于困惑中的财政委员会和新闻界发现，很难把支出税归入某个税收类别：它是销售税还是所得税？或两者都不是？在当时的环境下，支出税看起来不仅可以带来税收收入，还可以作为一种全面的配给工具(overall rationing device)来使用。确实，支出税传达给国民的一个理念就是，他们可以按照自己的喜好去消费，可一旦消费过多，就会在税收上受到一定的惩罚。最终财政部的支出税提议并未受到欢迎，而且迄今也没有人再旧事重提。

欧文·费雪

长久以来，下述观点一直与美国经济学家欧文·费雪(Irving Fisher, 1867—1947)的名字联系在一起，即净收入应该被界定为扣除储蓄后的收入。在耶鲁大学，费雪获得了所有的学位，博士学位于1891年获得。同样在耶鲁大学，他获得了第一份职位，担任数学助理教授。但是在1895年，他转向了经济学研究，也有人说他是美国第一位称职的数理经济学家。在1893年和1894年，他先后在巴黎和柏林做研究。他的著述颇多，其中有两本是关于数学的，还有几本是关于卫生事务和禁酒问题的。在经济学方面，他第一本值得关注的书是《资本和收入的性质》(*The Nature of Capital and Interest*, 1906年)[①]，之后他又陆续出版了几本关于利息和货币的书。费雪之所以对税收问题产生兴趣，原因在于他对收入性质的研究。他确实写了一本税收方面的著

① 费雪的这本著作实为 *The Nature of Capital and Income*，这在第八章已经提到，但此处原文中写为 *The Nature of Capital and Interest*，应为本书原著作者的笔误。——译者注

作，即《建设性所得税》(*Constructive Income Taxation*，1942年)。此外，他还发表了几篇文章来讨论所得税税基的合适定义问题。

所得的定义

费雪深信，自己对所得性质的阐述将会彻底消除与此主题相关的众多模糊之处，从而不给异议与误解留下任何余地。他在处理"所得"问题时，立足于会计技术("普通记账员的借贷艺术")。在他看来，从特定来源获得的总净收入，就是这一来源的服务和损害(service and disservice)价值相加得到的净总额。在复式记账体系中，储蓄(或再投资)是贷方项目而不是借方项目，是所得的抵消而不是所得本身。资本收益(无论是否实现)属于资本项目，直到它被花掉。同样地，折旧不是支出，它只是一种为了未来更新改造而提取的应计项，直到实际支出发生，它才成为贷方项目。

举一个密切相关的例子。费雪假设，有三个兄弟，每人都继承10万美元的遗产。[①] 老大将这笔钱投资到一个年金项目，每年获得5 000美元的永续收益，然后老大每年花费这5 000美元。老二在14年内将这些钱积累起来(即在此期间将这10万美元存起来并每年再投资5 000美元)，到14年后这笔10万美元的遗产价值翻番，之后他能够而且确实每年消费1万美元。老三是一个挥霍无度的人，他在近6年时间里每年从银行中取出2万美元来消费，没有进行任何再投资。假设三兄弟都被课征10%的所得税，而且税收评估时对支出进行时间价值的调整，那么从税收资本化价值来看，每个人承担的税负是完全相同的。也就是说，每年500美元的永续税金，其现值等于10 000美元；从第14年开始每年缴纳1 000美元的税金，以及6年间每年缴纳2 000美元的税金，现值也等于10 000美元。但在通常的计算方式下，三人应缴所得税的计算结果大为不同。比如，对老二(储蓄者)来说，他的税收资本化价值是17 140美元。"这样的税收体系显然是不公平的，即便不考虑它对储蓄的不

---

① Irving Fisher, *The Income Concept in the Light of Experience*, English reprint [New Haven? 1927?], pp. 12—13. 该文最初载于：*Wieser Festschrift*, *Die Wirts[c]haft[s]theorie der Gegenwart*, Volume 3(Vienna, 1927)。

利影响，这种体系也会鼓励人们去挥霍。”①

以上只是一个简便的例子，但在笔者看来，它却证明了一个无人能够否认的事实：如果所得指的就是消费的话，那么就不应该向尚未消费的储蓄者征税；如果所得是指净收入，那么储蓄者就应缴纳更多的税，因为他增加了自己的收入。任何一种经济价值观(economic virtue)的实践，产生的都是相同的结果。让我们用更简单的方式来重述这一问题。在1970年，A、B两人各赚了2 000美元，A将其储蓄，B把它花光了。在1971年，两人又各赚了2 000美元，利息收入给A带来了100美元的增量，B也通过额外劳动(加班)获得100美元的增量。同样假设在获取收入的那一年，所得税平等地落在两人身上。A是否有任何抱怨的理由呢？两人都以4 100美元为应纳税所得额，这一数额也是他们的收入和消费金额。何时消费，由纳税人自己选择。在这两个人中，有一个人的牺牲是延迟了消费，另一个人的牺牲是额外的劳动。从社会收益的角度看，在前一种情况下社会获得了资本，在后一种情况下社会获得了劳动。如果有任何人想通过额外的牺牲来增加收入，他就必须与政府共享他的报酬，还有比这更简单的事实吗？在心理报酬方面，谁能说现时消费会比延时消费产生更大的满足呢？正如密尔指出的，如果A能在免税情况下进行储蓄和再投资，那么他的利益会更大。但这种税收优惠处置方式，是不是给了A(相对于B)非中性的利益？如果处置的权力(即选择的可能性)是所得的本质的话，那么答案就是肯定的。因此，费雪(还有密尔)的说法只是证明了，相对于他们最初的假设来说，什么才是明显的事实。

支出税的性质

费雪说道：“在理论上，最严密的所得税征收应该要追踪到纳税人的饭桌上，向他们的每一口饭课税；还要追踪到剧院去，向他们的每一次笑声课税。”(倘若这顿饭很糟糕或者剧院表演并不令人愉快，那么他应缴的税款需要打折扣。)但由于可测量性对税务操作来说至关重要，我们只好依赖于一种制度，它将严格遵循平衡记账的方法，记下纳税人的每一笔交易。对费雪来说，这种制

① Irving Fisher, *The Income Concept in the Light of Experience*, English reprint [New Haven? 1927?], p. 13.

度就是把消费掉的最终产品的价值(或以前的积累)作为税基。对消费者的资本品征税会有些特殊:纳税人拥有并居住的房子可以分期支付税款;至于家具,为方便起见,可以在购买的时候就对其征税。费雪一度怀疑,能否把适用于个人评价储蓄的标准照样用于社会对储蓄的评价,但他并未像凯恩斯那样担心无限制的积累可能会超过投资的机会。这是因为,他相信,可以通过利率的降低来抑制过度的积累。[①]

笔者认为,合理的结论应该是,在一个成熟的经济中,大量储蓄获得的好处并不足以支持我们去区别设置不同的税收。如果需要激励储蓄,除了税收补贴外,还有其他方法。不过这就又让我们回到了那个基本的问题:在储蓄和消费之间,所得税是否确实非中性?

总之,欧文·费雪是第一个充分探讨下面问题的人:为税收目的而将储蓄纳入所得,这样的做法究竟具有什么样的理论内涵?是他首先用整本书来讨论了这一主题,并且在所得税如何影响公平和经济这一问题上,也是他最为自信地认为,自己已经获得了确实的答案(直到卡尔多为止)。他的单轨研究方式(single-tracked approach)使该问题的争议变得尖锐起来,而且对很多批评者来说,也极具挑衅性。与此同时,他完全忽视了自己方案中所包含的诸多可争议之处。

威廉·维克瑞

威廉·维克瑞(1914—)[②]在耶鲁大学获得学士学位,无疑他也在那里认识了费雪。在很多方面,两个人的职业生涯都具有可比性。第二次世界大战期间,维克瑞在财政部担任税收研究员,并曾参与发起征收"战时支出税",不过这次尝试以失败告终。他的博士论文《累进税制议程》(*Agenda for Progressive Taxation*)于1947年出版。这本基于博士论文改编而成的著作广为人引用,它与西蒙的早期研究一道,被公认为在独创性方面具有极高的水准。

---

① Joseph Dorfman, *The Economic Mind in American Civilization* (New York: Viking Press, 1949), 3:370.

② 在本书原著于1974年出版时,维克瑞先生仍健康在世,直到1996年去世。——译者注

1947年，维克瑞在哥伦比亚大学获得博士学位，并在此后任教于哥伦比亚大学。

累积平均化

准确地说，维克瑞的《累进税制议程》一书，主要内容并非讲述支出税，他也没有主张把什么税当作唯一的税种。与维克瑞的名字紧密相连的一项改革提案，是以人的终身累积平均化收入作为所得税税基。在他之前的文献中，已经有很多关于平均化的建议，但维克瑞的提案无疑是格外雄心勃勃的。首先，顾名思义，他的提案针对的是长时期(最理想的是从纳税人成年起直到死亡)。其次是他提案中累积的特征。在提案中，他的想法是，用每年的收入加上先前已付税金的利息，得到一个累计的总数；再以这个总数为基数来计算出税收，从这个税收数中再减去先前已缴纳的税收和利息，便是当期应缴纳的税收。[①]盘点期初和期末的资产，就可计算出资本利得的金额。这样做再加上考虑利息的因素，目的不只是为了缓解使用分级税率计算变动所得时可能遇到的困难，而且也可用来打击各种拖延缴税的花招，比如公司盈余再投资、延迟纳税退休金计划等。当然，它们也致力于解决资本利得问题。一句话，它着力尝试一举解决所得税中的时间选择问题。

维克瑞的意思是，寿命相同且终身所得(以纳税额的现值计算)也相同的纳税人，应该缴纳相同数量的税收。需要注意的是，利息要素并不算是所得本身。若其他条件相同，那么一个在年轻时就已赚取绝大部分终身收入的纳税人，不应该在税收上受到惩罚，尽管较早地享用他的所得可能对他有好处。惩罚只应施加在那些挣钱早而纳税晚的纳税人身上。

维克瑞还提请注意的是，此处的税收和所得一样，也是累积的。这个制度会重新计算以往年度的税收，并让纳税人在收入不佳的年份里可以预期得到退税。这样做的话，该制度就确实具有它声称的反周期特征。

---

① 这就是说，如果A在平均化的第一年获得5 000美元的收入并缴纳1 000美元的税，若将其带入第二年(假设利率是5%)，那么他就有5 050美元的收入并缴纳1 050美元的税。注意，利息因素被同时加入账户中的收入和税收两个方面。早缴税收(early payment of tax)连同利息计入账中，相当于将纳税额充作一项投资，纳税人除了其他所得外，还可因此获利。

尽管维克瑞独特的方案毫无疑问有一定的优点，但对于国会来说，即使决定接受该方案对资本利得完全课税的要求，它也显得过于精细复杂了。而且，有批评者一直在怀疑，试图测算人的一生的纳税能力究竟是否可行。他们争论说，纳税人通常是基于更为有限的时间而行动的。最终，所有平均化的方案，尤其是那些野心更大的，都受困于估算的休闲价值，而休闲价值实际上不被所得税认可。

如果A女士每年赚5 000美元，而B女士自愿选择不停地进出劳动力市场，因此每隔一年赚10 000美元，那么这两个人要被同等对待吗？如果C先生和D先生具有相同的终身收入，但是C在55岁退休而D一直工作到70岁，那么总体上他们应该缴纳相同的税收吗？事实上，终身累积平均制度对C更优惠，因为他比D赚钱更早，纳税也更早。

在笔者前面谈及的所有学者中，维克瑞对纳税的时间选择问题给予了特别敏锐的关注；而且除了所得税外，他还将目光投向遗产税，提出了与终身平均法相类似的征税方法（但也更难以实行）。为了让税制改革简单些，他首先提出，要根据继承人和被继承人的年龄差异来调整税收。这样的方案鼓励遗产人将财产尽早地赠与出去，而对利用手段（比如困扰批评者们很久的隔代信托方法）拖延，则予以惩罚。

支出税

维克瑞赞同密尔和费雪的观点，即现行的税收制度在对待消费和储蓄时并非中性，"它扰乱了现时消费与未来消费之间的自然交换比率（natural exchange ratio）；在方式上，就像对橘子课征消费税会扰乱橘子和苹果的自然比价一样，到最后税制妨碍了消费者根据偏好和生产潜能来决策消费模式的行为"。①

事实上，这一点已经在前面评述欧文·费雪时讨论过了。税收制度干扰储蓄与不储蓄二者间自然交换率的程度，很难说比它干扰工作与不工作二者间自然交换率的程度更高。从经济学的角度说，除了人头税之外，不存在中性

① William Vickrey, *Agenda for Progressive Taxation* (New York: Ronald Press Co., 1947), p. 336.

的税收。

费雪给人的印象是,支出税是保守主义思想的最后避难所。维克瑞则与费雪不同,他认识并强调累进在支出税领域中的可行性。尽管当收入增加时,储蓄增加得比收入更快,但支出税的税率提高速度将会比储蓄增加速度还要快。由于纳税人有支出或储蓄的选择权,而且被征税的支出一般只占所得的一部分,因而支出税税率超过100%也是可以考虑的。这样做显得尤为公平,因为那些依靠遗产、先前积累或资本收益而生活优越的人,现在不得不以支出税的形式贡献出其部分财富。当然,在实现平等主义目标方面,支出税的几位拥护者(尤其是维克瑞和卡尔多)都没有说过,支出税不可能像净所得税那么好(甚至更好)。

维克瑞预期,(代替所得税后的)支出税会增加储蓄,并促使人们增强投资和冒风险的动力。然而,若支出税实行高度累进,这种效果可能会大大降低。

与费雪不同,维克瑞并没有想当然地认为增加储蓄必然有益。他注意到,古典经济学派(或其他学派)几乎没有试过为最优的资本形成率(optimum rate of capital formation)制定标准。在传统中,这一问题被大大简化为在后代人与当代人之间进行利益的比较。庇古和其他学者曾经认为,人类在进行比较的时候,有时可能会依赖一种天生的倾向:看轻(shortchange)未来。维克瑞指出,技术以及其他方面的进步意味着,在长时期内生活水平处于不断提高的状态,这会让人对未来而不是对现在更偏爱一些。此外,维克瑞认可凯恩斯的一个顾虑,即储蓄有可能会超过投资机会。但他并没有更多地警觉到,鼓励储蓄的支出税可能会加重储蓄与投资间的不平衡。他逃避了这个问题并安慰自己说,毕竟,有弹性的支出税对总储蓄的影响应该不至于太大。

此外,支出税有可能会增强财富和力量的集中,并因此给贪得无厌的人大开方便之门,让他们能够近乎无限地增加自己的财富,与此同时还极少缴税。这一问题困扰着维克瑞。于是很自然地,他循着费雪的方向,将遗产税作为最后的解决之道。不过与费雪不同的是,维克瑞构想了一个更加有力的遗产税制度蓝图。如果这一构想被证明不够充分的话,那么维克瑞还可以提供一个特别的方案,即只对来自股权(股票)的所得征收高税率、高级距的所得税(high-bracket income tax)。这一想法显然针对的是力量集中,而不是财富集中。

维克瑞对支出税管理的前景进行了考察，并得出如下的结论：在收入较少时，支出税的前景并不好。要恰当地实施支出税，就需要有关资本交易和资本现状的大量信息。据此，维克瑞表示，他倾向于一种折中性的课税组合：向低收入者征收所得税，向中等收入者征收支出税，向处于顶端的高收入者征收“反力量集中的股权所得税”(anti-power equity income tax)。

正如前面所说，在税收经济学家中，维克瑞最为强烈地关注纳税时间的选择问题，并对此作出了最大的贡献。遗憾的是，他提出的方案虽然充满了智慧和想象力，但难以产生实用性的影响。他对支出税的支持，是一项出色的、恰到好处的工作，也是我们给他的税收思想分类的根据。他的《累进税制议程》一书，就整体而言，也将长期居于税收创新水平的前列。

尼古拉斯·卡尔多

英国从未认真考虑过用支出税来取代部分的甚或全部的所得税，不过从多方面看，与美国相比，英国的环境更适合对开支征税。在1955年支出税被提出来的时候，英国税收中最为突出的方面是，资本收益被完全排除(只有微弱的限制)于所得税税基之外。进行这样的排除说明，指控英国现行制度“极度不公”是有理有据的。英国对所得税的管理为其他各国所称道，因此或许可以承担更为繁重的征管工作。在当时，英国需要更有效地利用更多的资本；至少英国人普遍相信，更多的资金能促进产业的进步，并以此来维持和扩大岌岌可危的出口市场。基于以上种种现实情况，用支出税来取代所得附加税(income surtax)这一提议就显得很有说服力，而该提议是由英国经济学家尼古拉斯·卡尔多(Nicholas Kaldor)[①]于1955年提出的。

尼古拉斯·卡尔多是国王学院的研究员(Fellow)，也是剑桥大学经济学准教授(Reader)。他为大众所知是因为与威廉·贝弗里奇爵士(Sir William Beveridge)一起撰写了《自由社会中的充分就业》(*Full Employment in a Free Society*)一书，但实际上此前他就已经发表了多篇关于经济理论和福利

① 尼古拉斯·卡尔多生于1908年，去世于1986年，本书原著出版时卡尔多仍健在。——译者注

经济学方面的文章。1947年至1949年间,他担任欧洲经济委员会研究和规划部负责人。1951年至1955年,他是皇家利润和所得税收委员会(Royal Commission on the Taxation of Profits and Income)的委员,这段经历为他撰写《支出税》(*An Expenditure Tax*)一书提供了基础。

在皇家利润和所得税收委员会的"少数派报告"(minority report)[①]中,卡尔多和另外两名委员强烈支持对资本利得征税。他们大力反对这样一种所得税,即极尽精细之能事来根据个人的不同情况决定税负,却又允许对由经济力量带来的大规模收益免税。他们怀疑,"所得"一词的任何定义都将使个人的支出能力接近于实际支出。他们的这一观点并未得到采纳,委员会也将支出税方案排除于考虑范围之外。于是卡尔多撰写了《支出税》一书以自辩,该书成为皇家利润和所得税收委员会"少数派报告"的补充材料。[②]

部分因为卡尔多的建议和影响,印度实施了一种支出税方案。尽管卡尔多的书并未将欠发达经济体包含在内,但如果一个欠发达国家(比如说印度)能够解决支出税征管方面的困难,那么卡尔多的理论就完全适应如下描述的国家环境:这些国家极度需要资本,可富人却倾向于沉溺在炫耀性消费中。

要注意的是,卡尔多是从左翼观点出发来推广他的消费税的。其观点与费雪观点的关系,犹如加尔布雷斯与拉兹的关系。费雪给人的印象是,他之所以支持支出税,其中一个原因是,他希望资本利得不要被课税。可卡尔多之所以批评所得税而主张支出税,是因为所得税未能成功地对资本利得课税。

卡尔多的个人支出税

卡尔多所称的"对物税性质的消费税"(consumption tax in rem),与税率累进且有免税额的综合支出税(overall expenditure tax)是不同的,不能将二者混淆起来。前者实际上只是一种普通的销售税,按卡尔多的说法,它因为具

① 当一个委员会根据多数人的意见形成决议后,委员会将以自己的名义发表报告,该报告实际上体现的是多数派的意见。与此同时,少数派的反对意见也将以"少数派报告"的形式作为附录同时发表。从历史上看,少数派报告在许多时候(当然不可能是所有的时候)更为正确,或者更代表未来的发展方向。——译者注

② Royal Commission on the Taxation of Profits and Income, *Final Report* (London: H. M. S. O., 1955), pp. 354—424.

有累退性且税负分配粗糙而引起消费者的反对。此外，这一税收的税负归宿也不确定，而且在不同类型的支出之间可能并非中性。不过，所有这些缺点在个人支出税这里都不存在。

就平等主义目标而言，卡尔多和维克瑞一样，认为支出税至少能做到所得税可以达到的平等程度。“毫无疑问，转向支出税，对富人的不利影响最大，对中等富裕者影响不大。因此，认为支出税在税负分配方面比现行税制累进程度低的看法，纯属无稽之谈。”[①]在支出税中，若适用强大且灵活的分级累进制，就可以达成我们所期望的平等。如果有人因个人需要而只能支出、不能储蓄，那么在税制上可用个人免税额和其他抵免措施来予以弥补。

卡尔多说，在所得税中若对储蓄免税，看起来确实好像是在为无限制的累积大开绿灯，而且累积可以让人获得过大的力量。与前人一样，卡尔多建议依靠遗产税来控制这一趋势。进一步地，他认为力量问题与大规模的产业和企业有关，因而不可能通过向个人课税来有效地予以控制。同时，阻碍纳税人在生前并购企业，也必然会抑制企业的发展。“个人财富的积累，是资本主义企业发展带来的不可避免的副产品。对储蓄课税，打击的是企业家阶层而非食利者。那些坐拥百万美元的食利者，与土地贵族(landed aristocracy)一样只是拥有大量财富，其本身并不累积财富。”[②]

卡尔多对支出税的支持，很大程度上源于他对充分储蓄的关切。与维克瑞不同的是，他丝毫不担心储蓄会过剩。在他看来，凯恩斯所说的过度储蓄属于周期性问题，不应与长期增长问题混为一谈。周期性的过剩问题，可以通过预算盈余或预算赤字等方法来解决。卡尔多赞成这样一种观点，即从长期看，储蓄只决定经济的增长率，而增长(不论以什么规模和速度)无论如何都是正确的。“用长远眼光看，英国需要以比过去56年所达到的更高的增长率来维持它在世界上的竞争地位。这一点，大家最终普遍认识到了。”[③]

在所得税制下，富人不会去多储蓄；对他们而言，力求多储蓄实在不理性。在收入处于高级距情况下，所得税显得比较苛刻，而且对储蓄不利。卡尔多表

---

① Nicholas Kaldor, *An Expenditure Tax* (London: George Allen and Unwin, 1955), p. 50.

② Nicholas Kaldor, *An Expenditure Tax* (London: George Allen and Unwin, 1955), p. 150.

③ Nicholas Kaldor, *An Expenditure Tax* (London: George Allen and Unwin, 1955), p. 187.

达的这一观点，与前述维克瑞和费雪的观点是一样的。

卡尔多声称，经济学家们都认为所得税对风险投资有不利的影响；对于因成功地冒风险而获取的收益，政府不课税比课税当然更受欢迎。[但是笔者怀疑的是，如果富人（作为阶级）每增加一分钱储蓄都会导致税率提高的话，那么激励究竟还能剩下多少？]由于人们通常都是逐渐地花费偶然所得（casual income），因而支出税就成为某种内置的平均化工具。如果长期通胀是一个问题（就像很多人逐渐相信的那样），那么支出税就是坚守阵线、对抗邪恶的理想武器。那些花在会加剧通胀的消费品上的支出，可以通过支出税而降低，但在资本品（投资）方面的支出并不会降低。只不过，在通货膨胀环境中投资是一个商业周期问题，可以通过反周期政策来解决。

从道德上看，支出税制度具有很强的吸引力。它的征税对象是"人们从公共池塘（共有资源）中取走的那部分，而不是投入公共池塘的那部分"。[1]

征收管理

就征收管理而言，支出税显然需要能力高超的征管人员和遵纪守法的纳税人群，而这两个要素英国都有。支出税所需要的附加信息数量也多得惊人，此处略举几个例子：资本性资产的购买和出售、货币借贷、银行余额、赠予项目、来自人寿保险公司的资本给付（capital payments）、赌博的收益和损失。高边际税率看起来会招致偷税漏税，但那些偷漏的税款在用于消费时会被课征支出税。进一步来说，只要有花钱动作，基本上就会产生可知的公共信息。当然，至少在一开始，支出税最好只用来取代针对高收入者的所得附加税（surtax）。如此一来，现行的一些好制度就可以不受扰乱，比如从源征收（collection at source）和代扣代缴制度（pay-as-you-go withholding）。

在卡尔多建议的税率表中，税率范围从25%到300%，其中300%的税率适用于消费时超出5 000英镑的那部分支出。[2] 这个建议中的税率表看起来很严苛，实质上并非如此，因为它既不适用于所得中被储蓄的部分，而且所有的税收（支出税本身除外）都可以从税基中扣除。再者，由于采用所谓的法国

---

① Nicholas Kaldor, *An Expenditure Tax* (London: George Allen and Unwin, 1955), p. 53.

② Nicholas Kaldor, *An Expenditure Tax* (London: George Allen and Unwin, 1955), p. 241.

份额制度(French quotient system),即按人均计算家庭的应纳税支出额(总支出除以家庭中的人口数),因而他所建议的高税率负担就大大减轻。这样,一个四口之家,可以支出 20 000 英镑(约 56 000 美元),而不必按高级距税率缴税。假设一个单身的人获得 100 万美元收入,并因此缴纳 40 万美元的所得税;再假设他从自己的收入中支出 10 万美元来用于个人生活,并因此要缴纳不到 30 万美元的支出税,连同所得税总额大概略少于 70 万美元。不过,如果他花费的支出为 20 万美元,那么他的全部税负就与收入相差无几(相当于收入几乎被全部没收)。因此,如果有人将更高比例的收入用于支出,他就可能不得不动用老本(资本)来弥补纳税资金的缺额。

小结

卡尔多的书发挥了非常有价值的作用,它强烈地敦促各方关注英美两国所得税在高收入级距方面存在的问题。此书至少指出了下列值得注意的内容:法律应更严密,税率应更低,应进一步强调大力改进遗产税。卡尔多发挥的另一个作用是,为一项旧观念增添了真正的"骨肉"——慎重考虑部分或全部取消净所得税。

对卡尔多的这本颇具说服力的著作,笔者有一些保留意见,大致如下:

1. 如前所述,卡尔多基于平等主义的名义而提倡支出税,但笔者并不清楚,卡尔多要实现的平等究竟是什么。它有可能是指,通过操控支出税税率来维持各种收入阶层之间的现行税负分配关系;更有可能是指,以此来达到更大程度的平等(相对于现有的不完善的所得税)。但是,在支出税制下,如果每个人消费金额的绝对数量相同,那么收入就完全不可能变平等。当然,在任何税制下,此种情形实际上不会发生,但这是卡尔多的支出税方案所倡导的。他的方案所追求的平等目标是支出的平等,而非所得或财富的平等。如果富人和其他人一样生活,那么他们在别的方面就不受约束了。对于这样放任贪欲经济(the acquisitive economy)的发展可能会带来的前景,笔者并不乐观。巨额的财富不仅会产生经济的影响,还会产生社会和政治的后果。以人际公平这一指标来衡量,卡尔多给我们的方案无异于堵上了旧漏洞,但又开了新漏洞。

2. 支出税可能会因为有助于储蓄而获得支持。支出税的所有支持者都持有这样一种观点，即所得税对储蓄来说是不中立的，因此他们打算纠正这样的非中立性。笔者不同意这一观点，原因已在前面的章节中阐释过。不过就算笔者的异议是合理的，我们仍要评判"税收制度应积极地促进储蓄"这一主张。事实上，除了运用税收优惠手段外，还有其他的方法可用来促进储蓄。不过，仅仅是提及这些方法(比如限制广告和消费信贷)，就会被人当作一种威胁并由此感到害怕，因为这些人希望大家都能自由地支出，同时大量地储蓄。

3. 对许多家庭而言，累进性支出税与累进性所得税的差异主要是一个时间节点的问题。在这些家庭中，他们赚的钱迟早会花掉；从长时间来看，他们的消费等于所得。毋庸置疑的是，支出流比收入流更有规律，因而支出税的计算内在地就具有平均化这一优点；而具有这样的特性，就能让纳税人免受累进所得税制下由收入波动而产生的不利影响。不过从另一方面来说，就纳税人的即时情况(immediate circumstances)而言，这样的时间节点可能未必更好。在人的一生中最需要朋友的时候，也就是他收入很少或没有收入但又必须承担相当大支出的时候——包括失业、收成不好、学徒期、生意惨淡之时等，最迫切需要的东西才是最好的。可此时，如果他储蓄，所得税会打击他；而如果他不储蓄，支出税将打击他。

4. 笔者完全同意卡尔多下面的看法，即支出税在税收管理方面有难以克服的困难。设计中的300%的边际税率会对征管产生怎样的影响，我们并无经验。它可能意味着，如果对某1美元的支出在归类时存在疑问，纳税人和政府就会为3美元的税额而争议。这就是说，举例而言，一个纳税人想请自己的商界朋友吃饭，如果此招待费被归类为商务支出，那么这笔花费并不大；可如果此招待费被归类为个人支出，那么这顿饭的成本将较实际支出增加3倍。可问题是，所有这些支出归类都要依靠行政程序来裁定，而行政程序本身也是有很多疑问的，并不能做到支出税制度所要求的绝对正确。

有人说，可以通过观察纳税人的生活水准来概略地认定其所得，这样的说法令人大有疑问。美国税务部门在征管时偶尔会尝试使用这种被称为"资产净值评估"(net worth assessments)的方法，但事实是，这种方法错误范围太大，行政成本也极高。

我们已经说过，19世纪的学者在批评所得税时，承认它在理论上有优点，但因其征管方面存在难以克服的困难而反对它。然而，对美国所得税逃逸问题的研究（我们之前谈过）表明，征管问题造成的税收收入损失大约只有8%到14%。当然，不同税源之间该损失的分布也不相同：来自工资的所得税损失约5%，来自农场、租金和利息等处的所得税损失超过50%。必须承认，这些数据很不完整，而且在征管方面的创新可能会减少某一类税收的流失。我们实在没有理由对这些数据感到自满。一些批评者曾经用这些数据来为“对物不对人”的销售税辩护，不过这样的销售税自身同样存在着征管的难题，而且同样可能因为某些人或在某些环节发生税收逃漏，只不过与所得税的情况有所不同罢了。值得注意的是，就我们当前的目的而言，在解决更多、更困难的税收征管问题之前，最好能够把我们现有的问题解决掉。

第四部分

功能税和定性税

第十二章　亨利·乔治和地租税

在美国和英国这两个国家，典型的税收主要针对收入课征，而收入只按数量进行分类(以便于实行累进制)。在税法上，按照一个通用的标准，同等计算源自工资的每一元与源自租金或利润的每一元。财产税通常由地方政府课征，并使用单一的税率。不过，除了像这样按数量征税的方法外，也有人寻求区分收入和财富的来源与种类，从而实行差别课税。差别课税的依据可能出于公平目的，也可能出于经济目的，或者二者兼顾。就公平目的而言，有人认为，一个纳税人对自己的劳动果实确有权利，但对他人的劳动果实并无权利。对绝大多数我们将要讨论的批评者来说，他们更感兴趣的内容是，设计税制时应以保存与促进税收基础为宗旨。他们认为征税的艺术就像更广泛意义上的经济艺术一样，目标应在于扩大国家的财富。他们强烈地意识到，税收制度若对收入来源不加区分，就是在惩罚有利于公众利益的辛劳与节俭。因此他们觉得或许可以找到方法，在获取财政收入(税收来源)的同时不伤害经济价值。

正因此，最受他们欢迎的征税对象是遗产与地租。有人曾经说过，国民收入由赚取(earnings)、拾获(findings)和盗窃(stealings)构成。定性税收的支持者将地租与遗产归为第二类收入，即拾获。

长期以来，不断有经济学家强烈主张，由于土地具有某种特殊性，税收政策应该对这种特殊性有所反映。因此，洛克的下述观点在他那个时代广为人知：所有税收的负担最终都会归于土地；能够有机会获取土地，是人的一项基本权利。[①] 18世纪法国的重农学派接受了洛克的第一个观点。在他们看来，就最终意义而言，只有土地具有生产性，因此只有土地才能够负担税收。这一观点意味着，土地所有者必然承担了用来支撑政府的全部税收负担。不过重农学派的想法是，此项负担可以减轻，因为新购土地者会把他们即将承受的税收全部或部分地折算进地价。在此，我们要补充说明的是，重农学派的这一想法就是土地税负归宿理论中的"税收资本化理论"。也就是说，土地购买者压低了承受税负的土地的买价，这样就有可能买到"免税"的土地，在未来从该项土地投资赚钱之时就好像它未被征税一样。有这样一种想法认为，土地单一税是所有税收制度中最简单、最好的制度。与"土地单一税"这一观点密切关联的人就是亨利·乔治（Henry George，1839—1897）。当然，类似特别土地税的观点实际上已经有很长的历史，远比乔治早得多。

土地租金税与古典学派经济学家

对于重农学派宣称的"地主在生产方面的作用独一无二"，亚当·斯密并没有接受，不过他的确同意重农学派说的"地租特别适合征税"这一观点。在讨论与房产税相关的问题时，斯密注意到，对土地租金征税不会提高地租，也不会妨碍产业的发展；而且对土地租金课税，可以在租金获取者"自己都没注意到"的情况下课及他的收入。[②]

李嘉图（David Ricardo，1772—1823）是一位赢得巨大声誉的英国经济学家，他主要关心的问题是财富与收入的分配。他阐述的租金理论以及对地主社会角色的观点，成为后世许多激进思想的基础与灵感来源。在此处，我们没有必要来细说李嘉图对地租所做的著名分析。[③] 李嘉图特别重视地租与土地不同肥沃程度之间的关系；对于最肥沃土地所获得的租金，他将其看作该土地在生产潜力方面超过边际土地（the marginal lands，即勉强值得耕种的土地）的差额。李嘉图的这一概念与马尔萨斯的人口理论相结合，近年来已引起很

---

① John Locke, *Some Considerations of the Consequences of the Lowering of Interest, and Raising the Value of Money* (London, 1692).

② Adam Smith, *Wealth of Nations*, bk. 5, pt. 2, chap. 2, art. 1.

③ David Ricardo, *The Principles of Political Economy and Taxation*, Everyman's Library (New York: E. P. Dutton and Co., 1911), p. 131.

多人的重视。随着人口的不断增加以及被称为边际土地的生产潜力越来越小，高租金就追随着高价格接踵而来。对于价值创造而言，租金没有任何贡献——它只不过是价值的结果。对地租征税，不能被转嫁（也不会扰乱价格），但是如果对包括边际土地在内的一切土地都按面积征税，就会提高谷物的价格。

尤其在19世纪后期（与亨利·乔治同一个时代或在他之后），李嘉图的地租理论受到了经济学家们的尖锐批评。事实上，有些经济思想史学家认为，李嘉图的地租理论除了能留下一点历史奇谈外，其他什么都不会留下来。对李嘉图的"地租不进入价格"理论，也有学者进行了相当有说服力的攻击。其中，赫伯特·约瑟夫·达文波特（Herbert Joseph Davenport）写下著名的诗《猪的价格》，再次探讨了这一话题。该诗内容如下：

猪的价格
相当昂贵；
因为猪吃的谷物，你懂的，
也非常昂贵，
这是因为，谷物生长
在价格昂贵的农地上。

如果你想知道
土地价格为何而高，
就请考虑：它的价格高
是因为它要赚钱；
于是谷物的价格就要提高，
于是就有了高价格的猪！

达文波特主张，租金就像其他成本项目一样，必然推高最终产品的价格。

在所有古典经济学家中，约翰·密尔最能代表及解释我们在此处要阐发的观点。前面引述过的一个段落，值得我们在此处再次引用。在这段文字中，密尔宣称他更喜欢将定性税作为税种：

用更高的税率对高收入征税，用较低的税率对低收入征税，

> 这无异于在向勤劳和节俭征税；或者说，这无异于对那些比邻居更勤奋工作、更努力储蓄的人施加处罚。为了公共善(public good)而应该予以节制的，不是因勤劳产生的财富，而是由非勤劳原因获得的财富。[①]

密尔认为，能够应用上述想法的领域集中在赠予、遗赠和继承等几个方面。在他看来，这几处不仅特别适合征税，而且还适合运用分级累进形式(密尔对于累进作为征税技术，一直持相当保留的态度)。对勤劳财富征税会打击劳动的积极性，而对非勤劳财富征税则会鼓励劳动积极性；人不可能依赖他人的收入生存，故有义务自己参与劳动。

对密尔来说，最突出的非勤劳收入显然是土地租金，就像李嘉图曾经说明的，地租看起来就像是对国民收入贪得无厌的索取。对于经自己的分析而形成的逻辑，李嘉图在将其用于税收政策时有所顾忌。不过，对于心中社会感更强的密尔来说，就没有什么好顾虑的：

> 假设有这么一种收入，它不需要有人去费什么劲或者做什么牺牲就能获得，而且数量在不断增长；这样的收入获得者在社会中形成一个阶级，他们的财富自然而然地加速增长，完全不用主动去做什么事情。在这种情况下，如果国家在这种财富增长时征收全部或一部分增量的财富作为税收，就不应该违背私有财产制度据以建立的原则。这样的做法，不是在说对任何人征收任何东西都是合适的，而只是说，为了社会利益向那些由环境创造的增值财富征税是合适的，这样的征收可以避免特定阶级中的富人不停地捞取不劳而获的收入。[②]

接下来，密尔指明，上面的论述适用于地租和地主。密尔发现，就现行的英国土地税制而言，很不幸，这一税收实在太少；而且他觉得现有的土地税根本算不上税收，这是一种为了迎合公众而对地租的收费。

---

① John Stuart Mill, *Principles of Political Economy* (London: Longmans, Green, and Co., 1929), bk. 5, chap. 2, sec. 3, p. 808.

② John Stuart Mill, *Principles of Political Economy* (London: Longmans, Green, and Co., 1929), bk. 1. chap. 1.

尽管密尔发出了上述大胆的言论,但他对将自己的想法应用于实践却显得相当保守。他受制于英国运动员的传统精神——不在比赛进程中改变规则,除非给予既得利益者适当的补偿。因此,密尔设计出一个相当精巧的妥协方案,那就是只对土地的未来增值部分课税。不过,美国思想家亨利·乔治却不像密尔这样在实践地租税原则时有所顾虑,而是显得毫不犹豫。

亨利·乔治

在职业上,亨利·乔治常被视为新闻从业者而不是经济学家。他在 14 岁的时候就已经离开学校;如果说他是什么经济学家的话,那他也是一个没有博士学位的经济学家。不过,在哈德·诺克斯学院(the School of Hard Knocks),乔治接受了比较完整的教育。此后,他从事过多种职业,并有过极为贫穷的日子。在 15 岁那一年,他在一条往返于澳大利亚与加尔各答的船上工作。在 19 岁的时候,他离开费城,前往加利福尼亚淘金。他没能成功地找到想要的黄金,于是回头从事其他工作,并最终在旧金山的报界成为一名新闻从业员。在加利福尼亚,他见证到土地价值的快速增长,发现每有一批新移民到达,土地价值就达到一个新高点。出于对土地问题的兴趣,乔治写出《进步与贫困》(*Progress and Poverty*)一书。不过,在寻找出版社时,乔治遇到了不少困难,于是他不得不为了该书第一版问世而亲自担任排版工作。该书出版后不久即在市场上受到了十分惊人的欢迎,直到今天仍被列为经济学领域最为畅销的著作之一。

在此书出版后不久,乔治就移居到了纽约。作为演说家,他到处受到邀请,并表现甚佳。乔治还成为一场运动的领导者,如"土地与劳工俱乐部"这样的组织就是在他的影响下广泛建立起来的。每一项运动都必然有一名殉道者,在乔治这里,殉道者就是能言善辩的天主教传教士麦格林神父。由于与乔治及其运动有关联,麦格林一度被逐出教会。

出于对爱尔兰土地问题的兴趣,1881 年乔治应邀访问爱尔兰,并在爱尔兰和英格兰停留了约一年。稍后他又返回英格兰,开展长期的演讲旅行。又过了一段时间,他到澳大利亚和新西兰旅游。在这两个国家,乔治都受到了令人难忘的欢迎,并造成了深远而持久的影响。

乔治接着转向政治职业。1886 年,他作为纽约市长候选人,与西奥多·罗斯福以及民主党中的塔马尼派候选人(Tammany candidate)艾布拉姆·S. 休伊特(Abram S. Hewitt)一起参加竞选。结果在当年,休伊特当选为纽约市长;乔治的得票数仅次于休伊特,成功地威胁到了休伊特。1897 年,乔治不顾自己日益恶化的健康状况,听从别人的劝说,再一次竞选纽约市长。可在竞选接近尾声时,他不幸病故。

乔治的葬礼令人难忘,现场有几千位友人及追随者参加。在他去世后,他所开启的运动仍持续进行。这场运动在财力上得到捐赠基金的充分供应,在人力上得到热心的但不断减少的忠实追随者的支持。在美国的许多州,不断有人发起运动,要求按照乔治的观点去修改税法,但很少获得成功。只有宾夕法尼亚州曾经在税法中规定了分级课税计划(对土地改良部分,按全部价值的半数课税);而匹兹堡及斯克莱顿(Scranton)两个城市也曾多年采用此方式。

《进步与贫困》并不是一本对经济学有深远影响的著作,它也没有假装展开中立公正的讨论(judicial treatment)。该书文字流畅动人,内容"流淌自内心",因而具有极强的说服力。

亨利·乔治的悖论

乔治要解释的主要问题是,为什么社会已有惊人的技术进步,可贫穷依旧持续不减?他汲取了李嘉图与密尔的大量经典思想,包括他们所主张的观点,即地主从社会中索取过多却无甚益处。在劳动与资本方面,乔治并不认为有哪一方剥削了对方或者剥削了社会,而是认为二者都从各自的贡献中获取利益。这样一来,整个世界就只剩下一个坏人,那就是地主,因为他们成功地从参与国民收入分配的其他人身上榨取了不断增长的大额收入。下面一段文字就是乔治在提出问题之后开始研究的悖论。

地主榨取收入极为不公正,因为就天赋权利而言,土地是全体民众的遗产。对土地实行私有财产制度,就像对人实行奴隶制一样,极不恰当。

在乔治的著作中,有一段与此相关的著名文字可加以引用。这段文字不但能说明他的思想,也能显示出他的表达方式:

> 让我们假定……有一个讲求实际的生意人,他不懂什么理论,但知道怎么赚钱。这时候如果你对他说:
>
> “在这里有一个小村庄,它将在10年内变成一座大城市:在这10年内,铁路将取代马车,电灯将取代蜡烛。在这个大城市里,将到处是机器设备和改良设施,有效劳动能力将大大提高。现在我们的问题是,在10年中,利息会提高吗?”
>
> 这个生意人将告诉你:“不会!”
>
> “普通劳动力的工资会有所提高吗?那个除了劳动力以外一无所有的人,自己生活会不会更容易一些?”
>
> 他会告诉你:“不会。普通劳动力的工资一点儿也不会提高;相反,最有可能的是,他们的工资会下降。对于一个纯粹的劳动者来说,自己生活不会更容易,很有可能会更困难。”
>
> “那么到底什么会提高呢?”
>
> “租金;土地的价值。去吧!快去为自己买一块地,然后一直拿着。”
>
> 在这种情况下,如果你接受了他的劝告,那就不必再做任何事。你可以坐下来抽烟斗;你可以躺下来,像那不勒斯的乞丐或者墨西哥的流浪者那样啥也不用做;你也可以乘气球上天,或者钻洞入地。你不必做任何工作,也不会对社会财富有丝毫增添,但在这10年内,你一定会发大财!在新的城市中,你可能会拥有一幢豪华的大厦;但这座新城市里却依然有穷人,在公共建筑中少不了的是济贫院。①

对乔治的这一见解和其他观点,笔者将在本章末尾再予以评论。此处,笔者只想简单地说明,并不是所有的美国村庄都已(或将)成长为大城市;而且,乔治提出的发财简单公式,曾被不少人尝试过,但他们得到的结果大多是令人失望的。

在解释为什么会有贫穷之后,乔治还负担起解释商业危机与经济萧条的

① Henry George, *Progress and Poverty* (New York: Robert Schalkenbach Foundation, 1931), pp. 293—294.

任务。在美国内战之后很长一段时间里,危机与萧条都是人们痛苦的经历与广泛讨论的话题。乔治将危机与萧条的原因归咎于土地投机:土地主手里拿着地,自己不用也用不了,就单纯地等待着地价最终上涨;危机,乔治称"突然发作"(paroxysm),发生在正常地租与投机性地租差距最大之时。经济萧条的作用是,将此二者差距缩小,于是闲置土地再度被开发或用于生产;投机者也因此失去进一步持地待涨的信心或能力,从而不得不放弃他们对土地这一重要资源的持有。

乔治的救治药方:单一税

对于上述种种病症,乔治开出了简单的药方:用税收取走源自土地的全部经济地租,然后将所有其他的税收统统废除。

在"地主对补偿的要求"这一章,乔治提出了一个曾经困扰密尔的问题:"是否应该允许土地像过去那样一直作为私有财产?如果废除此土地私有产权,那些将自己的未来寄托于永久持有土地的人若受到伤害,是否就意味着我们做错了事?"[①]乔治考虑到前述密尔的妥协方案(即只对未来增值的部分课税),但他还是决定予以反对。他认为,密尔的方案在税收管理上过于复杂,而且更为重要的反对理由是以下事实:"此项解决方案,将为永久的未来留下一个因占尽他人便宜而拥有巨额财产的阶级。"[②]乔治注意到,在当年曾有人谈论过,为那些因奴隶解放而受损的奴隶主提供补偿,但在奴隶解放大业完成时却并未如此做——这当然正确。"如果土地属于人民,那么为什么要在道德和正义的名义下,让人民为自己的土地支付售价?"[③]

由于土地的特殊性质,对土地课税会带来唯一的及特别有利的税负归宿。其他税收的负担在征税后必然会落在数量不定的产品或行为上,再经由经济力量的运作,这些税收负担将会由卖方向买方转嫁,并在转嫁过程中出现税上

---

① Henry George, *Progress and Poverty* (New York: Robert Schalkenbach Foundation, 1931), p. 359.

② Henry George, *Progress and Poverty* (New York: Robert Schalkenbach Foundation, 1931), p. 362.

③ Henry George, *Progress and Poverty* (New York: Robert Schalkenbach Foundation, 1931), p. 364.

加税的问题。但征收土地税却非如此：对土地征税，会降低土地的价格；而且如果用税收形式来没收经济地租的话，就可以将租金降至零。那些为使用而持有土地的人将会发现，土地的市场价值已经消失（不能再靠单纯买卖土地来获利）；但对他们来说，土地的有用性却并没有消失，他们仍然可以将土地用于本来的用途。

笔者评论

在笔者看来，要从乔治提出的土地单一税方案中寻找缺点，当然不难；尤其是笔者具有这样的有利条件——乔治去世之后80年的历史经验尽收眼底。乔治认为大众苦难必然不断加深这一观点，在历史进程中并未得到验证。已有证据显示，大众的真实收入得到了提高，而地主在国民收入中的份额实际上在不断降低。

征收特别土地税在实务方面的困难，被乔治过于轻易地略过。“特别土地税”在实施时，并不能很好地适应乡村的土地财产。这是因为，在乡村很难清晰地区分土地与土地改良；尤其当乡村土地与城市土地在出于同一个目的使用时，更是如此（比如在大多数县及学区就是这样），若此时只对土地课征单一税，那对农民来说可能是极为歧视的。再者，以高税率向土地课征特别税，对城市来说，将会产生许多始料未及的社会效果。土地税自身对于地点的替代性选择或许是中立的，但如果以土地税取代现行的财产税，那么这种中立性就不再存在。

毫无疑问，单一税的主张确实有些夸张，被攻击为“江湖万灵丹”似也恰当。乔治曾经辩称，他的方案，除了可以给政府提供充足而无成本的财政收入外，还可以提高劳动收入和资本报酬、消除贫穷、终结经济周期、减轻犯罪、提高道德水准，以及“将文明推至另一个更为不凡的高峰”。

对乔治的理论，尽管有这些和那些有效的批评，但就笔者的意见而言，它仍包含了许多经得起时间考验的内容。土地（作为空间与位置）的确与资本不同，它并非经由生产而来，也无法再生产；土地的价值单纯是需求的函数。同样正确的是，土地供给的存在与人的努力、投资以及风险承担都没有关系。因此，向土地征税应该可以绝对避免一般税收可能伤害积极性的后果。另外，若向长期持有的土地征税,那么对于即将买入土地的人来说就没有税收负担,这一结论在一定意义上可以说含有一些真理性。更为重要的事实是,就社会而言,土地实际上是没有成本的资产。如果政府能够征收掉全部的地租,那么我们仍然有土地可用。

对笔者来说,在对乔治理论的批评中,也有一些是没有什么说服力的。例如,有一项批评意见说,从来就没有什么社会创造的增值;所有看起来像这种增值的,均是由人创造的,而且是为了"正在成熟的土地成本"而付出的代价。不过,若对所谓的"正在成熟的土地成本"进行分析的话,可以知道,它是(至少一部分是)投资利息与风险回报;如果政府先一步没收掉土地价值的话,就不会有这些投资。也有些学者将土地价值的增加看作为了促进发展而提供的激励因素,这就像为鼓励寻找石油,联邦所得税法规定百分比折耗法一样。虽然对于风险及努力的补偿,市场有自己的方法,但这种补偿方法能否成为服务于社会目标的经济报酬或必需方法,值得怀疑。

还有一种意见经常被提及,那就是,土地品质有差异就像所有生产要素有差异一样,大自然并没有给予什么独特的恩惠。确实,土地的价值并非取决于差异性,而是取决于稀缺性与生产效率,后二者足以说明土地价值的差异。在一定程度上,个人的才能是大自然的赠予,但个人才能也是个人努力的结果。其他种类剩余的存在,可以构成反对土地价值单一税的理由,却不足以用来反对向土地价值征收特别税。

在今天,将乔治的学术贡献与税收方案视为历史奇事、趣事,而不是将其用来分析当前的状况,这看起来显得十分时尚。不过,笔者更愿意接受下面的说法:乔治的学术贡献包含了真理的成分,并具有经久不变的重要性。这些真理成分,即使在当下,仍与下列问题相关:支持财产税而反对销售税;支持将资本利得纳入而不是排除于所得税范围之外;支持按实际成本而不是按百分比来计算折耗;等等。随着城市不断扩张,对土地税的兴趣再度兴起。为了减轻一般性财产税,在征收一般城市土地税时,按土地来源分配税额应该得到的支持比它可能得到的支持更多。

第十三章　康芒斯、霍布森和定性税

约翰·R. 康芒斯

约翰·R. 康芒斯(John R. Commons,1862—1944)教授并不是税收领域的专家,对于税收问题也没有做过系统研究。他发表的有关税收问题的观点,大部分集中在《制度经济学》(*Institutional Economics*)一书中一段不太长的文字里。本书之所以将康芒斯包含在内,是因为他像本章讨论的其他学者一样,主张在税收处理时将勤劳所得与非勤劳所得区别开来——这一区别称为"定性税"(qualitative taxation)。另外,他进一步发展了土地税方面的思想,并且在很多方面与我们迄今考察过的作者都不同。

康芒斯出生于印第安纳州,在那里他的父亲有很多事业,其中一项是自己出版报纸。因此,在年轻的时候,康芒斯学习过做印刷业的生意。后来他靠这项本领时常赚点钱,自给自足地完成了在奥伯林学院(Oberlin College)的学习。他也一直维持着自己在印刷公会的会员资格,直至去世。

正如在大学里时常发生的那样,康芒斯在奥伯林学院也受到了注定要改变他一生的影响,其来源包括门罗(Monroe)教授所担任的经济思想课程。门罗教授曾经做过共和党的国会议员,并曾任驻里约热内卢的领事。他说服奥伯林学院的两位理事借钱给康芒斯,以便康芒斯完成在约翰·霍布金斯大学的研究生学业。在约翰·霍布金斯大学,康芒斯遇到理查德·T. 艾里(Richard T. Ely),后者对他应聘进入威斯康星大学工作帮了忙。不过,由于康芒斯在约翰·霍布金斯大学的历史考试成绩不合格，他不仅失掉了奖学金，也没能获得博士学位。在其后学术生涯中，康芒斯获得的诸多学位头衔都是具有荣誉性质的。（这一细节，可用来安慰那些在分数和考试方面落后的研究生。）

在奥伯林学院的时候，康芒斯读到亨利·乔治的《进步与贫困》一书。他还听了亨利·乔治面对奥伯林学生的演讲，并成为"乔治校园俱乐部"的会员。

康芒斯的前半生简直就是失败接着失败、沮丧连着沮丧。高中毕业以后，他曾经尝试着在乡村学校教书，但因其无法对学生施加纪律管束而不得不辞职，他当时发誓永不再教书。前已提及，康芒斯在约翰·霍布金斯大学的研究生生涯也没有什么显著的成功可言。他在卫斯理大学（Wesleyan University）担任教职时也不成功，因为他讲课不能吸引学生，被学校通知不再续聘。在奥伯林学院的教职工作，他只做了一年。在印第安纳大学，他工作的时间稍长一些；不过，在他辞职时，大家都觉得，学校当局乐意见到他的离去。他出版的《财富分配》（*Distribution of Wealth*）一书被人认为有意识地隐藏了社会主义思想；如果不加掩饰的话，就会受到不利的批评。在锡拉丘兹大学（Syracuse），他也遇到许多问题，其中之一是他支持周日的棒球活动。他的支持激起了主张安息日的宗教团体的愤怒，为此校长认为他是经费筹募时的一大障碍。最终他又被辞退。乔治·谢波里（George Shibley）雇用他为民主党设计物价指数，但因为价格变动趋势反复无常，以至于康芒斯再次觉得自己要换新工作。在工业委员会任职期间，康芒斯进展得还不错，但后来因患有神经性肠溃疡而不得不结束工作。他在为"公民联盟"（Civic Federation）工作时表现还不错，并因此奠定了作为劳工调解人的声誉基础。基于这项成就以及过去的关系，1904 年艾里将他介绍进威斯康星大学，教授劳动经济学课程，并完成劳工运动史的一个研究项目。自此以后，他终于时来运转，毕竟恶运已纠缠他太久。[①]

---

① 对约翰·R. 康芒斯生平的完整描述，可以参看其自传 *Myself*（New York: Macmillan Co., 1934; reprinted, Madison: University of Wisconsin Press, 1963），另外还可参考 Lafayette Harter, Jr., *John R. Commons* (Corvallis, Oregon: Oregon State University Press, 1962)。想要了解所谓的制度经济学家的历史背景与独特贡献，可以参考 Joseph Dorfman, "The Background of Institutional Economics," in *Institutional Economics: Veblen, Commons and Mitchell Reconsidered* (Berkeley: University of California Press, 1963)，尤其是可参看在这本论文集中内尔·张伯伦（Neil Chamberlain）论述康芒斯的那章颇有启发的内容。

这个时期正是威斯康星州政治运动的“拉福莱特时代”(LaFollette era)。康芒斯不久也受其影响,投身到积极的实践活动中去,并起草了一部公务员法规(1905 年)。在政府部门(及私人部门)的改革实践方面,他的贡献包括以下各项:劳工协调、事故赔偿、劳资委员会(industrial commissions)、失业保险、社会保障以及公用事业管制等。除此之外,他的贡献还包括不朽的著作《美国劳工史》(*History of Labor in the Untied States*)以及《资本主义的法律基础》(*Legal Foundations of Capitalism*)。康芒斯之所以出名,还有一个重要原因就是,在研究工作方面,他成功地赢得了学生们的合作。

康芒斯被归类为制度经济学家,不过对“制度经济学”这一术语却很难进行明确的界定。或许最多可以说,制度经济学是出于对经济学和经济方法的独特态度而定义的,这一态度大体上由三位美国经济学家(康芒斯、凡伯伦和米歇尔)共同拥有,其中包括以下内容:对研究主题的跨学科方法;以成就为导向的目的性原则(康芒斯称其为“限制因素”);高度强调经验研究(包括要求获得对制度的第一手观察资料,对历史发展给予尊重);不信任纯学术性的及演绎性的理论;倡导以实用为原则并通过政府解决人类问题;强调研究集体行动和利益冲突;关心实际产出而非金钱好处;强调要识别在财产中所包含的占主导地位的无形要素等。这些内容都对经济学与财政学产生了深刻的影响。拉法耶特·哈特(Lafayette Harter)认为,这些影响如今已经完全融入经济思维的主潮流,不再需要给予特别辩护或者自觉地予以追随。对于哈特的这个大而化之的结论,笔者在其他地方曾表示不能完全同意。[①] 康芒斯观点最为突出的地方,是他反对那个时代的很多学术作品,也因此被一些批评者称为“反智主义者”(anti-intellectual)。

康芒斯论税收

基于以下前提,康芒斯展开对税收的分析:所有的税收(哪怕是以财政为目的的税收)都有重要的非财政后果。在其《制度经济学》一书中,康芒斯有专门讨论税收的一节,并配以意味深长的标题——“税收的警察权力”。对于这

① Harold M. Groves, “Institutional Economics and Public Finance,” *Land Economics* 40 (August 1964).

一主题，他将自己的观点有力地表达如下：

> 那么，税收是警察权力最有渗透性和最具特权的运用……即使课税时并无意于发挥管制作用，但税收仍将进行管制；这是因为税收（如保护性关税）通过决定在何处人们不会致富，决定了人们可以致富的方向何在。税收会对生意人说：此处有利润，那里会亏损。税收的警察权力无从逃避，因此任何种类的税收都不能仅仅被看作获得岁入的工具，也不能认为它是按照平等原则、量能原则、财富累积原则或其他单纯以获取过去财富为目的的什么原则来征收的。事实上，税收是通过配置获利动机而取得岁入的一个过程。①

在税收方面，康芒斯的主要兴趣和目标可以通过他所说的“税收教义”(canon of taxation)来理解。对于税收教义，他的说明如下：

> 但是，如果说有另外一项税收教义可以恰当地运用于实践的话，那就是，财富生产的结果应受到有利于财富生产的公共目的指引，那些只因土地区位价值上升而获得财富的人（比起从工农业生产中获取财富的人）应该缴纳比例更高的税收。因土地区位价值上升而致富的人，只是从共同体中抽取财富而没有任何增添；因工农业生产而致富的人，对私人财富和共同体财富的增加作出了直接的贡献。因此，从共同体或社会效用的角度来说，纳税的能力有两种：一种是与纳税人对共同体财富的增添成正比；另一种是与纳税人对共同体财富的增添成反比。前者我们称为“效劳能力”(Ability to Serve)，后者我们称为“支付能力”(Ability to Pay)……税收应该与支付能力成正比，与效劳能力成反比。②

以上内容非常好地反映了个人主义思想与资本主义哲学：致富不是犯罪，只要你的致富是通过提高普遍富裕水平来达到的；如果你的致富是以邻为壑，那就大为不同。康芒斯在书中说明，早期英国法院是如何在类似哲学的基础

① John R. Commons, *Institutional Economics* (New York: Macmillan Co., 1934), p. 20.
② John R. Commons, *Institutional Economics* (New York: Macmillan Co., 1934), p. 819.

上，去寻求建立并引导经济行为的规则的。以他人为代价获取财富的最明显例子，就是欺诈与偷窃，当然还存在一系列不那么明显的手段。不幸的是，笔者要说明，在个人财富与共同体财富之间，并没有一条清晰的界线；在今天这样的垄断时代，界线更为模糊。康芒斯表达的理念实际上与密尔的甚为接近，不过在有些地方他的灵感可能来自洛克。对于洛克，康芒斯曾经进行过孜孜不倦的研究。

在讨论运用合适的税收手段将上述理论应用于现实时，康芒斯推荐了几种课及经济租金剩余的可能方式。对于广泛采用的“特别摊派”(special assessments)，他表示赞同；因为这样的征收，一般只用于土地，目的是尝试着取回一部分因公共改进措施而产生的土地增值。另外，他还建议运用分类所得税，对勤劳所得(按康芒斯的定义)适用优惠的差别税率；而对于土地区位价值，他建议以累进税率课征所得税。对于一些独特的东西，康芒斯也特意指出来，以便在征收累进所得税时，将其一一辨识并排除出去，比如土地增肥这样的无形改良措施。最后，他对匹兹堡的分类估征制度表示赞同。在他看来，将这一制度用于征收财产税时，土地的价值在估征权重上远远超过改良带来的价值。

康芒斯教授起草了《格林斯塔法案》(Grimstad Bill)，并将其提交给威斯康星州议会。在法案草案中，有一项建议是对空地的价值征收州税。当《格林斯塔法案》草案搁置在立法部门时，康芒斯就自己的观点向州立法委员会进行了详尽的阐释。[①] 他从制造商抱怨税收负担过重开始阐释，并引用了在他看来负担更重的公用事业和农民的例子。不过，康芒斯认为，制造商在反对向工业征收更重税收时确有道理。对州政府而言，确实应该避免税收政策导致压迫。他问道，为何不对垄断形成的价值以及非勤劳所得征税呢？他还引用了威斯康星州密尔沃基市(Milwaukee)的普朗金盾拱廊(Plankington Arcade)——一块不到2英亩的土地——的例子。在这个例子中，土地价值400万美元，改良措施价值300万美元，前者约等于威斯康星州比较好的市镇的土地价值。在这些比较好的市镇，土地价值由数百个农民分享，其中土地价值的半数来自“血汗”造就的肥沃。

---

① 有关康芒斯教授在该委员会听证会上的发言，可参见 Bill 532 A，mimeographed (Madison: Legislative Reference Library, March 15, 1923)。

笔者评论

与单一税设想相比,《格林斯塔法案》草案中所提建议本身相对温和谨慎。它所说的无非是,由大自然馈赠并因稀缺形成的价值并不是财产所有者创造的,因此特别适合征税。此处确实带有妥协的性质,这一妥协针对的是下面两项要求:一是康芒斯对平等的要求,这需要由累进税来实现;二是康芒斯对经济与效率的要求,这需要由定性差别税来实现。不过,对批评者而言,土地价值也许是某种更大类别中的一个子项目:为何不(特别地)对所有的非勤劳所得或财富课税?这个问题直接将我们引向约翰·A. 霍布森的研究。

约翰·A. 霍布森

约翰·A. 霍布森(John A. Hobson,1857—1940)是一位英国经济学家,他在牛津大学接受了古典经济学教育,但并未获得重要的学术职位。他同样属于经济学的“地下世界”,只不过在程度上比亨利·乔治要稍轻一些。霍布森一度受雇于伦敦大学分校(London University Extension Lectures),但因他在《工业生理学》(*The Physiology of Industry*,1889 年)一书中对节俭进行攻击,从而冒犯了英国人流行的传统智慧,最后失去了工作。这一事件足以告诉我们,在英国人的主导价值中,节俭行为的神圣性仅次于宗教信仰本身。在这本与麦莫瑞(Memmery)合写的著作中,霍布森发展出解释经济循环与失业问题的消费不足理论。在他看来,不平等的议价能力导致收入分配失调;收入分配失调造成过度储蓄与消费不足;过度储蓄与消费不足又引发产业危机,并最终(在他后来的一本书中提到)带来帝国主义。现在公认的意见是,凯恩斯高度依赖于这一异端学说;在凯恩斯的手中,该学说得到修正并受到了一定程度的尊重(至少在一段时间内)。凯恩斯是这样向霍布森的著作致敬的:“虽然这本书在今天已被人完全忘记,但是在一定意义上,该书的出版为经济思想开启了一个新纪元。”[①]

---

① John Maynard Keynes, *The General Theory of Employment Interest and Money* (New York: Harcourt, Brace and Co., 1936), p. 365.

在经济理论方面，霍布森并未受过坚实的训练。在其一生中的多数时间里，他充当一个专栏的自由作家，主要为一般读者写作。在他为数众多的作品中，有几十篇是发表于期刊的文章，还有在49年里先后著成的53本书。由于他写得太多太快，因而并未将所有的作品写好，但这绝不是说他的书中缺乏原创思想。其中一些作品——如《现代资本主义的演化》(*Evolution of Modern Capitalism*，1894年出版，数度修正并多次重印)——还是具有坚实的学术性的。他发表的有关税收的观点，大部分可见于1920年出版的《新国家的税收》(*Taxation in the New State*)一书中。他是约翰·拉斯金(John Ruskin)的忠实门徒；从研究路径来说，他属于人文主义经济学家(humanist economist)。[①]

在税收思想方面，霍布森的主要原创性贡献，是他提出了“经济剩余”(economic surplus)的观念并将其应用在税收问题上。确切地说，这种或那种剩余的观念，在经济学文献中并非新鲜事物。法国的旧式社会主义者曾经谴责某些收入来源(尤其是地租和遗产)，并将其称为“特别的特权”(special privilege)，而这一思想大多为约翰·密尔所接受。至于其他很多人，包括亨利·乔治、瓦尔拉斯和康芒斯等，都曾单独挑出土地租金并将其视为经济意义上的非勤劳所得。如果更深入探索的话，我们还可以发现马克思在“特别的特权”名录中增列了利息和利润两项。凯恩斯曾经质疑过储蓄的收益(即利息)，后来他将利息视为不劳而获的、无代价的收益。凯恩斯与之前的格塞尔(Gesell)两人都怀疑在社会意义上利息是否有必要存在。他们认为，利息是一种纯粹的货币现象，与储蓄及实物资本供给都无关。沃克(Walker)曾将地租的概念加以引申，以便用来解释利润。还有不少经济学家注意到，除了土地外，在其他生产要素中也存在类似于租金的成分。

在霍布森看来，超出“为了持续地使用生产要素而不得不付给生产要素所有者的、在物质上和道德上都属必要的报酬”[②]之上的超额部分，就是剩余。他同意一些经济学家的反驳意见，那就是租金或其他类似于租金的东西(霍布

---

① 有关霍布森生平及其著作的近期文献，可参见：E. E. Nemmers, *Hobson and Underconsumption* (Amsterdam: North-Holland Publishing Co.; New York: Kelley and Millman, 1956).

② J. A. Hobson, *Taxation in the New State* (New York: Harcourt, Brace and Howe, 1920), p. 14.

森称为剩余)是一种普遍存在的现象。但是他建议,无论剩余产自哪里,一旦它产生,就可用税制将它取走。不过对于用税制取走剩余,霍布森也有自己独特的看法。在对生产要素逐一考察后,他先承认一个旧观念,即土地的租金是真正的剩余。但是,他又说,在现代社会,土地租金只是许多剩余中的一种,既不应过分重视,也不应将其挑选出来进行特别的处理。垄断性土地获得的收入与其他因垄断获得的收入在经济上没什么不同,比如操纵稀缺资源或者有特殊的议价能力等。在一切生产要素的报酬中都有剩余的因素,只选出其中之一予以课税,不仅是歧视,也是不智。在所有的行业或所有的地区,有一项例外,那就是标准工资;标准工资是生产的必要成本,如果不能按标准支付工资,就不会有后续必要的劳动力供给。

对于资本而言,也有最低"工资"的问题,即需要给予资本必要的利息,以诱使储蓄阶层在留下足够的支付能力后,将多余的资金提供出来形成必要的资本。这样的分析同样可以用于利润。但霍布森特别注意到,在此领域存在着非常庞大的他称为"剩余"的因素。这是因为,垄断在此处普遍存在,而竞争不能发挥有效的抑制作用。为取得合理的增长水平,某些再投资可被接受为必要的成本,或者说是生产性剩余。

基于以上分析,霍布森发展出自己的税收理论,将公平、经济、归宿和激励性等因素都考虑在内,而且认为这些因素相互间没有冲突。就公平因素来说,哪里没有剩余,哪里就没有真正的纳税能力;如果有的话,我们也没法对其征税。从经济因素来说,如果征税不干扰生产的话,征税显然甚为有利。就税负归宿而言,只有剩余(根据其定义)才能承担税负。成本与那些供给有弹性的商品相关;也就是说,这些商品如果被课税,就可能从市场上消失,价格就会由此上升。这就是标准的税负归宿理论。价格上涨将会把税收负担转移到剩余身上,这样做可给留在此领域的生产者必要的经济补偿。这是一个痛苦的过程,开启这一过程实属不智。至于激励性,也包含在霍布森对剩余的定义中。如果任何一方的激励被挫伤,供给就会减少。

霍布森的剩余观念与税收制度

尽管霍布森的分析似乎指出了通往简单而科学的税制之路,但他的说法却很难行得通，这是因为，他无法精确地将剩余与成本分开。到最后，霍布森不得不把急剧累进的一般所得税（同时实施充分的减免）——当然还有遗产税——作为解决方案，以此达到他对剩余征税而不课及成本的目标。在他的所得税方案中，不再严格地对收入来源进行重大区分并据此征税。用霍布森自己的话来说就是："健全税收的实务基础在于如下假定：个人收入的比例课税能力与收入规模同方向变动：也就是说，收入规模越大，其包含的可税剩余的比例就越大。"①

遗产税能够发挥很大的作用，它不但可以将所得税维持在合理的限度内，而且可以捕捉到所得税漏掉的剩余性财富。遗产税与所得税二者在性质上正好互相补充。对霍布森来说，地方性财产税并无吸引力，但他承认，由地方政府对土地价值在规定限度内征收地方税可能是适当的。这其实是他对亨利·乔治的观点所做的让步。不过，他总结说，自住房屋的租金价值在地方层次上可能是衡量可获得剩余的最好指标；在应用时，应该考虑给个人一定的豁免额，并实行累进制度。

由此看来，霍布森抹平了定性税与定量税之间的鸿沟，通过这两种方式获得的是相同的答案。不过，他据以得出结论并给予支持的理由，与倡导公平的学者所依据的理由大相径庭。

笔者评论

如前所述，霍布森将成本与剩余二分，这在逻辑上是自洽的，但在实务方面却没什么用。他的做法最多只不过想通过重述问题来找出答案。本来的问题是通过区分性质以便差别征税，霍布森却通过区分数量来差别征税。看上去霍布森未能完成任务，不过或许基于下面的原因，我们可以给予谅解，那就是在理论上进行的多数区分在现实中都不可能做到。比起 100 年前，今天这个问题显得更难解决。在 100 年前，企业收入可谓勤劳所得，因为勤劳所得的最佳定义就是竞争所得；可比起 100 年前，今天的竞争是极不普遍的。

边际效用分析因为依赖于心理上无法计量的要素而备受困扰，霍布森避开

---

① J. A. Hobson, *Taxation in the New State* (New York: Harcourt, Brace and Howe, 1920), p. 234.

了这一困扰,却让我们陷进心理学的另一个困境。这是因为,霍布森的理论在结构上整个地依赖于激励这一要素;可有关激励问题,至少是到今天,我们实际上都极为缺乏实证信息。近年来对于激励所进行的经验研究呈现给我们这样一个印象,那就是,它对于高税收反应的敏感性远较以往设想的要弱得多。

基于其他理由,我们也能发现霍布森对剩余所做的分析不太经受得住攻击。比如说,为了经济增长的需要,他在理论上做出了让步,这就极大地削弱了他原已脆弱的主张。此外,对于个人或单个企业而言的剩余,可能从制度整体来说并不是剩余。类似这样的混乱,也可以在霍布森的其他观点中见到,例如,他认为在工会确立的基本工资中不存在剩余。如果有一家工厂支付的工资低到不足以让员工买到平常的必需品,那么这家工厂很可能就雇不到所需的劳动力;但是如果普遍地对工资征税,以至于将有些平常的必需品排除在消费范围以外,那么这些产品就不再是"平常的"(conventional)。

在对霍布森观点的细节作上述讨论之后,可能会有人想回到康芒斯的观点,即对土地租金中明确而纯粹的剩余征收特别税,而对其他(难以区分出来)的剩余征收不太过分的累进税,从而达到平等主义的目标。

税收在定性方面的考虑及其经济效应值得我们去关注与尊重。例如,有人注意到,用缴纳遗产税来代替目前针对高等级收入者的所得税,就经济效果而言可能更好。其次,基于高收入或其他方面的免税证券并非好的制度设计。再次,在地方政府层次上,土地税比起个人财产税或销售税来说是更好的选择。但是,定义和辨别上的困难严重阻碍了现代税收对定性税的考虑。

我们对税收思想四个主要流派的追寻,至此基本结束。在税收中有一个侧面,我们过去始终未在这四个流派中讨论,那就是税收在财政政策中的作用。如今对此侧面的讨论,大多应归功于宏观经济学在这一问题上重新引发的兴趣。约翰·梅纳德·凯恩斯在这一方面发挥了巨大的影响力,接下来我们将讨论凯恩斯。

第十四章　凯恩斯和宏观目标税

按照路易斯·基梅尔(Louis Kimmel)的说法[①]，在我们的预算史上，大多数时候联邦预算受到以下四个方面的限制：

1. 预算在编制时绝不能有赤字；虽然预算在执行时偶尔无法避免赤字，但财政能否稳定以及是否可信，都取决于当局持续不断地努力避免赤字。

2. 应该避免公债；如果已发行公债，那么应该尽力及早偿还。

3. 私人家庭中的谨慎原则，也适用于经济整体。(后来有批评者用一个简单的例证来说明此处可能存在的错误：如果有个人带一张凳子去本县集市，然后站在凳子上看赛马，那么他的小计策是可以成功的；可问题是，如果每个人都这样做，那就没有一个人能看清楚赛马了。)

4. 最小的政府(施加最少限制)对私人经济有利，并因此符合公共利益。[②]

除了这些限制外，或许应该再加上第五条戒律：纳税是对公共支出的自然限制，将此二者分开，就是在公然地鼓励腐败。若试图分开，无异于寻求不劳而获。

无论是谁，只要对目前预算及公债的主流看法有所了解，就会承认，有某种革命发生了(姑且不论它是好还是坏)。对现在绝大多数学者来说，只要能减轻

① 参见 Louis H. Kimmel, *Federal Budget and Fiscal Policy, 1789－1958* (Washington, D. C.: Brookings Institution, 1959)。

② 虽然这是流行的准则，但在实践中并未得到严格遵循。事实上，从建国初期似乎就有一条未予承认的准则在运用：政府是企业的伙伴，必须在此方面发挥积极而有益的作用。只要政府的行动对己有利，企业向来不惮于提出要求。由此看来，美国过去的预算状况更多是由经济条件变动决定的，而不是因为政府实践了谨慎性准则。不过，不管怎么界定经济条件的变动，需要认识到的是，这样的变动既广泛又真实。

私人经济的困难,政府即使没有税收也可支出,这没有什么不对。很多人抛弃了清教徒的伦理观,而聚集在这样的旗号下:预算是经济文件,并非道德文件。

对于仍持有清教徒伦理观的人来说,更为糟糕的事情是:这些新异端的支持者表达出来的是一连串令人困惑的悖论,每一个悖论都异于常识。例如,增加储蓄的方法,就是存款更少;平衡预算的方式,就是让它进一步地不平衡;削减公债的办法,就是发行更多的公债;获取更多财政收入的道路,在于减税;对商人来说要增加利润,就先把目标定在少赚上,比如将商品降价。当然,不得不承认的是,《新约全书》(*New Testament*)中至少也有一处悖论,而且是一个很大的悖论,那就是"那些总想活命的人,将失去他的生命"。不过,那些坚定的清教徒还是能够从当前这种奇幻的经济学中,看出撒旦这个老骗子(old deluder)的身影。

在前面我们已考察过很多财政经济学家,他们一再重复引用亚当·斯密有关税收原则的教义,然后再加上一项自己的说法,并贴上"充足原则"的标签。这个概念的含义大致被限定为"以具体税收或税制产生满足政府所需的收入"。在此"旧瓶"中并没有装上"新酒",充足原则现在也从"增加税收以满足政府所需"变成"增加税收以防止私人经济发生通货膨胀"。

我们在前面提及的预算态度方面发生的革命,部分原因应归于约翰·梅纳德·凯恩斯(1883—1946)时代之前的历史发展。不过,凯恩斯的名著《就业、利息与货币通论》(*The General Theory of Employment, Interest and Money*,1936 年;后简称《通论》)也是部分原因所在,该书不仅系统性地阐明了这一革命,而且大大加强了这一发展的趋势。

凯恩斯是一位具有非凡影响、声望和才华的英国经济学家。他的父亲,内维尔·凯恩斯(Neville Keynes),也是具有一定名望的剑桥大学经济学家。他的母亲也很能干,曾担任剑桥镇的镇长(mayor of Cambridge)。事实证明,年轻的凯恩斯在各个方面都有极高的天分,他所做的每一件事都大获成功。他在伊顿公学和剑桥大学接受了教育,在这两个学校的表现都非常优异,不仅在学习、辩论等方面,甚至在体育方面也是如此。他精通数学,早期出版过一本讨论概率的著作。在剑桥大学,他遇到了阿尔弗雷德·马歇尔和 A. C. 庇古,于是开始了他对经济学的早期偏爱。毕业后,他曾在印度事务部工作;后来他回到剑桥大学担任经济学和政治学的讲师。从 1912 年到 1944 年，他担任《经济学期刊》的编辑。在第一次世界大战期间，他任职于英国财政部，负责海外财政事务。1919 年，他代表财政部出席巴黎和会。基于此次会议的经验，他撰写了《和约的经济后果》(*The Economic Consequences of Peace*，1919 年)一书，该书为他奠定了声望。在此书中，他不仅严厉批评了和约本身，也严厉批评了设计和约的那些著名人物。

1925 年，凯恩斯与莉迪亚·洛普考娃(Lydia Lopokova)结婚，她在当时是一名极受欢迎的美女舞蹈家。婚姻就同凯恩斯做的几乎所有事情一样，也极为成功。据说，凯恩斯曾认为，自己那位情绪化的太太比现实经济更不易预测。不过，看起来凯恩斯在这两方面都表现甚佳。

凯恩斯有六七本闻名于世的著作，我们把考察范围限制在财政领域内最有影响的两本书，即《如何筹措战费》(*How to Pay for the War*，1940 年)和前面提到的《通论》。在前一本关于战时财政的著作中，凯恩斯将自己的经济学理论应用于分析战时通货膨胀，并引进了强迫储蓄的概念。

1937 年，在 54 岁的年纪，凯恩斯心脏病发作，并在余生的 9 年中一直遭受此病的折磨。尽管如此，在第二次世界大战期间，他仍为英国承担了几项重要的外交工作，并被公认为诞生于布雷顿森林(Breton Woods)的国际货币基金组织的主要设计者。

凯恩斯从来不过隐退的生活，他兴趣广泛，在经济学以外取得的成就与他的著作一样精彩。在其短暂的一生中，他奉献了 13 年给英国政府，并以此证明自己是一位优秀的行政人员和外交官；他以业余爱好的心态涉足投资，却大赚了一笔，数额超过 200 万美元；他担任过一家保险公司的董事长，也做过英格兰银行的董事；他还是艺术品的赞助人和收藏家。

凯恩斯尽管以激进主义而闻名，也曾坦率地将资本主义制度评价为失败(在两次世界大战之间)，但他却不是社会主义者，也从不倾向官僚制度。在政治归属上，他加入了英国自由党而非工党。

在经济学历史上有各式各样的顶尖学者，其中有一些曾经历过失败和贫穷，也有一些善于利用天赋与机会并从一开始就成功。凯恩斯应属于后一类学者，并在某种程度上像密尔与李嘉图的合体，只不过相对于密尔来说，凯恩斯在学术上更具原创性;相对于李嘉图来说,凯恩斯在写作上更具才华。就像许许多多伟大的经济学家一样,凯恩斯也用自己的学术著作回应了那个时代的核心问题,从而赢得了人生大奖。

储蓄

我们可以从有关储蓄的争论开始,选择适合放入本书的凯恩斯主义和后凯恩斯主义的经济思想,其中涉及的问题有储蓄的本质、总储蓄充足或不充足的可能性、储蓄对失业的压力等。对失业的解释是,它主要源于从"计划储蓄"(intended savings)走向"计划投资"(intended investment)过程中发生的功能失调。对储蓄的计划,在相当大程度上取决于收入而不是利率;收入越高,用于储蓄的比率就越高。这样的解释路径,也许可以命名为"储蓄的剩余理论"(residual theory of saving)。该理论受到了常识、恩格尔个人支出法则,以及在消费品增加时其重要性递减的边际效用理论的支持。在凯恩斯看来,储蓄意味着无须付出代价就可以获利,因而可以废除利息;只不过在资本主义经济中,为了让拥有货币的人放弃流动性,就不得不支付利息。在一个丰裕的经济中,储蓄常常过多;个人的储蓄几乎已不再需要;企业提取的折旧基金和机构的储蓄已经足够。即使在历史上不那么富裕的时期,过多的储蓄也是灾难的制造者,这也是在资本主义早期就已出现的侵蚀经济机体的痼疾。凯恩斯并不相信下面的观点:企业总是能够吸收任何数量的储蓄,而储蓄数量简单地决定了经济的增长速度。在决定投资之前,企业家必须要能见到一个有形的市场。这不是说利润率不重要;相反,正是新投资的预期利润率在一定意义上决定了投资的水平。

尽管凯恩斯此时表达的异端思想绝非全新的,但它却给了传统智慧一记新的重拳。曼德维尔曾经表达过同样的思想,但他的诗遭到了查禁;霍布森说得比凯恩斯还少,却因此遭到解雇。古典学派经济学家们,特别是庇古,几乎一致强调储蓄极为重要;他们都认为,储蓄是人们用来装备自己并进而提高生产力的工具。这是因为,在他们看来,人类有一种自然倾向,常以未来为代价来追求当下的快乐,这也是限制经济进步的主要因素。凯恩斯的观点也冒犯了所谓清教徒的伦理观,后者认为,拯救现实世界和未来世界的路径就是禁欲

(self-denial)。至于储蓄过多的问题,古典学派中的卡弗是如此回应的:他首先承认一个社会在理论上可能会储蓄过多;但他又表示,在现实中这样的可能性小之又小,以至于闻所未闻。①

凯恩斯对自己提倡的教义并未提出经验的证据;在凯恩斯以后,这一教义受到的批评既猛烈,数量又多。公平地说,经济学家们仍在探索有关储蓄倾向与消费倾向的充足理论。不过,在此领域内凯恩斯提出来的教义大多已被证明为极其脆弱。

西蒙·库兹涅茨以及其他学者曾经用历史统计学的方法来研究储蓄的数量。他们发现,无论是用国民收入还是用人均收入来衡量,美国经济在过去几十年都大有增长,但是储蓄倾向并没有提高的趋势。相反,库兹涅茨注意到,从 1870 年到现在,相对的净资本形成表现出相当程度的降低;这一现象既可能是储蓄减少的原因,也可能是储蓄减少的结果,库兹涅茨倾向于后者。当然,储蓄本身很难加以衡量。例如,在已采用的方法中并没有考虑一些无形的储蓄,比如当前对教育的支出事实上是对未来的储蓄。库兹涅茨在进行数字计算时,对净资本形成与总资本形成二者严加区别。他指出,呈现下降趋势的是净资本形成,而这意味着折旧与报废数量增加,其中部分原因可能是机器资本的相对增加,以及技术进步步伐的加快。②

杜森伯里(Duesenberry)曾经提出一个理论,可称为"消费与储蓄的相对性理论"(a relativity theory of consumption and saving)。该理论认为,一个人的消费与储蓄倾向取决于他的邻居的行为。可以这么说,现在许多所谓的穷人,在绝大多数方面比亨利八世时期的穷人生活得好;但是现在的穷人仍然感到不满意,原因在于,他们的邻居生活得也比过去好得多。在考虑消费品的技术进步和销售艺术的提高后,这种情况可能足以说明一个事实,那就是长期的国民生产总值增长并不一定意味着,相对于收入来说,人们会减少支出、增加储蓄。③

---

① Joseph Dorfman, *The Economic Mind in American Civilization* (New York: Viking Press, 1949), 3:355.

② Simon Kuznets, "Proportion of Capital Formation to National Product," *American Economic Review, Papers and Proceedings* 42 (May 1952):507—526.

③ James S. Duesenberry, *Income, Saving and the Theory of Consumer Behavior* (Cambridge: Harvard University Press, 1952).

弗里德曼说，统计数字显示出富人相对而言比穷人储蓄更多，此实乃误解。这是因为，在年度数据样本中包含了许多年度水平短暂地高于或低于正常水平的人。他相信，如果将这一错误排除掉，那么资料就会显示出，收入水平与消费倾向之间关系极小(如果说还有一点的话)。人们的消费倾向确实存在差异，但这项差异可能反映的是由财富(而不是收入)因素以及一些特定的制度因素而引发的不同。[①]

有关谁储蓄了多少这一争议也与销售税的估征有关。如果每一个收入阶层的人，都把大体相同比例的收入用于消费，那么人们所诟病的销售税累退性就不再成立(事实上一直有这样的说法)。[②] 不过，不仅储蓄避开了典型的零售商品税，而且许多服务也避免了此税。[③] 当然，这些分析都基于税收完全向前转嫁的假定。

基于自己从历史材料所作的概括，布朗芬布伦纳(Bronfenbrenner)攻击了凯恩斯的历史结论。他的看法是，长期通货膨胀是自有历史记载以来的一般性规律。从这个方面说，19 世纪还是非常稳定的时代之一：在这个世纪，经济增长记录良好，即使出现了萧条，也会在没有(太多)政府干预的情况下自行矫正。可自从出现了《充分就业法》(Full Employment)、工会压力、冷战与人口增长等因素之后，未来的经济才看起来比过去更具有膨胀性。[④]

累进税

对于税收，凯恩斯只讨论了几页纸[⑤]，但其中饱含了可为累进税支持者所用的内容。他观察到，自 19 世纪末以来，利用税收来减轻财富分配与收入分配的不平等，已获得了相当大的进步，尤其是在英国。但过去总有一个很大的

---

① Milton Friedman, *A Theory of the Consumption Function* (Princeton: Princeton University Press, for the National Bureau of Economic Research, 1957).

② 参见 David G. Davies, "Progressivity of Sales Taxation in Relation to Various Income Bases," *American Economic Review* 50, no. 5 (December 1960): 987—995。

③ 有关讨论，参见 Daniel C. Morgan, Jr., *Retail Sales Tax, An Appraisal of New Issues* (Madison: University of Wisconsin Press, 1964)。

④ Martin Bronfenbrenner, "Some Neglected Implications of Secular Inflation," in *Post-Keynesian Economics*, ed. Kenneth Kurihara (New Brunswick: Rutgers University Press, 1954), chap. 2.

⑤ John Maynard Keynes, *The General Theory of Employment, Interest and Money* (New York: Harcourt, Brace and Co., 1936), pp. 372—374.

顾虑，那就是担心累进税会伤及经济增长所需要的资本。根据自己的观察，凯恩斯消除了这一顾虑。在他看来，只有在充分就业条件下，经济增长才需要依靠大量的储蓄；否则，储蓄只可能阻碍经济增长，并会带来其他不利的后果。

在亚当·斯密的税收教义中，第一准则和第四准则（分别关于公平与经济）在过去一向被认为是互相冲突的，必须有所妥协。凯恩斯的上述看法彻底解决了这一冲突，这对许多累进税支持者而言，他的解决方案犹如一份奴隶解放宣言。

的确，凯恩斯关注到，要促进风险的承担，就必须保留激励因素。不过，他明确表示，在剧烈累进的税制范围内仍可保留激励因素。

凯恩斯之所以支持累进税，在一定程度上是因为他相信，自己对储蓄倾向和收入水平所做的论断是有效的。在凯恩斯之后有几项研究表明，将美国税收制度由累进制改为累退制，对储蓄的影响微不足道。[①] 他们说，边际消费倾向对这样的改变不太敏感，弱于各收入阶层因平均消费倾向的差异而形成的预期。不过，这一说法如果成立，在相当大程度上是基于以下事实：收入非常少的人，常常处于负储蓄状态；而负储蓄者的边际消费倾向非常低；当收入提高时，这些低收入者并不去扩大消费，而是尽力减少他的负储蓄（归还欠债或补充原来提取的银行存款）。这一发现与支出的相对性理论也是一致的；累进税能缩小不同收入阶层之间的收入分配差距，收入分配状况的改善或不同收入阶层在收入地位上的改进甚或逆转，可能对总的储蓄—消费比率不会有太大影响。

不过从某一方面来说，上述这些发现是对累进税的支持。如果储蓄数量不易受税收引发的收入分配变化的影响，那么我们也就不必担心累进税会妨碍储蓄的充足性了。

内在弹性

与凯恩斯相关的另一个支持累进税的观点，是累进税制所具有的内在弹

① 有关例证，参见 Harold Lubell, “Effect of Income Redistribution on Consumer Expenditures,” *American Economic Review* 38 (March 1947)：157；也可参见 Richard A. Musgrave, *Theory of Public Finance* (New York：McGraw-Hill Book Co.，1959)，pp. 268—271。

性。在几乎所有的税收种类中,税收数量的变动不仅与税率的变动有关,也与收入的变动有关。就累进税而言,这一点尤其正确。因为在此种税制下,税收收入的变动程度自动地大于收入的变动程度。单就个人所得税而言,尽管名义税率并未变化,如果每个纳税人的收入都增加,那就意味着有效税率大大提高。如果琼斯的收入从2 000美元增至4 000美元,他需要缴纳的所得税可能是收入增长前的4倍。就公司所得税而言,它带来的税收收入的变动幅度要大于国民收入的变动幅度,原因在于,公司利润的变动幅度要比其他要素收入的变动幅度更大。内在弹性不仅是巨额预算的函数,也是累进预算的函数;在此高税收带来了有利的影响。相反,实现完全平衡的预算(伴随着联邦预算规模的缩小)可能会加剧经济的不稳定。有人计算过,在20世纪50年代中期,美国财政制度中的内在弹性给予私人的收入补偿数量可能达到了私人收入额的40%。①

毫无疑问,对于税收思想与实务来说,宏观经济学最大且争论最少的贡献,在于它重新引起了人们对税收水平的重视。如前所述,税收收入充足与否,取决于是否实现了私人经济的均衡。说到底,它的意思是:只有在充分就业时,预算才应该平衡。这个理论现已大致上为英国所有政党接受。在美国,《1964年岁入法案》(Revenue Act of 1964)获得了广泛的支持;这足以说明,上述新思想同样具有广泛与深刻的影响。

当然,替代性政策选择仍然存在:货币政策可以代替财政政策;对政府支出实行控制可以形成预算赤字(或预算剩余);通过制度改变来直接影响长期的失业等。不过,减税至少也是药方之一,因此税收操作显然会受到极大的欢迎。凯恩斯学派的学者愿意将货币政策作为辅助工具来使用,但对其效果却没什么信心,尤其是在严重萧条时期,因为此时即使降低利率,也可能没人自愿放弃流动性。

现在,凯恩斯帮助我们把目光投向税收在宏观经济学中的作用,在此背景下我们可以思考其他的税收建议。最古老也是讨论最多的税收建议是,为了对抗严重的经济萧条,政府可以在货币上"盖印"(stamped money),即对闲置的货币征税("盖印"表示完税)。正如格塞尔指出的,这一做法是将货币贬值,

---

① Musgrave, *Theory of Public Finance*, p. 511.

就像把其他可作为价值储存的产品进行贬值一样。除了会带来其他问题外，这种观点还给货币经济学带来一些定义的问题。在今天，闲置在银行中的活期余额确实可被归类为闲置的货币。但如果存款人将他的银行账户转变为定期存款，此时钱仍然闲置，那么现在是否该视之为银行在囤积货币？如果强迫货币退出闲置状态而买入无风险的证券，那么就会人为地制造竞争并促使证券价格上涨，可这样做对解决问题真有帮助吗？

我们再来讨论另外一个颇具说服力的建议。我们注意到，每年都有大笔费用花在广告上。在促进支出倾向发展方面，多数人认为广告具有相当重要而且可能是有益的影响。但是作为消费刺激措施的广告支出，能否为了经济稳定的目的而时多时少？为了让广告支出做到可多可少，有两种方式可以采取：一是限制广告支出在税前的扣除额；二是在必要时直接对广告支出征税。[①] 就社会角度而言，即使不考虑作为经济稳定器的广告可能具有的潜力，也应该对广告支出课税认真讨论（参见亨利·西蒙斯）。在这方面大多数评论认为，如果所有的竞争者都争相利用广告，广告的效果就互相抵消了（就像军备竞赛）。不过，我们不必过多在意这一建议在经济实务上的困难。这是因为，它牵涉到的既得利益如此丰厚，以至于这种议题只是在学术方面具有吸引力，而在政治方面纯属不可能。

税收作为控制工具，最吸引人的也许是瑞典对于税收的实验性运用。在瑞典，如果公司将留存资本按照政府希望的时机进行再投资，那么它的折旧费就可以在纳税时间及纳税金额方面获得优惠。这一做法刺激了公司留存资本的增长，也值得美国人予以更多的重视。

① 参见 Max A. Geller, *Advertising at the Crossroads*(New York:Ronald Press, 1952)。

第十五章 结论

在本章中，我们既不打算总结这本书所呈现出来的诸多观点，也不打算详细阐明笔者自己的观点。这里要做的是，针对本书的内容及其对应的税收议题，提出笔者的一些思考。

税收中的理性主义

对于税收政策问题，笔者大体认为自己身处于我们称为“理性主义者”的行列中。理性主义者是这样一群人，他们觉得税收必须在分配方面发挥作用。如果张三缴的税比李四多，我们就必须能够告诉张三为什么。如果要想答案站得住脚，我们就必须将它与政府责任的某个方面联系起来。在许多时候，税收不同于抢劫；但最为重要的不同是，就分配而言，税收具有理性的依据，而抢劫则纯属肆意妄为。也许在一个非理性的世界里，要保持理性的税制是不太可能的，但理性的批评不需要去赞同非理性的行为。

我们不能说，分配是唯一值得考虑的事情。就像其他的公共政策问题一样，税收是好还是坏，必须根据其全部后果来判断。例如，有一种税收虽然达到了分配公平，却使得分配的“馅饼”更小；而另一种税收虽然分配不太公平，却做大了分配的“馅饼”。如果能够对此加以证明的话，那么我们也许会采用第二种税收。不过，理性主义者有可能因为更偏爱公平分配而选择了第一种税收。

机会至上主义者之所以偏爱特殊商品消费税，是因为它给了纳税人选择的机会；也就是说，纳税人可以通过选择不消费而避开税收，这样纳税抵抗就会降到最低限度。这种税收对纳税人的积极性损害极小,还会鼓励他们去储蓄而非消费。不过,理性主义者会首先注意到,如果纳税人选择避税,那么实际上避开的只不过是政府履行的纳税人自己的责任。如果承认这样的税收确有一些好的附带效果,那么理性主义者会说附带效果需要与这样一个事实综合起来衡量:这样的税收既没能充实国库,又干扰了资源的最优配置,以至于降低了社会福利。

对于理性主义者而言,反对零售税的主要理由并不是它的累退性,而是它的粗糙性。这种税收既夹杂了消费税才有的只涵盖部分消费的特点,又混合了随意的营业税税负归宿不确定的缺点;与此同时,该税收还指望自己得到的结果具有中立性。

所得税也不能避免非理性的特征,而且这种非理性还被参差不齐的管理水平所加剧。不过要说明的是,所得税的主要优点是,非理性并非内生于制度,与用以替代所得税的方案相比,这样的非理性容易改变。

居于所得税非理性名单前列的,是对企业所得征税,却不清楚它的税负归宿。可以用来大大减轻这种非理性的税收方案有增值税、对未分配利润征税、对个人资本收益全额征税等。但是,增值税本身容易成为政治恩惠的牺牲品,而且它的税负归宿也不确定。既然我们追求一种宽基础的税收,为何不考虑对调整后的毛(净)个人所得直接征税呢?它将像增值税那样着眼于全部的国民收入。在征收这种税时,可以给贫穷家庭一些豁免,以便向这样的观点让步:如果征税令穷人难以得到最低水平的必需品(minimum amenities),那么我们对贫困宣战毫无意义。

我们在税制中精心构建的个人豁免和抵扣制度是否在总体上增强了税制的理性,还是有疑问的。当然,在界定谁是公平征税中的境况相同者时,一个人所负担的家庭责任并非不重要;在衡量税收的社会成本时,家庭责任也是重要的。从另一个方面来说,我们完全有可能将所得税简化到死亡时才征收。如果有一种税制,对境况相同者的定义是根据家庭总收入并据此小心地分配税负,那么在纵向公平方面,这样的制度比我们在现行实践中实施的更有雄心的制度要好得多。

在税收领域,机会至上主义者有一个颇具说服力的说法,它是由加尔布雷斯提出来的。实质上加尔布雷斯似乎在说，资金充足的公共服务这一目的本身就已经在相当大程度上证明了，任何可从政治角度被接受的筹资方式都是正当的。如前所述，其中有一种越来越吸引人气的方式，就是出售彩票。不过我们发现这一说法——至少在我们可找到更好的手段达到同样目的时——并不能令人信服。良好的目的有时可能会令坏手段正当化，但手段依然重要，并可能反过来影响自己所服务的目的。

平等主义和累进税制

笔者自认为是一个支持平等主义的经济学家。作为纯粹的价值判断，平等主义可能因下面的理由而获得支持：与私人家庭结合在一起的分配伦理，比来自市场的分配伦理更好。这是前已述及的亨利·西蒙斯的平等主义。

但平等主义也可能因其副产品而受到支持。在笔者看来，其中一个副产品就是可行的、稳定的民主制度。在一定限度内实行的平等主义，既是民主社会和民主政府的手段，也是其目的。它有助于将冲突限制在一定范围内，并防止公众意见走向极端化。收入和财富是一种政治权力，对收入的分配会带来对财富的分配。少数派（也许多数派亦是）可能因为太穷而无法获得交流的机会，他们更容易遭受政治上的挫折。这样的例子在生活中确实存在，我们曾不断提醒南美洲的朋友们注意，但我们自己在国内也不能长期地无视它。

对一个可持续的经济体而言，平等主义可能也是必要的。凯恩斯学派的经济学家们是这样说的：尽管分配、储蓄、消费和投资之间到底存在什么样的关系，在理论上远没有达成一致，但有一定把握的事情是，相对平等的分配有利于增长、稳定和充分就业。我们再一次毫不犹豫地告诉拉丁美洲，它的工业化需要有一个更好的内需市场。

平等主义会促进人力资源的开发，这是我们所有经济和社会制度构建的基础。它似乎是20世纪最伟大的发现。

有一些经济学家，特别是所谓的福利经济学家，总会哀叹这样一个事实，即我们无法计算出以上任何一项，也不能证明它的确是真理而不仅仅是有道理的异议。所以呢？在罗列那些旁证时，电脑非常有用，但我们还没有达到——也不该指望达到——这样的目标，即选民可以不再投票而由电脑根据选民偏好来计算结果。

也许可以用很多方法来促进平等，但人们可以指望用税收制度来帮助提高平等化水平。

累进税理论在约翰·斯图亚特·密尔那里开了一个坏头，他引进了这样一种观点，即税负平等是效用牺牲的平等，然后这个观点就被边际效用原则的"迷宫"所吞噬。由此观点得到的政策含义是，富人缴税额应该超过穷人缴税额，以至于达到税收心理痛苦均等化（或最小化）的那个点。从此以后，税收研究就开始了一个漫长而无用的寻找测量心理痛苦方法的历程。此外，有人怀疑，由税收产生的精神痛苦并不完全是经济事务性质的；对此共和党人似乎比民主党人更容易接受。经济学家们总在怀疑自己是不是跨界踏入政治学领域了。在政治学领域，更有意义的分析可能是借助于政治权力的分配、经济地位对政治可行性和稳定性的影响等术语展开的。

在经济学家们自己的领域内，他们也许会争论社会成本方面的问题。收入会给人提供享受并进而影响到人群，就此而言所有的私人收入都具有社会的意义。当然，处于底层的人受到收入的影响最大。从这个角度看，累进税只不过是减少公共支出之（社会）机会成本的一个手段。

当然上述所有情况都有一个程度问题，它不可能比累进原则自身更确定或者更精确。正如我们前面讨论过的（布鲁姆和卡尔文有所不同），即使是比例税也有同样性质（如果不是相同程度的话）的价值判断问题。在税负分配方面，没有自然的秩序。

可以相对可靠地说，在适当考虑政治现实的前提下，我们现在为高税率的正式累进税付出的代价太大。这个代价既可以用纵向公平程度来说明，也可以用外行人的话来说，由于漏洞的存在而使税制在很多时候失去了累进性。这个观点也含有这样一种看法，即可以用更单一的税率来代替所得税中正式的累进性税率。我们将在后面讨论这一看法。

"特别的特权"和定性税收

笔者注意到下面这个观点，即有人指责说，我国税制设计过于倾向定量措施，而不注意就收入和财富的来源进行定性的区分。如果我们的分配制度中真的存在很多不劳而获的情况，或者有些结果因存在激励性而得到保障、有些结果则被抑制，如果总体经济战略和专门税收政策的主要目的都是为了促进国家财富增长的话，那么在税基选择时对其加以区分并给予不同待遇似乎的确值得重视。但此处的问题是，我们是否有区分辨别的能力？霍布森似乎已经找到了通向建立基于定性差别的税制的道路，但最终他的测量不得不从依靠定性转向依靠定量。亨利·乔治和约翰·康芒斯都将注意力放在能够产生经济回报的一个要素上，即土地的地租；对他们来说，就地租征税显得特别有战略意义。但即使像地租这样内容明晰的经济剩余，康芒斯还是觉得其中有杂质，需要予以排除。

笔者接受这样一种解释，即在上述这些显得有些异类的学者观点中，确有真理的核心成分存在。对于那些忧虑于税收反激励作用的人，这样的观点应该很有吸引力。

税制如果考虑激励作用并包含差别待遇，那么它肯定比我们现在的税制更重视遗产税。房地产遗产税和赠与税是税制中最受忽视的部分。在现实中的结果就是，房地产遗产税和赠与税不仅收入甚微，而且税负归宿不定，只会套住那些无准备的人。此处无法讨论细节，但在考虑应有的税制改革时，我们可能会建议对配偶间的财产转移实行豁免、合并处理配偶对他人的财产转移、整合赠与税和遗产税等，以及更周全地考虑财产转移过程中的时滞问题。

对财产税实行分级税率征收（也许该局限于城市），这样的实验理应得到比现在更多的关注与支持。针对土地税提出来的建议含有真理和智慧的成分，应予以新的重视，只要它的目的仍然在于为地方财产税辩护、反对销售税、挑战在所得税中对自然资源所得和资本所得给予优惠等。

但当我们这么说的时候，心中其实已有一个结论：在税收中进行定性区分的建议并未获得成功，也可能不会获得成功。显而易见，在如今产业寡头盛行和竞争时有时无的环境中，非勤劳所得是普遍现象。要在税制中将这些所得分离出来，霍布森跟随自己的直觉，并没有发展出一种成功的方法。

税收领域的和谐与嘈杂

相对于众多经济学原则产生的古典时期，制度经济学家观察到，在他们这个时代，决策往往是集体行动的产物。虽然老一辈的经济学家试图去寻找利益的协调，但今天的制度主义者已放弃这一想法，认为只要在平衡的权力、妥协性协议和劳动规章等要素塑造出的边界范围内发生冲突，就必须予以容忍。有一些劳动规章是由最高法院在终审判决中确立的。

在税收领域，利益冲突当然不是奇怪的事情。事实上，我们这个国家就诞生于税收冲突之中。[①] 在独立革命时期，人们的想法是，可以经由民主程序消除纳税人对税收的诅咒。当年的事件得到了一个相对成功的结果，但对税收的诅咒并未完全消失。这些诅咒仍通过威士忌叛乱、南方十一州的分离运动、最高法院一个激烈的决定[②]以及其他更小的事件而不停地造成历史的断裂。

但是，在财政领域内并非都是冲突，即使在嘈杂声中也有很多和谐之处。罗伊·布劳(Roy Blough)在一篇相当有洞察力的论文中强调[③]，有一种和谐就是在更有效率的经济增长中存在着共同的利益。当两条狗在争夺一根骨头时，最无异议的解决办法是另找一根骨头，从而让每条狗都有骨头。《1964 年岁入法案》为什么能获得如此多的支持？上述内容可能就是主要原因。在此期间，有这样一个现象毫无疑问令人印象深刻：美国劳联—产联(AFL-CIO)、美国商会、很多工业协会和来自顶尖院校超过 400 人的知识分子，大家都支持这个法案。应该有人会让他的研讨小组仔细考察这一现象，因为以后可能再也不会出现这一现象。

值得庆幸的是，有一些平等主义的主张，不是因为它们自身而是因为一些

---

① 这句话的意思是，美国诞生于美国革命，美国革命又源于 1776 年前后美洲殖民地民众抗议英国议会未经殖民地民众同意就征税的事件。美洲殖民地民众在抗税斗争中所举旗帜上写“无代议制不纳税”，要求在征税前先建立代议制民主，税收必须经由民众代表同意征收才合法。这一点在税收领域尤为重要。——译者注

② 此处内容，作者可能是指 1895 年美国联邦最高法院通过一项判决，宣布国会在美国征收联邦个人所得税的法律违宪。该判例在 1913 年被《美国宪法第十六条修正案》推翻，该修正案明确宣布，国会可以在美国征收所得税。——译者注

③ Roy Blough, “Conflict and Harmony in Taxation” (An address before the American Philosophic Society, February 18, 1944)；部分出自 Harold M. Groves, *Viewpoints on Public Finance* (New York: Henry Holt and Co., 1947), pp. 712—720。

副产品,有可能得到社会各个阶级的支持。富人支持累进税制,可能不仅仅是因为他们在为公共服务缴纳更多税收时,其主观边际效用小于穷人,也不仅仅是因为他们想用捐赠行为来表示自己的博爱之心,以便让自己的身份地位高于他人,而且是因为富人与我们其余人一样,愿意以减少不平等来换取下列副产品:政治稳定、经济增长,以及(特别地)保护和改善一个健康社会所依赖的人力资源。

利益会发生冲突,但有时也可能相互妥协。我们很少(如果曾有过的话)尝试把集体谈判的制度应用到税收中去。也许值得尝试设立税收研究(谈判)委员会来代表各种各样的利益集团。如果美国劳联一产联和美国商会能在一个项目上达成一致的话,那么可以想象国会的反应就会像上次那样:"神将它们结合在一起,人就不要去分开了。"

有没有这样一种相互忍让,能为妥协提供一定的基础并因此改革税制呢?至少在削减军费开支方面,有——或者可能有——这种基础。此外,劳工可能会让步,不再要求进一步提高所得税率和名义累进程度。这是因为,正如前文指出的,劳工可以被说服,只要告诉他们,我们为制度上的累进程度付出的代价(以横向公平来衡量)太大了。商会也可能会在资本所得、损耗(depletion)比例、遗产税等非正常税收方面作出让步。劳资双方可能会达成一致,接受一种适度的宽基础的税收,例如,以调整后的毛收入(扣除适当的最小免税额)为税基的税收,以此来代替没办法辩护的消费税,或者代替部分社会保障税。就工薪课征的社会保障税,也许可以看作对就业征收的税。在当前失业严重的时期,11%或12%的税率令人格外吃惊。对美国来说,如果有迫切需要而且税负又高度累退的话,那么实行更多的减免措施也是可以考虑的。以上所述并非在提供一个税收方案,而是在用例子说明,相互冲突的利益该如何协调以改革现行的税制。

这个计划能否成功,任何人都不要太乐观。就像《1964 年岁入法案》,尽管有无数的人在支持,但在其审批过程中,却失去了改革的许多特征。可以理解,国会对该法案具有的制税(tax-making)功能表示嫉妒,而且也不可能接受这样的建议,即让它放弃税收特别条款的立法权。对许多人来说,"妥协"这样的想法是令人厌恶和邪恶的。但是,我们的税制并不完美,所以我们不该错过任何程序上的改进尝试，哪怕成功的机会很小。

价值判断

我们已经说明，对于财政领域内几乎所有的重要问题，在回答时都要求进行判断和评价。我们还认为，虽然需要价值判断，但那些问题并非不值得研究和思考。本书尝试着帮助读者形成自己的价值判断。公共利益是什么可能并不清楚，但在民主社会里，对它的探索是无法避免的，也是永无止境的。

附录　熊彼特：税收国家的危机

刘志广、刘守刚 译

一、议题

有很多人在说，伴随此次大战而来的财政问题，没有办法在战前的经济秩序框架内加以解决；在不少圈子里的人看来，这一观点确实已成为不言而喻的事实。[1]战前的经济秩序是由一些高度矛盾的要素混合组成的，人们只有经过极为大胆的抽象，才能把它称为自由竞争经济。事实上，在这样的经济中，只残存不多的能够起推动作用并因此获得成功的自由竞争要素；之所以说是"残存"，是因为经济中的一切因素似乎都不利于创造竞争，尤其是国家保护的企图（以及它在战时的强化）。在战争负担的重压下，这种经济秩序会崩溃吗？或者说，它必定崩溃吗？又或者说，国家必须要改变这一经济秩序并进而创造出全新的秩序吗？要回答这些问题，似乎单靠不动感情的分析还不够。与往常一样，所有人都在卖力地宣称，他主张的东西才是解决战后问题的必要之举。有些人预言，在战争期间达到顶点的"发达资本主义"（high capitalism）如今必定崩溃；也有人指望，经济自由将更胜从前；而另有一些人则期盼着，经济秩序变成我们"知识分子"塑造出来的所谓"管制经济"（administered economy）。这一切注定会发生，因为国家已经失败了（资产阶级自鸣得意地说）；或者说，经济自由已经失败了（知识分子热情万分地说）。资产阶级和知识分子都没有尝试用一点诸如科学思维习惯的东西去证明自己的判断，尽管其中的社会主义者可能做得比其他人要稍好一点。上面这些令人不快的讨论就像对当今文化或缺乏文化的任何表述一样，只不过验证了自由竞争原则在口头上还有残留,那就是最廉价者获胜。在知识的其他领域,这样的情况都不可能发生;只有在经济事务上,每个人都自以为可以像专家一样发表意见。每个人,随便什么人,都天真地以为自己有权来重复古老的谬论,或有权幼稚地宣称自己极为主观的经济利益或意识形态才是最新的智慧。然而,在这篇文章中,我们只想简单地谈论一个问题。想要更详尽地讨论这一问题的人,恐怕要抛开我写的这个小册子,因为我们关注的主要是其他问题。

如果最初的断言是真实的,那么我们现在面临的危机,在范围上要比文章标题所表达的更广泛。如果税收国家将失败,而社会接下来又需要有一个其他国家形式的话,那么从某个角度来说,这意味着有很多东西超出了用新财政制度代替战前财政制度的范围。准确地说,它意味着:我们称为"现代国家"的东西将改变自己性质,在新的道路上,经济将被新的动力驱动,社会结构不可能再维持现状,生活方式及其文化内涵、个人的精神面貌等——总之,一切东西——都将改变。从另一个角度来说,我们已经比较清楚的是,税收国家的连续失败已不可能是某种偶然干扰因素的结果,就算是大的干扰因素(比如世界大战及战后后果)也不足以将一个非常健康的税收国家突然地置于无法维持的境地。即便通过最简单的思考也可发现,战争最多就是把我们这个特定社会(在财政上我们称为"税收国家")更为基本的缺点暴露出来;或者说,它最多只不过是一个契机,能让我们揭露社会的结构性缺陷,并进而加速根源于深层原因而不可避免的崩溃趋势。在这里,我们看到了社会学上非常重要的一种景观,这种景观经财政分析而得以呈现,它也是本文主要关注的内容。我们要问的是,"税收国家的失败"是什么意思?税收国家的本质是什么?税收国家从何而来?它在当今会消失吗?为什么?在预算数字呈现出的表面现象背后,存在着什么样的社会过程?

二、财政社会学

葛德雪(Goldscheid)的不朽贡献[2]在于,他是恰当地强调运用社会学方法分析财政史的第一人,并宣告了以下真理:"将国家身上一切迷惑人的意识形态伪装剥去后,剩下来的躯壳就是预算。"而所谓的社会学方法,就是收集坚实的、未经修饰的事实,将其置于社会学领域中。一个民族的财政史,是这个民族总体历史的关键组成部分。为了满足国家需要,不得不从经济中汲取资源并加以利用,这一做法对民族命运产生了极大的影响。在一些历史时期,财政的需要以及国家的政策对经济发展、全部生活方式以及文化的所有方面都产生了直接的塑造作用,而这种作用可以用来解释诸多事件中所包含的一切主要特征。对大多数历史时期而言,它都具有强大的解释力;只有在少数历史时期,它的解释才显得无力。如果忽略这一点,我们就无法根据实际情形来理解我们的产业有机体(industrial organism)。我们的民族也是经国家财政压力塑造出来的。直到19世纪与20世纪之交,经济政策(当然不止经济政策)首先是在财政要求的驱动下出台的。例如,财政动机完全决定了查理五世采取的经济政策;财政动机令英国的经济政策直到16世纪都由受国家保护的外国商人主导;财政动机令科尔伯特(Colbert)时期的法国尝试着将整个国家置于行会秩序(guild order)之下;财政动机还促使普鲁士大选帝侯(Great Elector's Prussia)对法国工匠采取了收留政策。所有这一切创造了经济形式、人的类型(human types)和产业状况;如果没有财政因素的话,它们都不会成为今天这个样子。同样,所有这一切造成的影响持续至今。不仅如此,尽管并非本意,但财政措施确实创造了也摧毁了产业、产业形态和产业布局,并且由此直接构建(或扭曲)了现代经济大厦,进而影响到现代精神。[3]比上述这些因果关系更重要的,是财政史所包含的征兆意义(symptomatic significance)。一个民族的精神、文化水平、社会结构以及由政策产生的行为[4],所有这一切以及更多的内容,都写在民族的财政史中,无须任何修饰之词。懂得在此处聆听财政史传达出来的信息的人,比起那些身居他处的人,更能清晰地识别出世界史的巨响。

更重要的是,财政史上的事件提供了洞察社会存在和社会变化的规律,以及洞悉民族命运变迁力量的机会,同时也能由此透彻地把握社会的具体条件,特别是组织的形式以及它们成长和消失的方式。财政是社会调查的最好起点之一,尤其是在调查并不排斥它所包含的政治生活时更是如此。在用于研究社会转折点或新阶段之时,从财政入手的研究方法效果更为显著;在这个时期,现存的形式开始殒灭并转为新的形式,而且在这一时期原有的财政策略往往会出现危机。无论是说财政政策具有决定性的作用(就财政事件是导致一切变化最为重要的原因这一意义而言),还是说它具有征兆的意义(发生的所有事情都会在财政上有所反映),都是真实的。尽管人们对其适用范围施加了种种限制,但我们仍可以确定地谈论一个特殊的事实集、一个特殊的问题集,以及一种特殊的研究方法——简言之,就是一个特殊的研究领域:财政社会学。对于财政社会学,人们可以寄予厚望。

财政社会学研究方法的发展,到现在为止结果尚难预料,但对我们特别有吸引力的地方在于,它可以让我们从财政角度来考察国家,探究它的性质、形式以及命运。“税收国家”这个词正是这一研究方法的产物,接下来本文的研究与该词所包含的确切内容相关。

三、中世纪末期领主经济(Désmesne Economy)的危机

今天我们谈论的处于危机中的现代税收国家,也是从其前身即封建关系的危机中成长起来的。至少就德国和奥地利来说(我们研究的素材基本限于这两个国家),众所周知,不论是从连续性或文化复苏(resuscitation)还是从“文化移植”等方面来说,现代税收国家都并非建立在古代税收国家的基础上。[5]相反,它立足于德国诸邦国高度地方性的环境(autochthonous circumstances)及14～16世纪各诸侯政权基础之上。我们可以用下面这句话来说明它的起源:“时代的压力造就了它。”[6]在14～15世纪,各诸侯还不是其国家的绝对统治者;直到“三十年战争”(Thirty Years' War)后,他们才是。那时各邦国诸侯面临着地位稳固的各个等级的挑战:上层等级是不同级别的贵族,接下来是僧侣,再接下来是市镇商人,最下等也最不重要的是自由农民身份的残留[特别是在蒂罗尔(the Tyrol)和东弗利西亚(Eastern Frisia)]。各等级凭借自己的权力和权利来保持其与君主①的相对地位,这种地位在本质上与君主相似,依赖于相同的制裁权,也由相同的要素构成。诸侯在地位上只不过体现为由公爵、法庭、不同的封建官吏和地主等分别拥有的权利之总和,就像其他土地所有者及相对独立的私有土地的领主一样。最高领主与其他领主的区别最初仅仅在于级别的不同:最高领主的级别最高。但是,接下来的事实渐

① the prince,神圣罗马帝国由德意志众多诸侯国组成,各诸侯国的最高统治者有各种各样的称号,此处统一译为“君主”。——译者注

渐遮蔽了这一区别:通过分封制以及别的方式而形成的诸侯国最高领主,对神圣罗马帝国皇帝以及帝国(Reich)的依赖关系逐步消失;与此同时,人民对领地内那些拥有各种特别头衔的大领主的主从关系,不仅被完整保留下来,而且还不断地巩固发展,最终融合成为完整的统治权利(sovereign rights)。这是一种特殊的"最高统治权"(sovereignty),是国家权力的起源之一[7],尽管在此时它与领土内其他等级封建领主的权力没什么区别(当然其他领主的权力级别更低、范围更小)。直到此时,在事实逻辑的支持和罗马思维方式的帮助下,君主才获得了支撑国家权力的基础和名义。在这种最高统治权之下,一些早期的组织职位确实得以保留,也保留了一些卡洛林王朝和奥托帝国(Ottonian Reich)时期的非世袭的高层职位(deposable dignitary)[8],但此种最高统治权还不是真正的国家权力。这是因为,它并没有建立在任何普遍性统治权的基础上。所谓普遍性统治权,就是那种由君主代表并赋予人格的权力,由此君主觉得自己得到了领土内他所面对的其他拥有剩余权力者(the remaining powers)基于权利的同意。君主为了自己的利益,拥有一大堆权利与有权的职位,因此他在这里及之后在说到公共福利时,表达的含义就与今天工厂主在唠叨"大家的福利"是一个意思。自然法区分了君主的公共人格(persona publica)和私人人格(persona private),虽然这样的区分在当时并非无人知晓,但由于法学和社会学分析的不足[9],它并没有获得事实的基础,本来也没有什么实际的意义。君主对待自己领土的方式,在当时并不像一个现代财产所有者对待自己的牲畜那样,只是到后来才变得相像。不过,君主的确如此看待自己拥有的全部权利:这是自家祖产(patrimonium),如何处置不关他人的事。

君主并不是唯一这样看待自己权利(prerogatives)的人,在当时所有其他的人都是这样看的,特别是那些对其个人意见需要予以重视的其他"领主"(lords)也是如此。当然,这些领主采取的立场是,他们运用自己权利的方式与国王运用权利时没什么两样。但他们这样做,在立场上只不过就像今天在产业内或者地区中拥有权益者面对令人头疼的或行为反社会的地主或工厂主时那样。今天,我们认为这是非常怪异且非正义的。这是因为,它让我们无法去讨论有关共同福利的任何问题,而这些问题正是我们现在所关心的。然而,在那时没有人代表共同利益,所有的社会权力都不是建立在共同福利之上的。

当然,在那时,君主权利中有不少还是用来服务于共同体需要的,尤其是其中的司法权。但是,它并没有令君主的这些权利变得具有“公共的”或“政府的”性质。共同体成员也需要鞋子,但这无论如何也不会把制鞋变成公共事务,尽管如此做是可能的。总之,一旦国家存在,就没有一样东西不能称为“普遍的”或“公共的”事务;如果我们不能提及国家的话,那也没有任何事情可落入“公共的”或“国家的”领域中。[10]只要国家不是作为一种独立的、真实的权力存在,那么区分公法与私法就没有任何意义。有人声称,在中世纪的公法中充满了私法因素,或者述说中世纪只存在私法;这样的观点就同运用今天的思考模式去考虑过去一样不合理,是一种错误的论断。[11]国家作为概念,不能将其运用到过去存在的环境中,但这并不意味着我们今天见到的国家领域内的现象在当时不存在,也不意味着当时只有私人领域存在。相反,在那个时代的组织形式中包含了我们今天所讲的公共领域和私人领域,只不过被结合在一种与今天根本不同的单元(unity)中。

事情只要还在君主的经济范围内,他就必须承担起所有的花费,这些就是其私人事务而非国家事务产生的开支。例如,他必须承担抵抗“他自己的”敌人的战争成本,除非他有权用某种特别的名义获得必要的捐税,比如封臣们按封建义务提供的军役。无论是君主获得的一次性收入还是他的统治权,都不是从所谓集中的国家权力而来的。君主获得的一次性收入是各种不同来源收入的组合,而他的统治权是各种不同来源的权利组合。君主自有土地是获得收入的最重要来源,这是君主作为地主获得的、由其治下农奴上缴的收入。自13世纪起,农奴就用货币形式上缴自己的应付款(dues)。直到16世纪和17世纪,人们都认为这些收入是君主的经济基础;与此同时,这些收入也是13～16世纪财政问题的核心,为应对这些财政问题,各领地都进行了行政管理改革。此外,对君主而言,还存在着各式各样的封建权利,如铸币、市场、关税、采矿以及对犹太人提供王权保护(protection-of-jewry regalia)等,并由此形成各种收入。最后,君主收入还可能来自其司法权力,以及他作为城镇与市政管辖区(bailiwicks)的领主而应该获得的收入。除了上述收入外,君主还可以得到封臣上贡的传统礼物,并有可能从常与君主争议的教会那里获得捐款。但是,君主并没有一般性的权利去“征税”。[12]不过,市镇可能属于难得的例外。虽然那些市镇还不知道什么是国家,但它们知道了什么是市镇;市镇各个方面的发展,都比很晚才出现的国家的发展要领先。除了市镇外,不管是自由民(freeman)还是处于附庸地位的贵族,都没有将纳税作为具有约束性的要求。

在14～15世纪,各诸侯国君主越来越深地落入财政困难的陷阱,这与他们在其他方面地位的提高(无论是与神圣罗马帝国皇帝相比,还是与领地内的其他领主的权力相比)形成了鲜明的对照,由此常常带来一种悲喜参半的效果。在15世纪与16世纪之交(其实早在14世纪就已有个别案例发生),事情变得难以为继,因为财政经济的危机迫在眉睫。让我们来仔细考察奥地利的情况;奥地利用传统的术语来说就是,"五个低级奥地利人的国家"(five Lower-Austrian Länder)。奥地利君主陷入债务危机并难以为继的直接原因是,他没处理好自己的事务,对自己的领地管理不善。如果这是全部原因的话,我们可以说,这样的危机是个别君主的经济问题,而不是整个财政制度的危机。每一种财政制度都有偶然崩溃的可能,但这绝不意味着财政原则的崩溃。只要引发财政危机的原因是偶然的;也就是说,只要它并非来自制度内在的逻辑,而且只要能在制度内找到补救办法(在刚才的例子中可以是更有效的领地管理),那么也许就只有历史学家而不是社会学家对这样的财政崩溃感兴趣了。由此我们无法下结论说,内在的社会进程已经发生了改变。崩溃的经济在经过某种方式清算后,一切又回到原来的轨道。[13]对于我们准确界定"危机"的内涵,这些都是非常重要的,尤其是在说到税收国家的危机时更是如此。

君主们陷入财政困境的另外一个原因就要有意思得多,历史学家们将其称为宫廷浪费(courtly waste)。为了让所有的贵族为自己的主人继续效劳,宫廷不得不花费巨大的成本。不过此类特别支出既非突发,也无法避免。宫廷提供有报酬的服务,会把桀骜不驯的乡村贵族转化为温顺的、正式的和军事化的贵族;当封君—封臣关系开始松动时,如果君主想要获得相对于各等级领主来说更稳固的地位,他就不得不提供这样的宫廷服务。但是,君主的收入在最初并没有为此类服务做准备,因此无法满足此种支出的需要。在此处,我们既可找到社会变化过程的缘起和症状,也能找到君主财政经济失败的原因。这正是我们有兴趣从"原则"视野进行研究的原因。

然而,财政困难最为重要的成因是战争费用的增长。雇佣军的出现(它使君主面临着近代贵族家庭遇到的类似情形,即后者必须按工业劳动力市场决定的工资水平给每个佣人支付报酬),当然不是因为发明了火药;高中课本中这么说,只是一个不经意的玩笑,因为封建军队早就学会使用火药武器了。在很长一段时间内,雇佣兵是骑着战马冲向敌人的,与贵族武士所做的一样。不过,对于封建制而言,首先遇到的不利条件就是军队在数量上不足,尤其在与土耳其军队作战时更是如此。此外,贵族阶层日益抵制自己应该履行的军事义务,而由贵族组成的军队在与敌人作战中常常失败。君主最终意识到,再征召贵族打仗也没什么用;而且他发现,在16世纪再运用他的权利去重申封建禁令,只会引起早已抗命不遵的各等级的厌烦。为什么会这样呢?可以将原因简单地归于以下事实:此时的生活状况正在突破封建组织结构的约束,采邑制早就变成事实上的世袭制了,封臣们开始觉得自己是自有土地上独立的主人,并在精神上将自己与家臣身份脱钩;这里所指的家臣身份,其实质就是不间断地战斗、不间断地征服,以及过中世纪早期的那种武士生活。[14]这样的过程,在形式上用术语——我个人喜欢的一个术语——来说就是"人格的世袭化"(Patrimonialization of the Personality)。雇佣军同样也是这一过程的象征,于是相应的财政需求就被创造出来了,并成为财政进一步发展的推动力量。大约在公元1500年左右,科隆选帝侯(electorate of Cologne)在财政上的正常收入是11万莱茵盾(Rhenish guilders),美因茨(Mayence)是8万莱茵盾,特里夫斯(Treves)是6万莱茵盾,勃兰登堡(Brandenburg)是4万莱茵盾。哈布斯堡家族(the house of Hapsburg)的财政收入远远高于他们,单从处于奥地利的世袭领地就获得了30万莱茵盾。但即使是这些收入之和,也只够支付6 000名步兵或者2 500名铁甲骑兵一年的费用。如果有6 000名步兵或者2 500名骑兵的话,君主就能轻松地对抗由奥斯曼帝国政府高门(Sublime Porte)随时派出来的25万名土耳其士兵。在此处,我们要像教科书中那样对前述的财政制度危机加以明确界定:因不可改变的社会变迁所导致的明白无误的、不可避免的、持续不断的失败。

君主只好做他能做的:借债。可当他无法再借到更多金钱时,他就求助于各等级。君主承认自己其实并无权提出财政上的要求,于是承诺,各等级若答应他的请求,并不会损及他们已有的权利;君主还承诺说,自己不会再提出新的请求。这些内容记载在那些《保证书》(*Schadlosbriefe*)上。如果这一发展能持续进行而不中断的话,《保证书》就会代替英国《大宪章》在历史上的地位。到后来君主表示,自己无力偿债;而且他还提出,像土耳其战争这类事情并非仅仅他个人的事务,而是一种“共同的急需”(common exigency)。各等级也承认这一点。可一旦他们承认了,无异于确认下面的情况:过去用来反对君主税收需求的种种保证性文件注定要被全部清除。这一情形的历史意义在于:将人格约束在超个人目标体系之中的旧制度形式死亡了;每个家庭的生存,都围绕着自己的经济活动进行;私人领域由此被创造出来,并作为一个独立的要素面对公共领域。总之,国家就在“共同的急需”中产生了。

一开始,对税收的承认并不意味着普遍性纳税义务的产生。有关中世纪政治共同体的性质在前面已经简单描述过,并被我们所观察到的事实确证;在完全符合这一性质的前提下,中世纪共同体逐渐向符合现代国家理念的方向发展。承认税收有效的,只是那些批准征税的各等级,他们甚至可能是替自己的封臣表示同意(自1518年起,在奥地利,那些批准税收的各等级在得到君主同意后,可以用任何方式再从自己的封臣那里获得收入以补偿自己缴纳的部分税收),并不是整个国家承认税收有效;起初只有那些实际参与投票并承诺缴税的等级有纳税义务,那些在承诺缴税前已经跨上战马并离开的等级不用缴税。[15]这就非常清楚了。税收义务建立在多数人决定的基础上,在领主及封臣之中更加普遍的税收义务以及法律控制下的税负分配等都一一出现了,只是发展得比较缓慢。虽然我们无法进行更多的细节描述,但在这一进程中我们感兴趣的是,这样的发展与国家的出现以及其他方面的进展齐头并进;令我们感兴趣的还有,财政因素经常在其中作为推动因素而发挥作用[16],并在任何时候都忠实反映了社会事务的发展。

各等级对他们的君主并不信任。他们经常通过代理人将筹集来的钱款直接用于自己的纳税目的;对于君主干预自己征税的方式,他们总是表示坚决反对,除非在有困难的征税要求实在达不成一致意见的时候。由此产生了一种由各等级官僚主导的等级税收制度,它在16世纪下半叶发展到顶峰,并成为各等级在其他事务上自主的基础。新诞生的国家获得了一个坚实的架构,创设了自己的机构,从而发展成为独立的权力主体。税收不再仅仅为了君主的特别请求而征收,它还可以用来服务于其他目的。例如,施蒂利亚(Styria)和卡林西亚(Carinthia)的各等级在公共学校方面就用税收做了很多事情,并在总体上发展出了一种自由自主的、富有吸引力的文化生活。当然,所有这些都有利于一个阶级,并服务于他们的自由、文化和政策,而农民受到的依然是铁腕控制。不过,这一做法与那个时代的精神也是一致的。它当然带有自由主义历史学家所批评的狭隘性,而这些历史学家更倾向于代表君主的官僚机构;历史学家们赞赏官僚机构帮助国王对各等级展开斗争,赞成他们把君主当成这个国家的"父亲",以及认为君主应该关心整个国家的福利、帮助被压迫者反抗残暴的封建领主等。不管怎么说,税收国家的理念与相关机构已经出现了。

欧洲各地的君主们都试图征服这样的税收国家。在英国,斗争以查理一世被送上断头台而告终。但在欧洲其他地方,斗争则以君主的胜利而告终。这是因为,经过宗教战争的摧毁,君主及其军队是唯一保存完好的权力机构。现在,君主从各等级手中将他们早就开始锻造的锐利武器——国家——夺了过来;接下来,欧洲大陆的现代民主机构又将国家从君主手中抢夺过来,但此时的国家已按照君主的利益和取向而加以构建,并在未来相当长的时间里继续发挥影响。在欧洲大陆的每一个地方,君主的官僚机构都变成了国家的官僚机构,君主的权力变成了国家的权力。君主以前拥有的所有权利和地位,都转变为国家的权力,除了残留的未被同化并在后来转入国王私法领域的权利外。但最先发生的事情是,君主权利"祖传的"(patrimonial)概念转入他所征服的国家权力之中:现在他真正站在他的国家之上了,就像一个地主站在他的土地上;现在,他就是国家——一种公共领域中的真正权力。[17]

四、税收国家的性质及其局限

我们已经看到,如果没有财政需要,就不存在创造现代国家的直接原因。反过来说,这种财政需要的出现以及用税收方式来予以满足,可以借助中世纪生活形式的瓦解过程来理解。也许可以从导致经济基础变化的各种中间原因(intermediate causes)来追溯这一过程本身;在以个体家庭为主体的自由经济形成后,该过程也终结了。为什么说这一观察事实的方法,开启了一条理解更深层次社会发展的路径呢?我想这就是原因。税收不仅仅是呈现在表面的现象，它还在一个特别的方向上概括解释了社会的发展。

税收不仅帮助创造了国家，而且还帮助塑造了国家的形式。税制作为手段，其发展帮助了其他制度与机构的发展。国家手里拿着税单，就可以渗透到私人经济中去，并日益加深对它的统治。税收把金钱与算计精神带到了此前它们从未到达过的各个角落，并因此成为那个曾经产生税收的社会有机体的塑造力量。社会结构决定了税收的种类和水平，但税收一经产生，就成为一把可以操作的手柄，而且好像它一直都在；各种社会力量都能握住这一手柄，用以改变社会结构。不过，这种研究方法的全部价值在这里只能略作提示而已。

既然国家与税收之间有如此密切的联系，那么从这一角度去揭示国家的性质就再自然不过了。[18]在这个意义上，"国家"这个词指向我们看到的环绕周围且正在发挥作用的社会生活的要素，而不仅仅是"共同体"或"社会组织"这些概念的同义词。其实，在一开始并没有"国家"这一特殊现象存在的空间，此时各个领域的社会生活都被"社会化"，所有个体的活动都被融入社会整体。这就是为什么原始的游牧部落没有国家的原因所在。在这样的部落，社会组织作为实体发挥着各种功能（这些功能后来着落在国家身上），此时独立的国家还没有发展出来。如果我们想在这里找"国家"，我们就不得不将社会秩序（social order）看作国家。

由于同样的原因，一个按照社会主义原则组织起来的民族也没有国家。当然，这样的社会主义共同体也是国际法的一个主体，而且从这个角度看，它也是国际法意义上的国家。不过，从其内部组织来讲，并不存在国家权力，无法将它区别于其他社会权力。如果说国家权力要通过征服经济从而将社会主义变成现实的话，那么国家通过自身的这种扩张，最终也消灭了自己。

对于一个纯粹且完全的领主－附庸共同体来说，这些现象应该也是真实的；不过毫无疑问，这样的情况从未发生过，正如自由经济就其纯粹形式而言从未出现过一样。尽管如此，如果我们想使用清晰的概念去研究特定历史状况的话，为了理论的目的，我们就不得不假定它的存在。在我们假定的这样一个领主－附庸共同体中，人们都在这一假定下生活。这样的共同体将成为个人生活指导原则的起源地，而个人生活的意义在于尽力超越个人且绝对为社会现实（social reality）所知。当然，有部分人群仍在这个圈子之外，但他们也属于这个世界(只是作为能工作的动物而存在)。如果没有农奴上缴的租税,“圣杯”(Holy Grail)理想中的城堡是不可能建立起来的。只是在这个世界中农奴的地位极低,就像雅典精神世界中的古代奴隶一样。用那个时代生活形式的术语来表达就是:在这里有上帝、领主和骑士,但没有国家,除非我们是从蜜蜂王国的意义上谈论国家。当生产力革命的洪流最终将这样的世界一扫而空的时候,当骑士们忘记了“圣杯”而自认为拥有自己的时候,这样的秩序就像因腐败气体膨胀而破裂的尸体一样——最终分解成无数个利益相互冲突的个人和家庭。

只有当个人生活以其自身为中心展开、个人生活的意义集中于个体及其周围的领域、对人格进行完善就是其自身的目的之时,国家才作为一种真实现象而存在。只有当国家成为必要时,它才会兴起,不论是因为有一种“共同需要”(common need)发现自己要有代言人在未来作为国家的主人,还是因为曾统揽一切的共同体解体后留下了一些功能(无论它们是什么),而新创设出来的自主个人不愿意或没能力接管这些功能。因为这样的原因,国家永远不可能是其自身的目的,它只是服务于那些共同目的的工具。因此,国家作为共同目的的代表而反对个人中心主义是其本性的一部分。只有在此时,国家才成为一种独立的、可识别的社会实体。

当然,经济是本质性的。只要经济仍是整个集团的关注点,或至少它受制于一个超越个人的体系(这种体系受到有意识的管制,它与另一种经济一样真实,即现代以个体或家庭为中心的自主互动的体系),全部文化生活的统一体就不会给国家的存在留下空间。[19]个人主义经济——前述以个体或家庭为中心的经济活动形式——破坏了这个统一体。这种个人主义经济是怎样从前述经济形式中成长起来的呢?这个问题可以通过一些经济术语来得到基本的解答,不过需要经由无数的中间链条和理念火花的技巧才行,而在未来也许会有相反的进程发生。① 个人主义经济使个人(或家庭)完全依赖于自己,并迫使他像吃了伊甸园的苹果一样睁开眼睛,关注这个世界的经济现实并从自己的利益出发找到目的所在。他的视野变得狭窄,他将生命只安顿在自己的精神

① 指由资本主义经济变成社会主义经济。——译者注

家园中,并只通过自己的窗口来观察世界,他不会看得很远,因为很快他的视野就会受到其他人的院墙的遮挡。现在,个人为了自己而从事经济活动;无论是从原则上还是在事实上,不在个人利益范围内的其他事务作为习惯仍得以保存,但被剥夺了所有的经济手段——除非像教会那样为自己另找独立的经济基础。这就是为什么财政需求成为现代国家生活的第一个标志的原因;这也就是为什么"税收"与"国家"的关系至深,以至于"税收国家"这样的表达形式几乎可以被看作赘语。以上这一切,正是财政社会学对国家理论来说具有丰富内容的原因所在。

这不是说,国家除了因共同需要而不得不征税(这是国家诞生的原因)之外,就不做其他事情了。一旦国家作为现实社会机构而存在,一旦国家已经成为管理政府机器的人和利益集中于其上的那些人的中心,一旦国家被认为适合处理很多事情(甚至那些反抗它的人也承认)——一旦这些都发生了,国家就会进一步地快速发展起来,发展为一种单纯从财政角度已不能理解其性质的事物,此时财政已成为服务于国家的工具。如果说财政创造并部分地塑造了现代国家,那么现在国家又用它的力量去塑造财政并扩大财政——让财政深入私人经济的肌体之中。

要知道,在特性上,国家作为机器,为的是实现某些特定的、相对严格界定的目的(整个民族的文化生活带着基本的推动力面对国家这台机器);除此之外,现实地理解国家现象,确认国家所处社会中哪个集团的人更重要,以及认识到哪些要素主导着国家等,也是至关重要的。[20]这样就可以解释国家的真正权力所在以及使用、发展权力的方式。起初,国家的真正主人通常是君主,欧陆现代民主正是从君主手中接收了国家或者正准备接收国家。后来,人们常常将官僚机构说成是国家。最终,国家深深地渗透到民众的意识之中(君主的铁拳对此作出了贡献),以至于它真正成为某种非个人的东西——一种仅提供服务而非统治心灵的工具。这种类型的国家也许可以仅仅作为公民的思想习惯而继续存在,或许在一些地方已经出现。

无论从哪方面来说,国家都有其确定的界限。当然,它们不是在概念上可用来限定国家活动于社会行动领域范围之内的界限,而是国家在财政潜力方面的限制。根据不同国家的富裕或贫穷程度、民族与社会结构的具体细节以及财富性质的不同,这样的界限也在不断变化。在新生的、积极的、不断成长的财富与旧有的财富之间,在创业的国家与食利的国家之间,这样的界限也存在着巨大的区别。根据军事开支或债务清偿程度、官僚机构的权力和道德状况、民众的“国家意识”强度等,财政潜力的界限也会表现出不同。但是,财政潜力的界限一直是存在的,也许可以以国家性质这一通用术语而从理论上加以界定。

纯粹类型的资产阶级税收国家当前并不存在。在现实中的国家,处处都有旧的成分,也处处清晰可见未来发展所投射的大小不等的阴影。然而今天,在所有的地方,税收国家都还是最具创意的表达方式;在所有的地方,税收国家都既相对于个人和家庭(他们的私人生活就是中心和目的)而独立存在,也相对于这些个体的总体而独立存在。在所有的地方,当国家依赖于自己从私人经济挤出来的收入时,国家只能以相对有限的手段应对私人经济,而私人经济的意义和动力只在于为私人领域服务并只为私人领域生产。尽管可以感觉到国家无处不在,尽管有关国家的词汇自孩童时期就由国家机构向公民反复灌输,但对私人经济本来的目的来说,国家仍然只是某种外围的、外在的东西,甚至有些敌意,无论如何说它都是派生的。

行文至此,我们事实上已经得到了从理论上理解税收国家经济能力的主导性原则。在资本主义社会,每个人都为他自己、他的家庭,或者可能为他选择的某种目标而工作、储蓄。无论什么产品,都是为了私人经济主体而生产。资本主义经济的驱动力就是个人利益,我们可以对个人利益有各种不同的理解,但无论如何,个人利益与以个人为中心的快乐主义都是同义的。在这样一个世界里,国家作为一只经济“寄生虫”而存在。只有当它与每一种特别社会心理状态下都能持续存在的个人利益保持一致时,它才能够从私人经济中不断地索取钱财。换句话说,税收国家绝对不能从民众那里索取太多,否则民众会在金钱上丧失生产的兴趣,或者无论如何也不肯尽力工作。一个特定民族决定税收数量的方式,不同于它在使税收成为必要的那个特定历史状况下思考税收数量的方式。在爱国热情高涨的时代,税收水平可以达到生产能力可承受的最高限度,而在正常时期此种限度的税收可能会导致生产停止。不过,尽管税收数量的界限在不同的情况下有高有低,但在每种情况下我们都可以基于前述的原则而加以识别。

让我们首先考虑,间接税能有多大的贡献。由于间接税非常复杂,我们很难简单地描述它们在转嫁过程中以及在压缩消费过程中具体产生了什么样的影响。不过,我们感兴趣的并不是间接税首先对经济、然后对生活方式、最后对文化水平的阻碍和破坏方式。我们也没兴趣去调查,今天大多数国家的人群主体的知识水平和道德水平有多低,然后在最终的分析中将其归因于受到了间接税的影响。我们关心的是,间接税是目前税收国家运行机制中必不可少且最为重要的成分,另外还关心下面的事实:每件商品所承受的税负和间接税能提供的总体财政收入都存在着限度;超过此限度,即使间接税税率提高,税收收入也不会增加(甚至会减少)。若想确定那个能带来最大税收收入水平的税率限度,就会遇到两个非常重大的实践难题:首先,每一种重要的间接税都会推进生产工具在技术和商业上的变化,而其结果难以估量;其次,间接税征收所处的环境并非保持不变,在实践中总会有其他"干扰"削弱间接税对消费者的影响(比如不在我们研究范围内的产品在生产上突然扩张),或者强化间接税对消费者的影响并抑制其对生产者的影响(比如人口的同时增长)。暂且不论财政无能(fiscal ineptness)(事实上这是非常重要的因素),上述这些困难能够部分地解释,为什么直到今天,几乎所有的国家都在这种或那种间接税上超出了限度,导致某些商品的税负非常沉重以至于损害了国家自身的财政利益;而若减税的话,反而会带来税收收入的增加。通过减税来提高税收收入的最好例证,来自小皮特和格莱斯顿。不过,无论哪种间接税,它能提供的最大收入都有限度,超过此限度,收入就会降低;如果能够对此充分认知,就有可能确定这一限度。没有一种财政制度能够从间接税中获得超出最大限度的收入,这样的最大限度收入在数据上是独立于国家意愿的。一旦达到了这一限度,我们也就达到了有效间接税的限度。对更多资金的需要并不能突破这一限度。

在实践中,直接税带来的影响虽然还不怎么清楚,却可以看出有明显的不同。此处我们仅仅考察在征税对象上具有独特性的收入类型:创业性利润、垄断利润、利润、利息、租金和工资。我们之所以可以只考虑这些收入,是因为此处所用的思考方法与我们在研究间接税时非常相似;我们可以用这样的方法再去研究那些针对具有独特性质的收入类型所征收的特殊税收,如对建筑物征税、对股息分红征税等。无论如何,对个人来说,所得税仅仅是对形成其收入的那些报酬进行征收的税收。只有一种税,就类别而言自成一类,那就是普鲁士所实行的财产税;这种财产税不是以收入为税基(因而不是一种简单的所得税类型),而是对财产的真实转让(real cession)征税。不过这种财产税只是一种少见的且简单的征税方法,我们暂且将其忽略。我们将在下一部分内容中讨论它。

在资本主义经济中,有一些项目——如利息、明显不属于净利润的风险贴水以及特殊的工资即企业家工资等——经常与创业性利润合起来计算;不过应该将二者区分开来,因为创业性利润来自创新,哪里成功地引进了新的生产方法、新的商业组合或者新的形式与组织,哪里就有创业性利润。创业性利润是资本主义给予创新的额外加价。正像创业性利润会持续出现一样,创业性利润也会不断消失,其原因来自竞争效应,即利润的存在会吸引新企业追随创新者而加入,利润会因为竞争的加剧而逐渐消失。如果创业性利润都被税收取走的话,经济进步的要素会就此消失;迄今为止,利润是推动产业进步最为重要的个人工作动力。即使税收只是取走一大块而非全部利润,产业发展进程也会大大放缓,正如奥地利的灾难所明确显示出来的。在此处我们暂不关注它对奥地利经济的显著影响,而将这一问题留到本文的最后来处理,在那里还会分析该问题对国家财政的影响。在此处我们提请关注的,只有下面的重要事项:对创业性利润征税存在一个限度,超出这个限度,税收压力将会伤害——进而摧毁——征税的对象。理想的最佳税收实践是,我们能够对每一种创业性利润在其产生时根据情况个别处理,这样将比现有的税收实践获得更多的税额;现有的税收实践虽然在获取税额方面有一些成功,但是粗暴地摧毁了经济发展的众多可能性。不过,即使是最理想的税收技术,也会达到税收的极限,而且会很快达到。

至于说垄断利润和地租,上面的结论就不对了。例如,一个卡特尔的垄断利润,是该企业的净收入减去在生产中所使用的各要素的必要报酬(包括利息)之和后的剩余额;即使利用税收将其几乎全部取走,也不会产生什么不利的后果。对于纯粹地租也可以这样做,它是乡村或城市地块的净回报在扣除资本投入的利息额(该数额已经包括了为安装和运行固定资本而支付的工资总额)之后的剩余——当然不要扣除购买价格中所包含的利息。既然纯地租仅仅是土地拥有的自然生产力的报酬(哪怕所有者没有得到任何回报,也仍然存在),既然开发土地的动力在于所投入的劳动和资本能得到回报(即使地租被征税,也仍然存在),那么取走地租的税收就根本不会对生产过程产生负面影响。因此,对于那些不是由具体经济活动结果产生的一切倘来利得来说,税收都可以这样做。不过,遗产恐怕难以归入其中,但各种各样的"非勤劳增值"一般都可归入其中。尽管在大多数情况下,很难从一般人笼统说到的"非勤劳增值"中将它们一一辨别出来;在那些确实可使用"非勤劳"这一名称的地方(特别是价值增长并非缘于发挥风险贴水或利息回报功能的地方),更是可将其归入。在前述所有的情况下,我们都有理想的征税对象,只要人们能将其毫无疑问地辨认出来,并将其与看起来相似但实质不同的东西区分开来,并且我们要能针对它们设计出正确的税收处理技术。可是,迄今为止,我们从没有成功地实现这些。在实践中,我们找到的大多是徒劳无功的做法。即使在此处也存在着税收的界限,只不过这一界限仅由可征税对象是否存在以及规模大小来决定。

对利息和工资来说,税收不可能过于深入地课及税收对象。由于我们在此处考虑的是对所有形式的资本收益和工资征税,因此不必担心资本和劳动会从一种涉税的用途向其他不涉税的用途转移。由于我们在这里处理的是每一个税收国家普遍存在的问题以及制度体系的问题,而不是某个特定国家的问题,因此我们将忽略掉资本和劳动从高税负国家向低税负国家转移的趋势(虽然这样的转移对奥地利来说尤为严重)。但即使这样,我们仍要考虑发生在资本和劳动身上的两种反应:第一种反应是,这样的税收让企业支付了更高的利息与工资,从而阻碍了取消税收时可能得到的生产扩张;第二种反应是,这些税收向资本家和工人的收入征收,有时甚至可能会带来比没有这些税收时更多的储蓄与劳动实践。不过,对于资本而言,税收增加储蓄这样的情况是罕见的例外;对于劳动而言,只有在税前的劳动时间相对较短的情况下,税收增加劳动时间的效应才比较明显。在其他更多的情况下,税收将瘫痪资本形成的过程,甚至将其转为资本消耗(比如不再进行摊销和维修)。对劳动收入高的人(在税收实践中只有这些收入才重要)征收附加税,将挫伤所有超出平均水平的人在工作上的积极性(除了那些以工作为目的的人)。再说一遍,这些税收的经济影响并非我们此处要关心的。我们要关心的是,可能的税收收入不仅受到课税对象规模(要减去维持纳税人最低生活水平所需数额)的约束,还受到自由经济中推动力性质的限制。当然,普通人会认为大额收入对于税收来说几乎是取之不尽的源泉。那些在总体观点上基本属于小资产阶级(petit-bourgeois)的知识分子,倾向于将大额收入的下限设在刚刚超过薪资等级或者他希望自己能达到的其他收入水平上。然而,大额收入的数额、规模以及承受税负的能力[21]都没有那么大,而且世界上很难有其他国家对大额收入制定的界限会低于我们(奥地利)。对于依靠遗产租金生活且没有孩子的富翁来说,他们的收入是一次性给定的,那么对他们的收入征税就不用担心资本的缩减。这样的例子当然非常罕见,虽然这样的时代——资产阶级整体性地成为没有孩子的食租富翁——也许会来临。

税收国家并非只有来源于他人的收入,它也有自己的收入;它不仅有继承自前任的在多数情况下不大的土地财产,也可以在资本主义世界中为自己开创经济活动领域并成为企业的经营者。我在此并不是说从私人产业中"分享利润",因为这只是税收的另一种表达方式而已;我要说的是,国家自己经营企业。实际上,当它这么做时,它就越过了自己的界限。然而,只要国家还没有吞噬掉经济中的全部或绝大部分,它就会基本保持自己的原状。撇开国家可能会为自己寻求垄断地位不论,至关重要的评价标准是,国家是否继续在自由经济的框架下运作并在自己的企业内采用自由经济的信息和方法。如果国家这样做了,即它仍在资本主义精神中活动并追求尽可能高的货币利润,那么它的可能利润就会受到资本主义生产中的经济规律的限制。这些限制要比普通人相信的严格许多。既然国家必须像其他企业家那样运用货币资本,而且只能通过借贷来增加货币资本,那么它在某一产业中所保有的利润就不可能比它通过直接税和间接税(包括征收所得税)得到的收入更多。甚至哪怕国家利用可能的垄断地位来实行极端的财政剥削,并忽视国家事实上拥有的企业家才能非常小这一事实,它获得的产业利润也可能比它所获得的税收低。

现在我们可以看到,在与私人经济相反的公共经济中依靠经营获得收入,这样的说辞是多么站不住脚。国家的财政能力有限[22]，它的含义不仅不证自明，而且对社会主义社会来说也可成立，同时在更为狭隘且痛苦的意义上对税收国家来说也同样如此。如果人民的意愿是要求越来越多的公共支出，如果将越来越多的收入用于私人在生产时并不遵从的目的，如果有越来越多的权力被用来支持这种意愿，以及如果关于私人财产与生活方式的全新思想掌控了所有阶层的人民，那么税收国家就将走完全程，而社会就不得不依靠其他动力而非自我利益来发展经济。如果因这一界限而产生危机，那么税收国家是不可能从中存活的；这样的界限一定会达到，危机肯定会到来。毫无疑问，税收国家可能会崩溃。

五、税收国家一定会崩溃吗？

税收国家已经崩溃过无数次了，更为常见的是，人们总是预期税收国家会崩溃，甚至对英国这样已保持最长时间财政清偿能力不中断的国家也有这样的预期。然而，这些崩溃总是被人解释为特定意外或犯罪的结果，从来没有人对于税收国家制度表示绝望。这样做是对的。无论经历了多么严重的管理不善，也无论在特定事件中有过多么严重的错误，这一制度都成功地生存了下来。土耳其战争、反对西班牙威胁的世界战争、“三十年战争”、反对旧制度下法国的世界战争以及反对拿破仑的世界战争等，所有这些战争都未能摧毁税收国家制度。即使说当时的支出比今天要少，可供应支出的收入至少也同样少。

在考察几个世纪以来税收国家的扩张时，人们很可能已经忘掉我们前面描述的税收国家的界限。英国政府收入从“王政复辟”(Restoration)时期(1680年)的350万英镑，增长到1912～1913财政年度的1.888亿英镑，并进而增长到此次大战期间的天文数字！奥地利政府收入在二元君主制(dual monarchy)时期，从1868年的2.8124亿盾(guilders)增加到1888年的5.145亿盾，并在此次大战开始前一年增加到30亿克朗(crowns)。不过，这些数字本身并不重要；重要的是，税收国家制度迄今遭遇到了所有的挑战，无论何时当它无法应对挑战时，我们都可以发现失败缘于某种外在的而非本质的特殊原因。对欧洲大陆来说，最好的时期是在19世纪与20世纪之交；对英国来说，最好的时期是格莱斯顿时期。在最好的时期，几乎到处都在走出苦难、走出过去的耻辱,事事都处于上升态势,经济剩余也在不断增加。在数量上这一切的结束,与其说是由于社会支出的增加,还不如说是因为即将来临的世界大战的财政阴影所致。不过,对于税收国家来说,不断增长的社会支出比战争支出更为可怕,这是从能否被克服的角度来说的。无论如何,对我们来说,财政及其他大的问题都根源于战前环境。此次大战没有带来任何新的问题,它只是强化了现有的处境。将税收国家(或在类似情况下任何社会制度)的生死与战争联系起来,是一种非常浅薄的观点。然而,在此处分析中我们也想要这样做。

这个问题在哪里都不像在奥地利这么明显。实际上,如果说税收国家会在哪里崩溃的话,那么它一定是奥地利的某个地方性事件(甚至不是一个奥匈帝国的事件)。俄罗斯的崩溃是一个特殊例子,它不属于此处讨论的范围。在俄罗斯发生崩溃的,是其嫁接到农民民主之上的特有暴政。这种暴政已经强壮到足够阻止有政治行动力的上层阶级的形成,因此,想附带说明的是,像这样的俄罗斯革命处于一种非典型的特殊地位。俄罗斯财政的崩溃,也仅仅是反对资本主义意志的一个后果。即便对1890年以来俄罗斯财政发展状况判断得再差,也会认为这样一个拥有无限可能性的"巨人"根本不该崩溃。还需捎带提及的是,向税收国家的回归是一定的,特别是在俄罗斯这样的例子中。因此,还不能将税收国家原则的挫败看成毫无希望的失败。

不过,并没有其他的参战国会放弃税收国家。[23]实际上,税收从一开始就满足了英国对战争经费的重大需要。至于问,英国能否在自由经济框架内承受战争的负担?这个问题的答案是非常清晰的"能"。不必怀疑,德国有能力借助于通过税收国家筹集到的收入坚持下来。即使在意大利,情况也没坏到令人绝望的地步。法国怎么样?如果法国崩溃了,那么唯一的原因只会是其北部地区遭到巨大破坏。对这样的破坏,没有哪个社会能有现成的手段加以应对。不过,法国不会崩溃。实际上,所有这些都能够克服,我们不仅可以运用税收国家的手段,而且能依靠它过去的手段。今天我们的财政政策中并没有新的思想,总体上我们也没有多少才华。

因此,我们将讨论范围限制在奥地利。如果这一税收国家(tax state)能够经受住此次考验,那么其他国家就不用说了。让我们把这个问题表述得再具体一点，如果说税收国家不能处理此次大战留下的问题，那就意味着出现了以下两个问题或其中之一：一个是关系到战争负担和弥补战争成本的问题，另一个问题则与重建混乱不堪的经济有关系。就是说，税收国家不能经受住此次考验的含义是，它无法用自身的收入来承担战争的财政负担，也无法执行重建的任务。不过，这两个问题并非一类问题。更准确地说，它们分属于两个不同的领域，在讨论经济问题时需要将二者严格分开，将它们混为一谈纯属典型的外行错误。

第一个问题是财政问题，具体来说就是钱的问题。国家需要钱来履行其职责，并消除赤字。这个问题并不涉及产品，如战争物资、供应军队的食品和衣服等。可以肯定的是，此次大战形成的真正成本都发生在产品领域：物品被耗用、部分地区被摧毁、人力损失等，这些都是战争给经济造成的真实"成本"。要从事战争，就要耗用大量的物品，这是战时要应对的最大问题；筹集必要数额的金钱反倒是财政技术中相对次要的问题。不过，这个问题已经得到解决。为军队和民众所需要的实物形式的战争耗用品，我们已不择手段地筹集到了，并在战争进行时不间断地筹集。现在剩下来的问题，只有一个"钱的问题"。此时我们的处境就像一个企业主，他的工厂已经被烧毁，现在面对的是如何在账册上表明其损失。战争就像一场大火，毁灭了我们国家的很大一部分财富，经济也因此变得更为贫困。这一切已经发生了，无法改变；为战争目的所需要的物资，将在战争结束前供应完毕。然而，以货币来衡量，经济并没有变得更为贫困。这怎么可能呢？答案简单地说就是，私人经济中的产品存货，现在全部变成了针对国家的索取权（claims）和货币符号（money token）。国家没有能力把自己从私人经济中取走的物品再放回去——它能做的终究只是从私人经济中取东西而已。现在要做的是，简单地调整货币价值，使其重新与实际物品数量保持一致；也就是说，大规模调减账面价值。而要这样做，只需国家归还其货币债务（即货币索取权与经济中的货币存量）。在此处需要解决的是，弥补战争成本到底是什么意思？这对税收国家来说是一个特别的问题，因为税收国家形式和基于私人产权的自由经济形式，仅能解释战争融资的方式和问题的起源。战争融资就像企业购买物品和展开借贷，唯一的不同就是，它用于军事服务且其巨大的开支采用的是实物形式。这个问题解决起来也是有把握的。

重建则是一个不同的问题,它不是筹措资金的问题(至少不是最终的问题),而是要确保产品实物。在和平协议完成后,战时运行的那种战争经济就已终止,此时要实现的是和平经济。这个问题并非只特别针对税收国家,其实每一种组织形式都会遇到此类问题。不过,只有税收国家需要去弥补战争成本,因为在战时为了战争的进行,只有税收国家才有能力从个人那里借债并承担偿债义务。重建无论如何都需要物品,而不管我们生活在哪一种组织形式中。

现在考虑第一个问题。战争负担在财政上的绝对水平与我们的讨论已没什么关系,因为它已经推升了通货膨胀,并使收益、收入与财产在货币数字上大大增加。因为这个原因,我们不必关心正在摧毁欧洲的疯狂破坏何时结束的问题。仅仅为了让表达更为精确,我们假定今年秋天就可以实现和平。即使到那时,我们也没法得到战争负担的精确数据,因为不能预见到伤残抚恤金、复员成本、毁损地区的重建以及战损补偿等到底是多少。这些项目可以作为战争成本的一部分加以计算,而不用计入重建费用。为此到底需要多少,主要取决于政治计谋,这无论如何不是客观的思考。进一步说,即使只用货币来度量,我们也需要在很久之后才能知道战争的真实成本。不过,如果将所有这些项目进行加总并把永久负担予以资本化,那么1 000亿克朗的总额也许还是太低而不是太高。这个总额将包括战争公债、银行债务和银行预付款,或者是一些将会很快转化为上述一项或多项的其他项目。对国家来说,这样一个总额,大部分可单纯用名义利率归还,因此不用考虑战后利率会不可避免地上涨。这样,我们假定平均利率是5%,由此活动的范围还是比较宽裕的,因为年度债务成本增加只有50亿克朗。既然我们相信可以将所有的战争支出用最粗放的方式估计为不超过1 000亿克朗,那么它还在战前预算的数字范围内。其中有些数字并没有随着通货膨胀增长,最显著的是债务;但有些数字可能已经上升了10倍。有不少物品或服务(特别是市政服务)的价格并没有上涨这么多倍;但如果现有条件保持不变的话,它们也将不可避免地出现暴涨。只要印钞机依然像现在这样使用,那么现有条件就会如此持续下去,并在将来可能进一步恶化。现在还不可能预知结果到底如何。保守一点估计,我们认为财政部长在新年元旦那天审视预算时，将会考虑至少把战前 30 亿克朗的和平预算支出提高到 100 亿克朗的规模——根据我们的假定，这将发生在达成和约后的数星期内，虽然和约商议的困难使其可能性不大。不过，根据我们的假设，和平预算支出最终有可能会达到 150 亿克朗的规模(可与最后的战争预算——230 亿克朗的规模——相比)。我们认为，与最后的战争预算相似，这一预算可能还会有 50 亿克朗支出要用税收之外的手段来弥补。这样就意味着会出现 100 亿克朗的赤字，而最后的战争预算的赤字是 180 亿克朗。可以确定的是，在和平的第一年赤字将会很大，但任何额外的增加都应恰当地纳入那 1 000 亿的战争成本中。我们再重申一遍，这些数字仅仅是为了举例的需要，它们几乎不能算是一个预言(就像我们假定战争将在今年秋天结束一样)。

那么在这种情况下，税收国家可以做些什么呢？我们能够立即想到的是三件事。第一，税收国家陷入如此状况并非因为其自身的制度错误，所以哪怕税收国家失败了，也并不表明税收国家的原则有问题。如此无限制战争消耗而形成的沉重负担，从一开始就不是任何一个制度能承受得起的。即使没有这种消耗，情况仍旧会很严峻，但要比现在好得多。第二，如此沉重的负担部分来自不受约束的纸币经济的后果。单独拿英国做例子就能够说明，此种负担无论如何都不是税收国家制度的必然后果。进一步严格地说，非常清楚的是，我们本来是可以从私人经济中挤出必要的货币的，就像我们事实上将物品从私人经济中挤出来一样。本来我们可以通过税收挤出这些货币，虽然这样的税收看起来具有窒息性，但并不比在实践中使用的替代方案(即用通货膨胀让货币贬值)更具有压迫性。如果用税收挤出货币，个人在经济上能使用的货币数量要少一些，但他们支付商品的价格按相同比例来说就会更低，为此付出的牺牲也会更为平均和合理地在个人之间分担。若用这种方法解决问题的话，情况本可以变得更好而不是更糟。可我们没有这样做，由此带来的问题是，无论是从政治上看还是从财政技术上看，所有的国家都不能完全用税收来弥补战争成本。这一点，在奥地利尤为真实。然而，我们本可以得到比实际更大的成就。现在，因为要考虑社会和经济结果，我们再次拒绝讨论通过扩大纸币发行以增加 100 亿克朗年度收入可能会出现的情况。即使不考虑其他因素，这样做也会伴随价格水平上涨而形成无尽的螺旋式上升，公共支出也将升至一个新高度,使当前的价格与预算数字显得微不足道。第三,我们同样拒绝1811年和1816年两次缔结和约的方法。我们异常坚决地表示这种拒绝态度,就像听到的民众呼声所要求的那样绝不沉默。即使在1811年和1816年,这样的方法也是更为可耻和荒谬的。如今,它们的可耻与荒谬变得无以复加。

这样就剩下两个解决问题的方法。第一个方法从承认以下事实开始:如果奥地利货币仍然保持其战前的价值,那么我们的预算数字就不会像现在这样沉重;即使这么说有点令人悲哀,但无论如何这对奥地利人来说都算是一种安慰。用150亿克朗货币表示的物品量,与4年前已经完全不同了。对现在来说重要的是,要满足从经济中抽出150亿克朗的要求,需要确切地知道对应多少物资与收入。当和平来临时,如果货币存量还没有减少,那么就只能依靠其他途径来降低物价水平了。比如在战时因生产和进口中断而导致物品稀缺,此时商品价格水平就高于和平时期;而在和平时期,这一状况当然会改善。一般来说,随着价格水平的上升,收入自身也在调整,在负担上现在预算的150亿克朗收入并不是战前预算的30亿克朗收入的5倍,甚至可能不到2倍。现在当然不可能将每一种国家的岁入都增加5倍,必须考虑到有些人的收入并没有增加或者没有成比例地增加。而这也正是其他一些人收入超比例增长的原因——绝非仅仅"富人"的收入这样增长。[24]大体上,实现国家岁入的如此增长还是有可能的,不论从技术细节上说有多么困难。有人可能会争辩说,奥地利缺乏足够的道德动力去这样做。如果真是如此,这也是奥地利的问题,而不是税收国家的错误。尤为重要的是,这种税收负担无论如何都不是毁灭性的,也不意味着会带来匮乏与贫困。同样,它也不意味着相应的直接税与间接税出现以下情况:如果一个人能为自己消费的商品支付5倍的价格,那么他也能够支付5倍的消费税——现在还没到价格上涨5倍的程度,但这种情况注定要发生,因为如果通货膨胀持续下去的话,那么目前人为规定的最高限价就无法长期维持。[25]不过通货膨胀肯定能让消费者支付5倍的消费税;如果这么说让人觉得刺耳,那仅仅是因为我们在思考问题时用的还是原来的货币克朗的购买力。不过,我们思考问题的方式也是有缺陷的,因为它假定通货膨胀会持续以及我们的货币制度会出现秩序崩溃。

第二个方法不仅与财政制度有关,也与货币制度有关。这个方法有另外一个好处,那就是,它至少能部分地抑制战争债券食利阶层的出现。我的意思是,对资本征收一次性税收,其数额高到足以让国家不仅能归还银行贷款和预付款,而且能偿还大部分战争公债。这个方法是必要的,因为偿还欠银行债务意味着可以让潮水般的银行券退出流通,由此带来价格水平的急剧下降(或者说带来货币购买力的增加)。这样一来,以战争债券形式存在的公债,其真实价值就将增加(无论是本金还是利息),政府以公债形式承担的经济负担也会因此提高。不过从另一方面看,用这种方法增加货币价值对国家来说也是有好处的。比如说,国家可以不用增加公务员的薪水,在所需物品(如建筑物或机车引擎)上花的钱也可以更少。在上述状况下,和平时期的支出预算就不用预计得非常高。也许60亿或70亿克朗的收入就够用了,包括用来支付剩下未还的战争公债产生的利息。

我承认自己一度着迷于用这一方法来挽救时局,而且迄今为止仍相信在原则上它是正确的。如果说在此期间我已学会去怀疑它能否成功,那也不是因为经济学的理由。只有建立在最广泛政治基础上的强势政府、能让公众感受到具有真正权力与领导能力的政府,才敢于去尝试克服遇到的一切障碍。特别地,这样的政府能避免只对私人经济很小的一部分征税——对于获取成功而言,这样的税收太少,但其破坏力却很大。能完成如此任务的政治家,需要真正的政治能力和财政能力,而且还要有非凡的意志力以及让所有民众都信任的表达能力。此外,他还要有能力去判断专家们针对当前财政政策问题发表的意见。不过这些与我们在此处的讨论没有什么关系。与我们的讨论有关的,既不是政治能力也不是执行技巧,而是这样的事情在原则上是否可行的证据。如果我们能够在原则上对此加以证明,那么即使在实践中失败了,也不能说我们的证明失败了[26];如果真的失败了,唯一能够说明问题的是,奥地利在现实状况中确实存在着不可克服的困难。也就是说,奥地利可能会失败,但税收国家不会失败。

这听起来似乎有点奇怪,在因战争而致贫的经济中对资本征税,我们期望的不是根除财政中的弊端,而是力图将财政弊端缩小到可控的范围内。难道已缩水的财富可以进一步缩水吗?进一步来说,那就是,可以从公民仅剩的东西中进一步榨取什么吗?这难道不是在支持一个以承认税收国家失败而告终的进程吗？或者不就是赞成将财政破产换一种有点道德性的说法吗？——引用通常的说法就是，用“人民的破产”来代替“国家的破产”。不是这样的，对资本征税并不要求从经济中更进一步地获取物品，这样的牺牲已经发生了。征税的对象并不是那些在战争中已经贬值的财富(即真实的国民财富)，而仅仅是那些在战争中升值的财富(这种上升与真实国民财富无关，这种财富实际上是名义的国民财富)。征收资本税只会降低国民财富的货币价值，而不会减少经济中的真实财富。对奥地利来说，这一点尤为正确；对俄罗斯来说，这一点更为正确；但在其他地方，情况可能会有所不同。正因此，相对于其他国家来说，资本税问题在奥地利比较特殊，它的危害性非常小；在其他国家，如果要为资本税辩护的话，就可能需要有所保留并需要基于其他理由。要知道，征收资本税，并没有将物品转移到国家手中，国家得到的仅仅是货币和索取权。[27]而之所以这样做，仅仅是因为可以消灭这一部分货币和索取权，而不是将其用于财政支出。如果情况不是这样的话，我将承认，资本税不但不能挽救税收国家，反而会是一种打击，而且我将收回资本税不会摧毁财富的断言。强调这一点非常重要，因为只有这样才能将我们的立场与另外一些声音区别开，那些声音主张：将确切的财富从收入的真实来源地(如土地、工厂等)向国家进行永久性的转移。我在此处提到的资本税不仅适用于自由经济，而且也与经济自由原则保持一致并可对其进行保护。这一方法也与那种把资本税当作国有化措施的看法完全相反。

之所以有可能通过资本税来偿还国家所欠的战争债，仅仅在于战争债的债权人绝大多数是我们的国民。[28]可以设想但肯定无法付诸实践的一件事情是，我们向这些债权人征收的税在数额上等于他们已借给国家的金额。让我们一起来考虑索特贝尔(Soetbeer)的一个思想实验过程：如果将国家所有的负债(包括银行债务、银行与部门预付款)都转为战争债，那么它将达到 1 000 亿克朗；假设所有的公民都将同一比例的财富投资于战争债，那么按此比例征收资本税自然可以解决所有问题，很显然也不会伤害其中任何一个人。在实践中遭遇的困难反映为如下简单的事实：不是所有的私人财产中都包含相同比例的战争公债，也不是所有的国家债务都由战争债组成或者都能转化为战争债。然而，这些实践上的困难，仅仅只是让成功变得不能彻底而已。

我们当然可以谈谈彻底的成功是怎么回事。假设我们最终要解决的债务金额为400亿克朗，另外还有600亿克朗以战争债或者可转化为战争债的形式存在。经过一种积极的预算调整后，这些战争债的年利率可以调整为5%。此时要产生400亿克朗的财政收入来解决债务问题，假设可税财富为2 000亿克朗，那么资本税的税率就是20%。除非被人为阻止，否则产生这笔收入有充分的条件。一个非常恰当的假定是，在和平协议签订后并减少货币流通量之前，平均价格水平可能是战前的5倍。按照费尔纳(Fellner)不算过分的估计，我们国家战前的国民财富大概是800亿克朗。5倍的价格水平意味着财富有5倍的回报，而5倍回报率意味着资本化价值也变为5倍，那就是4 000亿克朗。[29]当然这里存在很多例外情况：要排除在战争中被破坏的地区；从数量上说，战后生产一开始将低于战时生产；很多回报(如被控制的租金)及其资本化价值因特别原因并不会与物价水平同步增长；小额财产(如20 000克朗以下)的价值很难估计等。然而，我们需要的只是4 000亿克朗的一半。如果我们得不到这一数额，那就是我们自己的错误，特别是错误地对资本表现出毫无意义的敌意。这种毫无意义的敌意，将导致资本流向匈牙利、阻碍股票和股份的相应增长，并因此摧毁或减少重要的可税对象，从而完全走到我们想要达到的相反面，就像通常对资本采取的非理性敌视态度一样。当然，更激进的措施也可加以考虑。我们这样的解决方案还是给政府留下了600亿克朗的战争债，并不是很理想；从财政的观点看，不能让物价完全回到战前水平是值得的。但这是解决问题的一个方法，而且对我们来说已经足够。

不论真正发生什么事情，上面的方案不会因为技术困难而失败。必须认识到，真正重要的是将国家从耻辱和罪恶中拯救出来，而不是空喊受人欢迎的口号；特别是，不要为迎合大众而去苛责那些失势的派别。如果纯粹因为难以调查而不得不放弃累进征税的话，那么我们可以发现对资本征税是很简单的事情。资本税的征收应该是加在可税对象上的负担，应该允许资本所有者从其债务负担中扣除相应的税收。此处涉及的问题将是如何估计市场价值；在处理股份公司问题时，可能要用到其他技术。作为债权人，国家理所当然地可获得免税的权利。奥地利经济中存在的巨大流动性，也有利于税收的缴纳。当然，战争公债券可以用来纳税。只有在少数情况下，才可以因经济理由而延迟缴纳资本税或者分若干年缴纳——不论怎样在政治上都要可行。

现有的流动性有助于克服人们对经济可能存有的犹疑。任何拥有现金或战争公债券的人,或者是拥有可用来购买战争债的银行存款的人,都不会遭遇到什么危险,哪怕他从流动资本中支付资本税。虽然纳税后他拥有的货币单位更少,但其购买力仍与以前货币单位更多时相同,而且在特定情况下购买力甚至更大。那些既不拥有现金也没有战争公债券或银行存款的人,在纳资本税时不得不先借入一些,然后再逐渐予以偿还。由于战争债、现金和存款等供应非常充足,而且很多人的现金、战争债券和银行存款的数量超过必须缴纳的税收,因此这样做总是可能的。总之,资本税不可能冻结企业和家庭所需要的收入,也不会额外创造信用而加剧通货膨胀,只要我们在征税时像商业行为那样果决,确保公正无私而不像强盗抢劫那样。

上述进程结束于炉火之中,即把那些通过资本税征收而落入国家手中的现金与权益凭证统统付之一炬。对国家来说,如果获得的是股权证书,当然不是焚毁它们,而是把它们同人们手中的现金或战争公债券进行交换。如此操作的意义在于,让商品世界与纸币价值恢复平衡,而这一平衡在战时被超额消费和巨额纸币打破。这样一来,无法承受的负担、贫困化,以及让我们诅咒税收国家并宁可用其他东西来替代它的种种理由,都不再存在。当然,还有很多事情需要去处理,比如征收新税、增加税收量甚至实行政府垄断等。但主要的工作已经由资本税完成了。很清楚,经由这样的方式,税收国家不仅不会崩溃或经受折磨,反而会迎来更美好的未来——尽管是由不熟练地征收资本税所创造的美好机会。如果遭遇失败,那只能是由于缺乏道德力量和技术能力。资本税是可能的行动方向,这就是我们希望表明的。

不过,税收国家仍然可能会被战后重建所破坏,此处的意思是,自由经济(以企业主和资本家为主体的竞争经济)可能会失败。这是因为,自由经济是税收国家的组成要素,而税收国家就其本质而言,需要将重建工作和其他经济活动留给市场来进行。如果在此领域遭遇失败,并不能否定我们在前面探讨的结论。如果税收国家能够拯救自己,但经济却在这一过程中趋于毁灭或注定陷入悲惨境地,那么所做的一切都是无用功。在此处我们并不想费心探讨,自由经济是不是承担重建任务的“绝对好”的方法。总会有极为严重的偏见问题，会有基于非科学理由的党派偏见；而且，在现有的条件下，我们也不可能考虑到所有的细节。不过，对于我们的目的来说，这些问题都是无关紧要的。我们真的不关心通常隐含在这种讨论背后的那些东西，比如说对竞争经济潜藏的谴责或者神化竞争经济的优越性。我们只想估计，基于具体的历史条件，我们在现行竞争经济中可以期望什么，目的在于考察这种经济是否有能力无拖延地立刻实施经济重建。与此形成对比的是另外一种也是唯一可行的替代方案，即由国家实行范围广泛的经济管制。

在一般化的情形中，对于自由经济能否完成重建任务这一问题，答案当然是否定的。现在的情形是，一切都被打乱了，很多东西都被破坏了，重建工作是整个社会压倒一切的任务，税收国家机器当然要为此尽力。诸如纠正战争期间不正常的发展（特别是人力资源高度集中于军队）、结束私人经济难以承受的紧急状态、将掌握在行政机器手中的经济信息系统恢复原状等，所有这些以及其他事情都需要国家出面协调和帮助。在某些情况下，这些协调和帮助将会是长期的，典型的例子就是职业介绍所（the labor exchanges）。然而，上述这些内容都是不言自明的。关键问题是：自由经济能否保持动机的力量（motive force）？是否需要由国家来代替它？是否至关重要的任务只有通过国家干预才能解决？用葛德雪的话来说，这个至关重要的任务就是“再资本化”（recapitalization）。接下来我们不得不讨论两个问题，它们都涉及确保物品而非增加货币的问题。

再资本化的第一个问题是，在本质上，“战争经济”是将经济从“为了满足和平生活需要而生产”转换成“为了满足战争需要而生产”。这一转换，首先意味着把一部分可用生产资料投入不寻常的最终产品（当然主要是战争物资）的生产中；不过，大多数生产资料仍被用于生产与战前相同的消费品，只是消费者已异于和平时期。进一步来说，这意味着可用生产资料被主要用于生产尽可能多的即时消费品，以至于伤害了生产资料的生产——特别是机器与工厂。这样一来，在和平时期占据重要地位的维持和扩大生产工具的活动，在战时不断萎缩。原来用于生产资本品并间接用于消费品生产的劳动和资本（用技术术语来说就是，它们原来生产“未来”产品而不是“现在”产品），现在被用来生产即时消费品。这些劳动和资本是我们现在唯一的希望，在战时它们作为我们的巨大储备已经拯救了我们,并被用来防止生产消费物品的能力完全消失。这些劳动和资本所具备的可能性既解释了现代生产工具的能力,同时也解释了生产工具的能力为什么可能会很快耗尽自己,正如莱德勒(Lederer)已经指出的那样。显然,只有在战后,我们的贫困问题才会恶化到极限;因为只有在那时,磨损的机器、破旧的建筑、无人照料的土地、死去的家畜、毁坏的森林,才会向我们显示出战争全部的、至深的后果。所以,再资本化的首要任务是,重建生产工具并使其回归到和平时期的生产状态。而这一切,可能首先使得消费品短缺问题更加突出。

现在已很清楚,当初将经济转向战时紧急状态所取得的巨大产业成就,至少90%要归功于自由经济的自发机制与自利动机发挥的作用。自由经济不仅为军队提供装备和供给、满足绝大多数战争后方的家庭需求,而且在相当大程度上(超过了公众愿意承认的程度)保证了物资的分配并因此维持了大量人口的生存。工人得以维持生计,需要感激的不是政府的措施,而是自己每天获得的40或50克朗的工资,这是竞争经济的自发机制将他安排到有利可图的地方。毫无疑问,国家的贡献仅仅在那些可被比喻成“受困的要塞”的地方(自由经济无法发挥作用的地方)发挥作用,比如我们知识分子的生活——公众对此像拿着放大镜一样来回不停地考察。在其他场合,我们判断成功与否,不仅视其即时结果,也会看它对供给产生的影响,只要作出这样的判断时我们并不是基于偏袒的立场或者纯粹基于个人的某种利益。将经济重新恢复到和平状态,与前述市场曾经实现的向战时经济转变相比,存在着重要的差异。尽管在一定程度上,我们无法公正地评价其中的优缺点,而且可能它已永远成为那些阴险说法的牺牲品。这里所谓的“重要的差异”是指,向战时经济转型要求,将生产资源用于当前的而非未来的产品生产;而恢复到和平经济状态所要求的过程正好相反。向战时经济转型是一种经济浪费行为,受即时必需品需求的刺激;恢复到和平经济状态则是一种储蓄行为,旨在抵消即时的经济浪费。战时经济可能最终会轻易地滑入集体经济,尽管也已证明在其中必须要有企业家活动才会成功。和平经济除了要求有企业家活动外,还要有与资本主义早期一样不可缺少的私人动机;而只要国家完全放开,私人经济动机就会以极快的速度出现。如果说自由经济曾经成功地实现了向战时经济的转变,那么它就更能成功地实现向和平经济的转型。在此我们不打算提及一个老问题，即国家导向的经济能否在整体上带来一种像"人格"(the whole personality)的承诺，即能否带来一种"拼命的干劲"(desperate energy)，并在可预见的未来单独获得成功。本来，"拼命的干劲"是用来刻画企业家的成功的。事实上，对于这个观点，自18世纪中期以来，各学派的经济学家都没有异议，社会主义者也不例外。我们也不打算指出，是私人产业而不是政府官僚正控制着90%的产业经验与产业能力；我们也不想说，在自由经济方式中遭遇到的困苦是实现成功的必要动力，以及这些困苦对未来及后代来说是收益。我们现在只要强调下面的观点就够了：就其本质而言，竞争经济的组织形式在战后能够重建经济，正如它曾经创造了现代经济；在公共领域与竞争经济相伴的税收国家里，竞争经济对于重建来说也是有效的方法，因而它不可能给重建任务带来悲伤的结果。实际上，这也是《共产党宣言》的重要内容，在其中它极为准确地论证了这种方法的有效性。税收国家能够极为有效地推进重建工作，只要它在税收政策中为重建所需的储蓄提供优惠并避免干扰；特别地，如果税收国家知道如何去提升奥地利的巨大干劲，就更有可能获得成功，这种干劲已在反对立法、行政与政治三者的非理性联系中被浪费[在立法、行政与政治中，个性已被抛弃；而立法、行政与政治又让企业家远离了组织、技术与商业任务，只给他们留下政治与行政的后门(backstairs)作为唯一成功的路径]。

再资本化的第二个问题是，再资本化任务包含了对这些物品特别是原材料供应的安排，而这些原材料不得不从国外进口。经常有人认为，私人经济不可能保证必要的供给，因此我们必须超越税收国家的基本性质。但凡对此有一些想法的人都知道，就寻求外国贷款而言，一家好的银行比起国家来有更好的渠道，也更容易做到。很显然，在战后原材料供应困难的情况下，在我们这个"患资本主义病"的世界里，商业创造性会被巨大的私人收益预期刺激起来，这会让我们找到更多的方法从购买力更强的人手中夺得船货(shipload)，从而让奥地利获得资源供应。受大银行资金支持的联合体旗下的那些企业，也可能因得到了保证而安心。其他企业可能也会如此。当然，可以肯定的是，在这一过程中，我们不可能人人都得到符合自己理想的原材料分配，有许多企业可能需要政府的补贴。不过，同样可以肯定的是，能否一次性地全部获得我们极为需要的物品并不重要。从私人经济的角度来说,工资水平和流动资本的数量将会确保重要的进口成为最有利可图的事情。就让别人坚持去说,理想运行的国家能表现得比私人经济更好吧,没必要跟他们争论。私人经济肯定可以做好有关进口的一切工作。只要官僚机构不挡路、不在我们与必要原材料之间堆积文山,私人经济就会做得更迅速、更及时。下面的做法也是一种国家援助形式:不去处罚给我们带来所需物品的进口商,而是设法制定某种政策,通过进口商让外国供应我们。事实上,这些也许就是能让我们在此时走得更远的国家援助方法。如果在此基础上实施我们前面描述过的税收和货币政策,那么人们就可以进口所需要的进口数量,并且无须担心汇率的风险。

我们上面的讨论是否有效,受到两个方面的限制。第一,我们的讨论仅限于这样的问题,那就是,税收国家和自由经济的组织形式能否成功地应对战后形势而不至于崩溃,也不会遇到压倒性困难呢?对于这个问题,我们可以毫不含糊地回答,能!我们并不关心,是否存在其他原因导致各民族自动放弃这种组织形式。不过,这样的原因肯定不会来自税收国家的任何失败,战争及其后果也不会是充分原因。在这其中,唯一重要的是,此处不存在"税收国家的危机"。

第二,我们讨论的内容仅适用于当前所处的特殊的历史时刻。我们的讨论并不打算将自由经济神圣化为人类的最高智慧。我也没有习惯给资产阶级戴上桂冠。然而,自由经济与资产阶级是现在所需要的,而对资产阶级的狭隘性和文化贫困的认识并不减损这一需要。行政控制的经济是最不民主的东西,它实际上退回到竞争经济之前,而只有竞争经济才能够独立地为社会主义创造前提条件并最终促进社会主义演进。未来社会的形式,既不可能从比现在还落后的贫困经济中成长出来,也不可能从本能冲动中成长出来。对于最近的俄国来说,它已经变成所有尝试实现新社会秩序的人的悲剧;在那里人们已被可怕的需求折磨而且处于无法期待真正成功的境况,对现有实践不得不给予支持——所谓可以期待的真正成功,指的是那些真正拥有资本主义心理、经验和方法的商人能够取得的成功。

实现社会主义社会的首要条件是,资本主义已经完成其历史使命,在现实经济中资本充足而且完全充满企业家的理性精神。只有在这个时候,人们才可能平静地看待不可避免的经济发展放缓——这是社会主义的伴随物，因为社会主义意味着人的生命从经济与来自经济的异化（alienation）中解放出来。不过这一时刻还没有到来，战争已经将其延后了。现在的时刻仍属于私人企业，属于发挥极致力量的经济努力。现在的时刻也属于伴随着私人企业的税收国家。只有让所有人都付出沉重的代价，包括工人的利益，才能将现在的时刻从他们手中夺走。这是非常确定的。

然而这样的时刻终将到来。随着经济发展及社会和谐领域（sphere of social sympathy）的必然扩张，私人企业不久将失去其社会意义。这一征兆现在已经显现出来了，它也是自19世纪下半叶以来的发展趋势，它最后的偏差在战争中达到了顶点。社会的发展将超越私人企业和税收国家，但这并非因为战争使然，虽然在很大程度上确实受到了战争的影响。而这也是确定的。

注释：

[1]这篇论文是熊彼特在“维也纳社会学学会”演讲稿基础上扩充形成的。初稿发表于1918年，题目为《税收国家的危机》(Die Krise der Steuerstaates)，刊登于*Zeitfragen aus dem Gebiet der Soziologie*，第4期。沃夫冈·F. 斯托波（Wolfgang F. Stolper）和理查德·A. 马斯格雷夫（Richard A. Musgrave）曾经翻译过其英文版，刊登于1954年第4期的《国际经济学论文集》(*International Economic Papers*)中。

[2]葛德雪在1917年出版了《国家社会主义与国家资本主义》(*Staatssozialismus oder Staatskapitalismus*)一书。这是一本颇具智慧的著作，其最为重要的学术贡献是提出了财政社会学的基本理念。该书成功之处还在于，它为解决财政问题提出了实践方案。在此处我们并不关心他说的实践方案，尽管本文后面的部分内容包含了一些对这些方案的批评。同时，葛德雪和我尽管是以完全不同的方式来判断财政社会学重要性的，但我们都同意一次性地征收资本税。

[3]这一点常常得不到足够的认同。相反，历史学家总是倾向于过高地估计国家对经济的塑造作用。经济和预算从来就不能形成一种真正统一的“国家经济”，国家也不可能创造出自由经济未曾创造的持久性内容，尽管或多或少会有一些。例如，旧式市场特权解释了直至今天一些产业的区位布局，但这样的例子从整体上来说只是稍微偏离“经济决定区位布局”这一结论。

[4]任何人，只要他知道怎么解读预算或者曾经仔细分析过国际货币市场上所发生的事情，就能提前10年知道本次世界大战的到来。

[5]诚然,正如布伦塔诺(Brentano)曾断言的,经过拜占庭帝国的中介,现代生活已经与古代生活建立起连续性,而且也只有这样做才能得到理解;即使是日耳曼人的采邑制度,也必须从罗马大庄园制那里开始考察才能得到理解。毫无疑问,这只不过是对我们通常已接受的措辞进行夸张式的强调而已,我们的说法实际上并没有全盘拒斥布伦塔诺的整个想法。对于税收史来说,这一点尤其正确。在现代税收与古代税收之间当然也有清晰的相似性,但它们只不过说明"相同的原因会产生相同的结果"罢了。另可参见:A. Rambaud, *L'Empire Grec au Dixième Siècle*, 1870; F. Chalandon, *Essai sur le Règne d'Alexis Ier*, 1900; Bussell, *The Roman Empire*, 1910。

[6]这里的每一个词都值得商榷。桑德尔(Sander)出版于1906年的著作《封建国家与公民政制》(*Feudalstaat und bürgerliche Verfassung*),其优点在于,揭示了笼罩在德国政制史上的疑云只是部分地源于自身(如部分材料明显缺乏、事件的线索常常模糊不清),另外还有一部分原因是缺少足够的概念工具。正如桑德尔看到的,后一种缺陷不仅可以归咎于历史学家(甚至法制史学者)经常草率地使用法律概念,还可以归咎于他们为了完全排斥他人而使用法律概念这一事实,这样他们就可以按法律意义来使用任何他们需要的概念。这样的法律概念不适合解释连续性的历史事件,特别是不适合用来比较历史上给定的环境类型的特征,更不适合用于从历史中抽象出来的环境类型特征。此处说的比较,正是讨论的问题所在。因为这些类型产生自特定的法律制度,也产生自特定的社会状况与相关的法理学。在它们的合适范围之外,这些类型就失去了真正的意义,尽管后世坚持使用相同的名称这一事实让事情模糊起来。

社会学的概念既不受法律制度限定,也不是司法的概念,而更多是理论上的。因此,当历史学家(也包括政制史学家)在对社会的(包括政制的)条件进行解释或构造概念时(更不用说在关注具体的法律问题时),他们应该转向社会学而不是法理学。就法律概念来说,历史学家会按老套的思路发出警告说,从一个时代产生的知识方法不能用在其他的时代,特别地,绝对不能将现代概念用到中世纪去。对于这一点,他们无疑是完全正确的。从这个意义上说,杰利内克(Jellinek)曾经的断言也有部分真理性,他说,存在于那些公认的时代划分中的现象,根本提炼不出通用的政制概念。然而,这并不意味着(就像经常有人理所当然认为的那样),根本就没有任何概念(比如经济学概念或社会学概念)能用于所有的或多个不同的历史时期。如果真的没有概念可用于多个历史时期,那么既没有可能进行比较研究,也不可能在人类行为及其痛苦之处进行科学的观察。

虽然如此,对被视为共同意见的东西,哪怕是关于法律史(尤其是当抛开国家这一概念时),我们想说的都很少。为了支撑我们所立论的事实,我们可以凭自己的喜好引证从黑格尔到祁克(Gierke)这样一长串观点各不相同的权威人物的观点,同时还不排斥布伦纳

(Brunner)以及历史社会学家施莫勒(Schmoller);我们也可以引证几乎同样长串的权威人物的观点来支持我们对大部分事实的解释。基于此原因,我们还需要提到一个最为重要的权威人物冯·贝洛(G. v. Below),他部分地接受过去的科学观点,以其特有的精力站在反对的立场上。他在1914年出版的著作《中世纪的德意志国家》(*Der Deutsche Staat des Mittelalters*)(第一卷),致力于证明在他已广为人知的其他著作中宣告的主题,那就是,中世纪的国家就是现代意义上的国家,它的法律就是"公共的"法律(公法),以及公法封建关系的理念从来就没有完全消失。在这个意义上,从私法方面来解释中世纪的政制环境是行不通的,特别是想要满意地从土地所有权出发引申出国家主权是不可能的。当然,这些观点就该著作的文本来说并无异议。我需要强调这一点。然而,就此而言,当冯·贝洛试图证明相反的观点时,他看起来陷入了不幸,因为他忽略了桑德尔最早所强调的观点。他带着一种确信(历史学家常常对此感到满意)开始了论述,认为概念清晰在这些问题中是至关重要的。然而,看起来他仅仅会运用法律概念来研究自己的材料,这就与他的良好意图"将我们这个时代所有形式性要素都考虑进来"产生了鲜明的对比。与此相似,冯·贝洛经常承认的历史主义所包含的严格的反理论主张,很难与他维护中世纪的荣耀这一严格的意图保持一致(更不用说他以现代报纸上的政治语气对皇帝奥托一世的批评了)。就此而言,他所提供的事实几乎是众所周知的,对它们进行解释应该是社会学的问题;对解决这样的问题,他贡献很少——可以肯定地说,比他所严厉谴责的桑德尔要少得多。

[7]社会条件通常包含过去的残余和未来的种子;对于研究者来说,正是这些种子特别值得关注,需要用后世的眼光来对此加以回顾与考察。大自然不作飞跃(natura non facit saltum),而且在严格定义的类型的意义上,我们谈论任何社会条件时都必须经由抽象才能进行。但是在进行经济思考时,这样的抽象是最基本的。此外,每一种实际情形在整体上(而非作为抽象)都带来了后续的情形。然而,靠抽象产生的某种类型并不需要创造出后续的、具有相同逻辑特征的类型,因为纳入抽象的实际历史客体的组成要素仅仅是有效的实际原因的一部分。这就是每一种"发展理论"都存在的一种困难。确实,正如冯·贝洛所强调的,中世纪的社会权力不能化约为"私人"关系,"共同目的"(common purpose)从来不曾完全缺失。不过,无论是从其中一点来说还是就总体而言,祁克下面的论点均属夸张:农民的平凡地位(banalities)和国王的领地权都可归入领地财产法这一概念之下。但在另一方面,如果说"国家"这个术语与我们今天的"国家"含义有什么共同之处的话,那么无论是"不可化约性"(irreducibility)还是"共同目的",都不足以证明使用"国家"这个词是合理的。当然,这一认识并不能够免除我们下面的任务,即要用最纯粹的形式来详细说明社会条件所具有的特征。对我们来说,这看起来正是科学研究的基本目的。

一种社会条件可能会进一步地与几种在"内在逻辑"上就不一致的类型结合,以至于不得不将它们分别加以处理。在这个程度上,冯·贝洛对采邑国(Lehensstaat)和封建国(Feudalstaat)所进行的区分是明智的,就像罗泰克(Rotteck)对"采邑制度"(Lehenswesen)和"自由地制度"(Allodialwesen)的区分。不过,罗泰克所做的区分是将二者作为对立的原则来使用,而冯·贝洛的"封建国"是作为更宽泛的概念来使用的,它包含"采邑国"这一特殊类型。所有这些努力都基于这样的方向,即对历史中的事物进行区分足以成为弄清历史的方法。的确,"采邑制度"这一概念并不能完全用来透视社会实体。不过,"采邑制度"可用来刻画从 9 世纪到 13 世纪社会组织形式的特征;伴随着"采邑制度",封建国家的另一种形式逐渐发展起来,并主导了随后的若干个世纪。

[8]比如,直到 10 世纪,奥斯特马克公国的伯爵(Margrave of the Ostmark)仍是可以免职的职位。尽管如此,要解释他的职位是更像一位现代的总督,还是更像一个独立管理地产的私人雇员,又或者更像一名承租人,仍有困难。当然,这些现代的范畴没有一个适合它。

[9]冯·贝洛在《中世纪的德意志国家》一书中提供了一些例子,以证明相反的情况。不过,我们还是可以发现"帝国财产"(Reich property)和"皇家财产"(royal property)之间有区别,"皇帝"(emperor)和"帝国"之间冲突的可能性也已得到确认;在理解上,对二者的区分不同于对"公共"领域和"私人"领域的区分。而且很清楚,帝国内发生的事情与领土范围内发生的事情会存在部分差别,我们在这里只谈后一种情形。

[10]当然,我们已习惯将特定的社会功能置于国家领域内来考察,并将其他的社会功能置于"私人"领域内来考察。然而,在公共领域与私人领域二者之间并不存在明确的界线,除非我们满足于说"公共"就是在一个特定的时期被人们认为是"公共"的任何事物。但这样说,是以国家的存在作为先行条件的。由于这个原因,试图通过某些确有必要的公共功能来定义国家,这一做法是毫无希望的;就像相反的努力,即从国家的"本质"推导出"国家有限的范围",同样是毫无希望的。这样的努力在 100 年前就开始了,现在还在不时地进行。特别需要指出的是,"共同目的"与"国家目的"并不是完全相同的。

就我们的目的来说,方便的做法是,将"国家"和"公法"在性质上看作完全一致的,因为只有国家产生后,区分私法和公法才具有真正的意义。因此,我们使用了一个与桑德尔相对立的术语,但并不否认桑德尔术语的"正当性"。顺便提一下,我们不会对此作详细的讨论。

[11]参见注释[6]。除了可参看祁克外,也可阅读冯·舒尔特(v. Schulte)的论文《封建国家和现代国家》(Feudalstaat und Moderner Staat),载于其所著《一生的回忆》(*Lebenserinnerungen*), Vol. Ⅲ。在这篇文章中,冯·舒尔特批驳了自霍亨斯陶芬(Hohenstaufen)王朝时期就存在帝国军队和帝国收入的说法。他断言,那时并没有普遍性的附庸

关系存在，只有君主、贵族和城市的联盟关系存在。他说，在整个领土范围内都是类似这样的关系。这样的描述并没有公平地处理所有的细节问题，不过它描述出来的总体印象并不因此是错误的。他所说的在那个时代的“税收”，不过是基于土地而与隶属土地(predial bondage)相联系的一种征收。

[12]偶然地，我们发现有些东西能够与现代税收加以比较，比如，当国王亨利一世不得不提高交给伯爵们的贡金时。这是为帝国目的而缴纳的款项，但它被严格地限制于萨克森邦(Saxnoy)。尽管亨利四世、亨利五世和奥托四世等人做出了很多努力，但是直到15世纪末期(即 Kammerziler 时代、Gemeine Pfennige 时代和 Römermonate 时代)，帝国仍然没有发展出税收制度。不过，在那个时代，与税收相类似的东西在各领地范围内已经萌芽。依君权(regalia)而征收间接税也发展了起来，并在施陶芬(Stauffer)王朝时期并入领主的权力。例如，奥地利公爵在12世纪接受了源自王冠的财政权利，这极大地强化了他的地位；他在1156年获得的特权，也为他身上原来的附庸关系松了绑。因此，在1192年之后，奥地利公爵称自己是“大地主人”(dominus terrae)。据我所知，我们所发现的下面的财政征收具有怎样的性质仍是值得商榷的问题：在12～13世纪以“比德”(Bede)、“施考斯”(Schoss)或者“呈请”(petition)、“塔列”(tallia)等名义在德意志全境的征收。冯·贝洛在其著作，特别是在《于利希与伯格的直接国家税》(*Die direkten Staatssteuern in Jülich und Berg*)一书中，经常强调这些税收所具有的“公法”特征，并且完全将它们视作一种现代的土地税和不动产税。部分因为他的影响，有关这一特殊问题的专著都近乎无保留地接受了他的观点；不过也有些作者(祁克最为坚决)，否认土地租金与此种土地税之间不存在种类差异的主张。有一个事实是，比德后来常常并到土地租金中；另一个事实是，那个时期有关收入计算的文献压倒性地将比德看作一种无须补偿即可废除的“公共”收入。我们没有理由继续认为，前一个事实比后一个事实更重要。然而，此种“纳税义务”所存在的大量例外，界定了可税人口的范围，这一范围大致与司法权管辖的范围相同。实际上，休默尔(Zeumer)在《德意志城市税》(*Deutsche Städtesteuern*)一书中，就是从司法权中引申出了比德的征收权。在他举出的案例中，对司法权力来说是正确的东西，对比德来说也是有效的。行使司法权利或权力的贵族，在收费时依据的是他与司法管辖区的某种“特殊联系”，正如他自己和其他贵族针对其他收入的权利。没有必要像 G. L. v. 莫勒(G. L. v. Maurer)、兰普雷克特(Lamprecht)、冯·印那马—斯特内格(v. Inama—Sternegg)那样，将所有中世纪的权力都建立于封建土地所有权基础上。然而，从拒绝这种观点到认为刑事司法权和“税收权利”都来自国家权力，在此期间有很长的路要走，现有文献还不足以刻画这一过程。就文献而言，我们可以参考冯·贝洛的文章。在以农民为主的地区可以见到比德最纯粹的形式，在这方面与奥地利有关的内容，最有趣的情形发生在蒂罗尔

(Tyrol)[对此我们可参考 F. 科格勒(F. Kogler)的著作];其次有趣的情况发生在西里西亚[对此我们可以参考克尼斯(Knies)和拉赫法尔(Rachfahl)的著作]。对这些问题更古老的一些看法,可以参考朗(K. H. Lang)在 1793 年出版的著作《德意志税法基本法的发展史》(*Historische Entwicklung der Teutschen Steuerverfassung*)。关于波希米亚·博尔(Bohemian Berna)的情形,可以参考利伯特(Lippert)1896 年出版的《胡斯派期间博门斯的社会历史》(*Sozialgeschichte Bölmens in vorhussitischer Zeit*),该书认为比德是罗马时代的残留。格力曼(Gliemann)在《普鲁士消费税介绍》(*Einführung der Akzise in Preussen*)一书中,相信比德最早也是由贵族支付的,而 15～16 世纪时的领地税收即由此发展而来。霍夫曼(Hoffmann)在 1883 年的《直接税在巴伐利亚的历史》(*Geschichte der direkten Steuern in Bayern*)一书中认为,13 世纪的比德和税收虽然"常常具有私法特征",却包含了作为公共制度发展的萌芽。勋伯格(Schönberg)在 1879 年出版的《巴塞尔市的财政状况》(*Finanzverhältnisse der Stadt Basel*)一书中相信,现代意义上的税收是在城市发展起来的。应该强调的是,休默尔在其著作《德意志城市税》中的表达相当含糊,他将"税收"(他认为比德的性质与税收相同,可其他人不这么看)看成封建制下与官员职位相联系的一项权利,但在许多方面并未解释清楚封建起源的可能性如何。施莫勒在《施莫勒年鉴》(*Schmollers Jahrbuch*)第一卷中,宣称 13 世纪时马克·勃兰登堡(Mark Brandenburg)征收的比德(自 1280 年开始征收)就是一种单纯的"一般财产税"。多普施(Dopsch)在《奥地利在 13 世纪财政管理上的历史贡献》(*Beiträge Zur Geschichte der Finanzverwaltung Österreichs im 13. Jahrhundert*)中,将 Marchfutter、Landpfennige、Burgwer 都看作公法性质的财政上缴,并接受这样一种观点(过去非常流行,现在仍被布伦纳持有),即它由那些不承担战争服役义务的人缴纳。还可参考肖克(Schalk)于 1881 年所著《奥地利在冯·曼根治下的财政管理》(*Osterreichs Finanzverwaltung unter Bcrthold von Mangen*)一书。布鲁德(Bruder)宣称,存在于奥地利的真正税收只来源于奥地利公爵有权行使司法管理的那些诸侯及次级附庸——尽管只在一些偶然情况下才会超出这一范围,如 1235 年和 1336 年。对这个问题,我们在此不做进一步的探讨。然而,我们已经引证的各种观点足以证明本文所作的描述。事实上,如果我们不得不追随冯·贝洛而像布伦内克(Brennecke)和胡布纳(Hübner)那样,将比德说成具有"公共"特征的话,那么从本质上说,我们的说法也不用改变(虽然个别观点可能有变)。附带地说,胡布纳在其 1908 年著作《德国私法的基本特征》(*Grundziige des Deutschen Privatrechts*)中,拒绝区分那个时代的私法和公法。

[13]类比:如果今天有企业倒闭,将不会引起人们的特别兴趣。然而,如果资本主义企业必定因内部原因而不得不倒闭,那么我们就必须面对社会主义理论中所说的资本主义生产方式的崩溃论,即认为此种生产企业形式必然灭亡的观点。

[14]在这个意义上，一种新的组织形式代替了正在衰落的附庸关系。首先，这种附庸关系已经瓦解了卡洛林帝国(Carolingian Reich)，而这一帝国如果真像书中呈现出来的那样[在比较方面所做的研究，可参见冯·顿根(v. Dungern)在 1911 年出版的著作《几个世纪的国家与人民》(*Staat und Vold durch die Jahrhunderte*)；在事实方面尤其可参考多普施所著《加洛林时期》(*Karolingerzeit*)]，那么卡洛林帝国就真的非常接近国家的形式了。索姆(Sohm)就是这样认为的，因为他说弗兰哥帝国(Franconian Reich)就是一个国家，只是在后来失去了国家的特征。同理，通过将封地世袭化(patrimonialization)或者完全保有所有权(allodification)的过程，附庸关系也不断地趋于解体，并因此兴起一个以自我为中心的新的生活方式，在这样的社会中出现独立的国家就成为必然。旧式的公民联盟(the old civitas)、部落王国的联盟、弗兰哥帝国、封建附庸关系以及领地(the seignioralty)等，所有这些中世纪的不同类型，在历史上先后出现但并非属于内生的发展。

[15]那些所居城堡非常遥远的贵族，比如在蒂罗尔(Tyrol)的阿洛克(Aroc)伯爵和洛德容(Lodron)伯爵，就充分利用对自己有利的这一状况[参见冯·萨托利一蒙特克罗克(v. Sartori-Montecroce)的著作《蒂罗尔的土地税》(*Das Landständische Steuerwesen Tirols*)]。这方面的文献非常丰富。考虑波希米亚的情况，它在某些方面的情况有所不同[参见：Gindely, *Geschichte der böhmischen Finanzen*, 1526—1618, Akad. vol. 18]。

[16]在君主们的国内政策方面，财政尤其是推动因素；对于国王们来说，他们对农民是否友好以及他们对代议制关乎"作为整体的国家"的利益的看法等，都可以主要用他们的财政利益以及他们受制于土地贵族的地位来解释。正是将财政必要性作为主因，才驱使君主们不断前行，并迫使土地贵族不断后退。

[17]这一时刻才是民族生活与哈勒(Haller，德国的伯克)的理论最为匹配的时候。然而，这并不算是他的功绩，不如说他是尝试用一种现实的社会学视角来看待国家这一现象的学者之一。他还参与了将这一观点置于正确的位置，以便反对从司法角度解释国家现象。当然，就 C. 弗朗兹(C. Frantz)的意义而言，他的尝试[如《国家的自然史》(*Natural History of the State*)]并没有取得完全的成功；尽管他的著作有时会给我们某种粗糙的印象，却包含了很多合理的内容。

[18]在判断这些努力时，我们必须考虑以下三件事情。第一，对利益是国家的本质这样的认识，有许多不同的观点。但是，就每一种观点来说，它们都应该有某种与众不同的东西。照此看来，国家的本质自身就存在分歧，内部存在着不同的皆为正确的东西。我们很难认识到这一点，但若对此有误解，就会带来太多无意义的争论和"伪问题"。那些希望探讨国家形而上学含义的人，其视野与范围都没有触及我们讨论的内容。那些从司法目的来定义国家的人，与我们追求的目标没有任何共同之处。对我们来说真正有意义的，就

只是要理解社会生活中历史给定的、具有明确特征的要素。第二,我们必须认识到,仅仅理解一种社会现象自身的起源并不能揭示它的“实质”、“含义”、“文化意义”以及“内在逻辑”。如果财政社会学的观点只是让我们理解国家的产生,那么我们也许仍将处在以研究地质状况来“解释”风景印象这样的错误中。要注意的是,我们不能陷入以研究起源处的动力来探寻本质的错误中,但我们也不能忘记通过回溯分析更早的起源来发现被创造出来的某一类型所具有的特殊性质。第三,对国家的任何现实分析,都会发现其基础有变坏的一面。那些现代国家的崇拜者倾向于尽可能地在国家中发现最好的、“最高级的”、“包罗万象”的东西,但这样经夸大而成的有关国家的现代认识,远远超出了其真实的形象——就像在很多文艺复兴时期的教堂上发现外立面技术一样。几乎可无偏差地说,这就好像让所有的文化都从属于国家的目标,于是国家的范围就成为一个庞大的抽象物,吞噬了整个社会生活,所有的制度机构与重要特征都将消失。当然,如果一个人将国家说成是基于众意而存在的任何社会组织,那么他就会发现国家无处不在——即便如此,他也就把握不住国家的任何特征。同样把握不住的是国家概念作为规范所具有的实质性东西,就像秩序自身一样。

[19]这可以用来解释文化的“客观性”这一术语的内容。它将文化现象理解为超越个人的规范,以此与那种将自由经济文化中“个人原子化”(the subjective atomization)的观点相对立。

[20]我们真的不该说“国家做这个或做那个”。极为重要的是,要认清楚是谁或谁的利益让国家机器运转并通过它来表达利益。这样的说法也许会让持有以下观点的人感到讨厌:对所有的人来说,国家都是人类最高的善,是人类成就的最高峰,是人类理想和力量的最佳汇聚地。不过,显然只有前一个观点才是现实的。下面的理论在其他方面可能有错误,却包含了一些正确的内容:国家除了是统治阶级的剥削工具外,其他什么也不是。无论是对阶级国家的描述,还是将国家描述为超越所有简单组织起来的党派与阶级的某种东西,都不足以充分反映国家的本质。这两种描述当然也并非全属子虚乌有。国家确实经常反映社会权力关系,即便它并不单纯地是一种反映。国家确实使有关国家的理念成为必要,对此人们根据自己所处环境赋予了或多或少的内容,即便这一理念也并非来自包含社会整体在内的国家的抽象观念。

[21]顺便提一下,这仅仅是从公平的现代理想观念中得出来的结论,即高收入群体承担税负的能力强于缴纳同样税收量的低收入群体(即使不算后者在接近于最低生活水平之处的收入)。概言之,经济能力并无实质性区别;也就是说,本文所讨论的那些人对税收的反应通常与低收入群体一样大。

[22]税收国家越接近该界限,它受到的抵抗就越大,其运转时的能量损失也就越大。

为了实施税法,就不得不依靠越来越庞大的官僚队伍,税收调查就变得越来越具有侵入性,税收花招也就变得越来越让人难以忍受。这样一幅浪费国家能力的荒诞图景表明:税收国家作为一个组织的价值,依赖于私人经济和私人生活的自主性;当国家不能尊重这种自主性时,税收国家组织也就丧失了自身的价值。

[23]有关税收国家缺陷的观点,几乎全部出自奥地利;这并非偶然,并且特别地与葛德雪是奥地利人有关。在奥地利,人们经常听说,因为“所有其他方面都已经非常糟糕了”,所以奥地利令人绝望的境况再也不会惨到哪里去了。但是,这样的说法并非真实的。

[24]在公共生活中经常有人用具有误导性的表达方式来进行阐述,这是其中的观点之一,在财政问题上尤其不能接受。除了圈子相对小的大商人(说一个不太受欢迎的真相,他们才是真正的大发战争财的人),在资本主义社会的上层,我们很难找到其收入相对于下降的货币价值而上升的人。资本家(不管是股东还是固定利息证券持有者)中的绝大部分,都属于“战争受损者”;因为只有在极少的情况下,他们获得的股息才会相应地增长,而从狭义上说,他们的利息从不增长。与他们相比,工人倒是处于更有利的位置。这很自然,因为工人的收入不仅随着货币贬值而增长,而且由于兵役要求,劳动力供给减少也会带来工资的上涨。在农业领域(熟悉情况的人都不会否认),农民是真正发战争财的人,这是因为大土地所有者因种种原因而被禁止充分利用战争机会发财。上述说法常会引起人们激烈的反对意见,但这些意见很难与逐渐清晰的事实对上号。

[25]在当前形势下,消费税不会完全落在消费者身上,这种税收在政治上会遭到抵制。

[26]考虑到事情的可能原因,我坚持这一观点。我们能做的事情,最坏不过是,用不充分的政治手段并基于显著的不确定性来处理这样的任务。

[27]在这一点上,此处所建议的措施不同于葛德雪所倡导的资本税。然而,需要强调的是,我在此并不打算讨论葛德雪的问题,也不打算反驳他。我只是希望表明,在一个极为有限的目的上,税收解决方案是否具有可行性。

[28]国外所持有的债务估计有 150 亿克朗,但其所占的比例不足以改变问题的重心所在。

[29]我清楚地意识到,如果我对文章中所给出的这些数字的含义不加考虑的话,那么我将陷入洪水般的反对意见中。特别地,不能忘记我们所讨论的财富,其货币价值并不是真实存在的,而是由合适的财政政策带来的结果,而且我在此的目的仅仅是为读者进行非常粗略的描述。因此,完全不能引用我们的数字来反驳沃格尔(Vogel)在《奥地利经济学家》(*Össterreichischer Volkswirt*)杂志(1917 年 12 月 22 日和 1918 年 1 月 5 日)上发表的研究成果;其实从他的立场看,这些发表的研究成果与问题根本无关。顺便说一下,我们

的研究起点是菲尔纳所做的估计,但正如沃格尔所强调的,菲尔纳估计的数据即使在和平时期也太低了,并且它远离了1911年(菲尔纳在进行估计时所使用的最后年份)之后发生的以下事实:直到战争爆发,国民财富已经大大增加;出于征收资本税的目的,国家要将自己对国民的欠债(即公债券)添加到国民的财富(即国民拥有的资产)上,不过此处当然还需从可税资产中扣除国家及其他法律主体的财产数量。沃格尔对战时的资本利得的估计是严重不足的,其估算方式在方法论上也是不正确的。例如,他在估算时将奥地利的数字与普鲁士的数字进行对比,这是不可以的,因为普鲁士所经历的通货膨胀比奥地利要小得多。也许还留有一些疑问:按照我们的假设,单是向个人对国家的债权(即公债券)征税,就可获得200亿克朗,难道真的不能从其他财产征收到相同数量的税收吗?在此时,每若克(Joch,比1.5英亩稍微少一点)最好的土地价值10 000克朗,即使不算建筑物及改良措施,农用地的销售价值(只有这个确切)估算为1 000亿克朗也嫌太低。沃格尔估算的结果之所以令人感到悲观,可以用他设想的征税技术所具有的特定方法来解释。在此处我不能进行深入的探究,尽管可能有人会因此责备我,就像指责我当初在一场50分钟的演讲中未能穷尽这个问题一样,那场演讲涉及一个社会学议题,包含很大的范围(从中世纪共同体的本质到我们自己的财政状况)。诚然,不管动用何种费心费力的程序,对税收违法行为进行调查与起诉只会带来扰民的结果,并必然阻碍我们获得成功。

后 记

我和刘雪梅一起翻译完成了这本《税收哲人——英美税收思想史二百年》。算起来,这是我与他人合作翻译并负责校改的第二本书。第一本是2015年出版的《财政理论史上的经典文献》(与王晓丹博士合作),那次虽然是我个人初涉译事,自觉译文水平与思想把握程度都不高,但没想到宽容的读者给予了不少的肯定与赞扬。如今将这第二本奉献到读者诸君手中,心中惴惴,恳请再次赐予宝贵的意见与建议。在此完稿之际,我还要感谢我们学院2013级财政学本科班与2015级财政学博士班分别选修"西方财政思想史"与"财政思想史"课程的同学,《税收哲人》一书英文版的部分内容曾要求他们作为作业去阅读与翻译,向他们的参与和辛劳致谢。在翻译工作进展到差不多一半之时,我们还有幸得到了《税收哲人》一书的台湾译本[于明宜译:《英美租税哲学家》,(中国台湾)财政部财税人员训练所1985年版]。该译本为我们接下来的工作提供了多次参考与指引,特此致谢。

此次还与刘志广合作,翻译完成了学界中流传已久的熊彼特名篇《税收国家的危机》,作为《税收哲人》一书的附录一道出版。记得最早得到这篇论文,还是我的复旦同门张熹珂博士2005年帮我从台湾复印过来的。一路行来,连累多少师友,亏欠多少情谊。

《税收哲人》一书,还牵扯到两段师生情谊,值得记录在此。

第一段,发生在本书作者和编者之间。本书书稿最初来自格罗夫斯教授多年授课形成的讲义,可他生前并未出版。他的学生唐纳德·柯伦希望自己老师的思想与影响能够延续下去,于是中断自己的研究,从老师留下的26个盒子中整理出手稿并加以编辑，最终形成此书的书稿。此段师生情谊弥足珍贵。

第二段，发生在我身边。最早发现格罗夫斯教授这本书的，是我们学院的杨君昌教授(如今已故)。当时杨老师把这本书推荐给了当时正跟从他读博士的朱为群，作为后者研究消费课税的重要资料，并谋划翻译。朱为群老师是我的授课老师，我又有幸在2000年与他同场参加博士论文答辩。在论文答辩过程中，我获知了这本书的信息，从此念念在心。到如今，博士毕业已经17年，杨老师故去也已7年，我终于完成了师生间的这个心愿。愿以此微薄的礼品，告慰天堂中的杨老师，并纪念朱为群老师与我之间多年来亦师亦友的情谊。

自1989年入读上海财经大学财政学本科以来，虽曾求学多校，但我始终未离开财政专业。自以为我已是财政专业中的老兵了，可现在越来越难以接受的一个现象是，财政专业的学生与研究者都不怎么读书了。扒数据、跑软件，最多读近三年所谓权威期刊的论文，恍然间成了财政研究最为主流甚至唯一正当的研究方法。格罗夫斯教授所说的财政领域中的那些“巨著”，似乎已无人阅读。他自己写的这本《税收哲人》，虽然我们完成了中译版，但会有多少人来读，作为译者心中实在无数。

可我固执地以为，财政思想史自有其意义，财政领域中的巨著本身就是意义。我喜欢读，我也愿意相信有不少人喜欢读。但愿这本书的出版，能帮助那些依然愿意读书的财税领域研究者来领略思想史的美妙与销魂。也祈愿有同道中人能一起致力于思考格罗夫斯教授提出来的财税领域中那么少数几个可能永远无解的大问题。

微斯人，吾谁与归?

刘守刚

2017年5月

译丛主编后记

财政活动兼有经济和政治二重属性，因而从现代财政学诞生之日起，“财政学是介于经济学与政治学之间的学科”这样的说法就不绝于耳。正因为如此，财政研究至少有两种范式：一种是经济学研究范式，在这种范式下财政学向公共经济学发展；另一种是政治学研究范式，从政治学视角探讨国家与社会间的财政行为。这两种研究范式各有侧重，互为补充。但是检索国内相关文献可以发现，我国财政学者遵循政治学范式的研究并不多见，绝大多数财政研究仍自觉或不自觉地将自己界定在经济学学科内，而政治学者大多也不把研究财政现象视为分内行为。究其原因，可能主要源于在当前行政主导下的学科分界中，财政学被分到了应用经济学之下。本丛书的两位主编之所以不揣浅陋地提出“财政政治学”这一名称并将其作为译丛名，是想尝试着对当前这样的学科体系进行纠偏，将财政学的经济学研究范式和政治学研究范式结合起来，从而以“财政政治学”为名，倡导研究财政活动的政治属性。编者认为，这样做有以下几个方面的积极意义：

1. 寻求当前财政研究的理论基础。在我国的学科体系中，财政学被归入应用经济学范畴，学术上就自然产生了要以经济理论作为财政研究基础的要求。不过，由于当前经济学越来越把自己固化为形式特征明显的数学，若以经济理论为基础就容易导致财政学忽视那些难以数学化的研究领域，这样就会让目前大量的财政研究失去理论基础。在现实中已经出现并会反复出现的现象是，探讨财政行为的理论、制度与历史的论著，不断被人质疑是否属于经济学研究，一篇研究预算制度及其现实运行的博士论文，经常被答辩委员怀疑是否可授予经济学学位。因此，要解释当前的财政现象、推动财政研究，就不能不去寻找财政的政治理论基础。

2. 培养治国者。财政因国家治理需要而不断地变革，国家因财政治理而得以成长。中共十八届三中全会指出:“财政是国家治理的基础和重要支柱，科学的财税体制是优化资源配置、维护市场统一、促进社会公平、实现国家长治久安的制度保障。”财政在国家治理中的作用，被提到空前的高度。因此，财政专业培养的学生，不仅要学会财政领域中的经济知识，也必须学到相应的政治知识，方能成为合格的治国者。财政活动是一种极其重要的国务活动，涉及治国方略；从事财政活动的人有不少是重要的政治家，应该得到综合的培养。这一理由，也是当前众多财经类大学财政专业不能被合并到经济学院的原因之所在。

3. 促进政治发展。18～19 世纪，在普鲁士国家兴起及德国统一过程中，活跃的财政学派与良好的财政当局曾经发挥了巨大的历史作用。而在当今中国，在大的制度构架稳定的前提下，通过财政改革推动政治发展，也一再为学者们所重视。财政专业的学者，自然也应该参与到这样的理论研究和实践活动中去。事实上也已有不少学者参与到诸如提高财政透明、促进财税法制改革等活动中去，并成为推动中国政治发展进程的力量。

因此，“财政政治学”作为学科提出，可以纠正当前财政研究局限于经济学路径造成的偏颇。包含“财政政治学”在内的财政学，将不仅是一门运用经济学方法理解现实财政活动的学科，也会是一门经邦济世的政策科学，更是推动财政学发展、为财政活动提供指引并推动中国政治发展的重要学科。

“财政政治学”虽然尚不是我国学术界的正式名称，但在西方国家的教学和研究活动中却广有相关的内容。在这些国家中，有不少政治学者研究财政问题，同样有许多财政学者从政治视角分析财政现象，进而形成了内容非常丰富的文献。当然，由于这些国家并没有中国这样行政主导下的严格学科分界，因而不需要有相对独立的“财政政治学”的提法。相关的研究，略显随意地分布在以“税收政治学”、“预算政治学”或者“财政社会学”为名称的教材或论著中，当然“财政政治学”(Fiscal Politics)的说法也不少见。

中国近现代学术进步的历程表明，译介图书是广开风气、发展学术的不二良方。因此，要在中国构建财政政治学学科，就要在坚持以“我”为主研究中国财政政治问题的同时，大量地翻译西方学者在此领域的相关论著，以便为国内学者从政治维度研究财政问题提供借鉴。本译丛主编选择了这一领域内的多部英文著作，打算陆续予以翻译和出版。在文本的选择上，大致分为理论基础、现实制度与历史研究等几个方面。

本译丛的译者主体为上海财经大学公共经济与管理学院的教师以及该院已毕业并在外校从事教学的财政学博士，另外还邀请了其他院校的一部分教师参与。在翻译稿酬低廉、译作科研分值低下的今天，我们这样一批人只是凭借着对学术的热爱和略略纠偏财政研究取向的希望，投身到这一译丛中来。希望我们的微薄努力，能够成为促进财政学和政治学学科发展、推动中国政治进步的涓涓细流。

在本译丛的出版过程中，胡怡建老师主持的上海财经大学公共政策与治理研究院、上海财经大学公共经济与管理学院的领导与教师都给予了大力的支持与热情的鼓励。上海财经大学出版社的总编黄磊、编辑刘兵在版权引进、图书编辑过程中也付出了辛勤的劳动。在此一并致谢！

刘守刚　上海财经大学公共经济与管理学院
魏　陆　上海交通大学国际与公共事务学院
2015年3月